Susanne Kaul

Einführung in das Werk Franz Kafkas

Einführungen Germanistik

Herausgegeben von
Gunter E. Grimm und Klaus-Michael Bogdal

Susanne Kaul

Einführung in das Werk Franz Kafkas

Die Deutsche Nationalbibliothek verzeichnet diese Publikation
in der Deutschen Nationalbibliografie;
detaillierte bibliografische Daten sind im Internet über
http://dnb.d-nb.de abrufbar.

Die Herausgabe dieses Werkes wurde durch
die Vereinsmitglieder der WBG ermöglicht.
Satz: Lichtsatz Michael Glaese GmbH, Hemsbach
Einbandgestaltung: schreiberVIS, Seeheim
Gedruckt auf säurefreiem und alterungsbeständigem Papier
Printed in Germany

Besuchen Sie uns im Internet: www.wbg-wissenverbindet.de

ISBN 978-3-534-21645-1

Inhalt

I. Der rätselhafte Kafka

Kafka ist heute weltberühmt. Unter seinen Zeitgenossen gab es jedoch nur wenige, die ihn kannten und schätzten. Dies waren vor allem Schriftsteller. Die breite Öffentlichkeit erreichte er nicht. Einer der Gründe dafür mag die Rätselhaftigkeit seiner Texte sein. So schreibt ein an Kafka verzweifelnder Bankdirektor ihm am 10. April 1917 folgenden Brief aus Charlottenburg:

> Sehr geehrter Herr,
> Sie haben mich unglücklich gemacht.
> Ich habe Ihre Verwandlung gekauft und meiner Kusine geschenkt. Die weiß sich die Geschichte aber nicht zu erklären.
> Meine Kusine hats ihrer Mutter gegeben, die weiß auch keine Erklärung.
> Die Mutter hat das Buch meiner anderen Kusine gegeben und die hat auch keine Erklärung.
> Nun haben sie an mich geschrieben. Ich soll ihnen die Geschichte erklären. Weil ich der Doctor der Familie wäre. Aber ich bin ratlos.
> Herr! Ich habe Monate hindurch im Schützengraben mich mit dem Russen herumgehauen und nicht mit der Wimper gezuckt. Wenn aber mein Renommee bei meinen Kusinen zum Teufel ginge, das ertrüg ich nicht.
> Nur Sie können mir helfen. Sie müssen es; denn Sie haben mir die Suppe eingebrockt. Also bitte sagen Sie mir, was meine Kusine sich bei der Verwandlung zu denken hat.
> Mit vorzüglicher Hochachtung
> ergebenst Dr Siegfried Wolff (Br II, 744)

Ob Kafka das Renommee dieses Briefschreibers gerettet hat oder zum Teufel gehen ließ, ist nicht bekannt (vgl. Stach 2008, 637). Die Ratlosigkeit im Umgang mit Kafka ist jedenfalls nicht nur bei Laien ein Phänomen, das bis heute existiert und durch die Vielzahl von Interpretationen im wissenschaftlichen Diskurs nicht auszuräumen ist.

Rätselhaft muten nicht nur die Geschehnisse in Kafkas Texten an, also die Verwandlung Gregor Samsas in ein Ungeziefer oder die absurden Verhaftungen in *Der Proceß* und in *Der Schlag ans Hoftor*. Das Rätselhafte an Kafkas Texten ist vor allem die Art, wie sie erzählt sind.

So beginnt die Erzählung *Josefine, die Sängerin oder Das Volk der Mäuse* damit, dass von Josefine behauptet wird, sie sei die Sängerin des Mäusevolks und könne großartig singen. Im Folgenden wird die Gesangskunst scheinbar bestätigt, in Wahrheit jedoch dementiert. Mehrmals stellt der Erzähler in Frage, ob denn überhaupt von Gesang die Rede sein könne, da Josefine genauso pfeife, wie alle Mäuse pfeifen. Ihr angeblicher Gesang auf der Bühne sei nicht zu unterscheiden von dem einfachen Gepfeife eines Mausekindes im Publikum. Er sei sogar schwächer und schüchterner. Der Erzähler stellt also eine Behauptung auf, die er sodann in Zweifel zieht, um sie schließlich ins Gegenteil zu verkehren. Kafkas Stil ist rätselhaft, weil er durch fortlaufende Paradoxien gekennzeichnet ist.

Diese Einführung in Kafka bietet nicht des Rätsels Lösung, sie verabsolutiert das Rätselhafte aber auch nicht. Stattdessen bahnt sie Wege zum Verständnis der Texte. In dem Kapitel „Kafka zwischen Leben und Schreiben" werden Kafkas Leben und Werk aufeinander bezogen: Im Anschluss an biografische Ausführungen zur familiären Herkunft, dem Prager Umfeld, Judentum, Kindheit und Beruf kommt das Verhältnis zum strengen Vater und zur Verlobten Felice Bauer zur Sprache. Dabei spielt das literarische Schaffen eine zentrale Rolle, da das Bild vom Vater ein von Kafka konstruiertes und die Geliebte in erster Linie eine Briefgeliebte ist und damit als Projektionsfläche und Kraftquelle der dichterischen Fantasie fungiert. Das Schreiben ist für Kafka das höchste Ziel im Leben, alle anderen Ziele, vor allem die Ehe, stellen eine Rivalität dazu dar. In den Erzählungen finden sich häufig Konflikte mit Vätern sowie Anspielungen auf den Schreibprozess. Allgemeine Motivbeschreibungen (Motive wie Kunst, Mythos, Schuld und Strafe) werden in dieser Einführung neben Kennzeichnungen des für Kafka typischen Stils aufgeführt (z. B. gleichnishafte, traumhafte, komische und visuelle Schreibweisen). Außerdem wird ein Überblick über Themengebiete gegeben, die für den wissenschaftlichen Umgang mit Kafkas Texten wichtig sind: Forschungs- und Rezeptionsgeschichte, Werkentwicklung und Nachlass. Einzelanalysen werden zu folgenden Texten geliefert: *Der Verschollene*, *Der Proceß*, *Die Verwandlung* und *In der Strafkolonie*.

Kafkas Werke werden nach der 12-bändigen Ausgabe von Hans-Gerd Koch zitiert. Die erste Zahl verweist auf den jeweiligen Band der Ausgabe (siehe „Werkausgaben" in der Bibliografie), die zweite ist die Seitenzahl.

Ich danke Birgitta Gramoll-Golisch, Jean-Pierre Palmier und Markus Pahmeier für die sorgfältige, kritische Durchsicht des Manuskripts und Monika Socha für die Hilfe bei den Recherchen, den Registern und der kommentierten Bibliografie.

Dieses Buch ist meinem alten Lehrer Wolfgang Golisch gewidmet, der im September 2005 gestorben ist. Von ihm habe ich viel über Kafka, Literatur und Sprache gelernt.

II. Die Kafka-Forschung

Neue Kafka-Funde?

Die Beiträge zur Kafka-Forschung sind heute längst im fünfstelligen Bereich angelangt. Da mag die Frage aufkommen, ob es wirklich immer wieder neue Kafka-Funde gibt, die von den Forschern ausgegraben werden. Jüngst meinte der Brite James Hawes mit seinem 2008 erschienenen Buch *Excavating Kafka* eine skandalöse Entdeckung gemacht zu haben: Kafka habe von der Forschung unterschlagene Pornos in seinem Schrank verschlossen gehabt. Dabei handelte es sich in Wahrheit um Exemplare der expressionistischen Zeitschriften *Der Amethyst* und *Die Opale*, die zu Beginn des 20. Jahrhunderts von dem Essayisten Franz Blei herausgegeben wurden und zur illustrativen Unterhaltung erotische Jugendstilzeichnungen enthielten. Diese Tatsache ist keine Neuigkeit, sondern bereits in den fünfziger Jahren bei Klaus Wagenbach nachzulesen (vgl. Wagenbach 1958, 132f.). Jemand musste also Franz K. verleumdet haben, denn ohne dass er etwas Böses getan hätte, wurde er eines Morgens zum „Porno-Ferkel" erklärt. Die Vorankündigung von Hawes' Buch hat in der Tat zu diffamierenden Schlagzeilen geführt. Daran ist zu erkennen, wie sehr der Mythos vom heiligen Asketen Kafka verbreitet ist. Da der Forschung hingegen seit langem Bordellbesuche Kafkas bekannt sind, würde es auch niemanden erregt haben, wenn er tatsächlich Pornozeitschriften abonniert hätte. Also: Nicht alles, was als wissenschaftliches Untersuchungsergebnis daherkommt, ist ein solches. Es gibt aber auch unfreiwillige Forschungsenten wie die Auskunft, Kafka habe *Das Urteil* „während einer nächtlichen Bahnfahrt in ekstatischer Umgebung" geschrieben (Reiss 1952, 42). Hierbei handelt es sich um ein Missverständnis von Kafkas Tagebuchnotiz vom 23. September 1912. Darin berichtet er von seinem ununterbrochenen Schreibfluss: „Diese Geschichte ‚das Urteil' habe ich in der Nacht vom 22 zum 23 von 10 Uhr abends bis 6 Uhr früh in einem Zug geschrieben." (10, 101)

Die unendliche Forschungsgeschichte

Was die Kafka-Forschung umtreibt und zu keinem Ende führt, ist weniger die Suche nach neuen Entdeckungen als vielmehr die Deutung dessen, was in den Texten vorzufinden ist: ein hermeneutischer Befund also. Die Interpretation von Kafkas Werken ist aber offenbar besonders schwierig, weil das Gleichnishafte zu mannigfachen Spekulationen verleitet, während das Fremdartige (zum Beispiel Tiercharaktere in einer realistischen Welt wie in der *Verwandlung* oder überraschend groteske Reaktionen wie in *Gibs auf!* oder *Das Urteil*) sich einer Deutung beinahe völlig zu entziehen scheint. Schwierigkeiten macht also einerseits die Vieldeutigkeit, andererseits die Undurchdringlichkeit. Und dies geschieht zumeist dergestalt, dass die anscheinend vom Text ausgehenden Offerten zu zahllosen Deutungsmöglichkeiten am Ende den Leser ratlos machen und den Sinn im Dunkeln lassen. Viele Texte laden zu einer allegorisierenden Deutung ein: So wird der *Proceß* beispielsweise von Max Brod als Allegorie der Schuld (vgl. Brod 1966, 253f.) und von Elias Canetti als biografische Allegorie der Liebesbeziehung zu Felice Bauer (vgl. Canetti 1983) gelesen, während er heutzutage gern als

Allegorie des Schreibprozesses interpretiert wird. (Die Selbstreflexion und Metaphorisierung des Schreibens ist beispielsweise bei Kremer (1998) und Schärf (2000) ein zentrales Thema.) Offenbar wollen die Texte im übertragenen Sinn gedeutet werden, ohne dass es ein Bedeutungsfeld gibt, in dem sie zu Hause sind. Aus diesem Grund sprach Theodor W. Adorno von einer „Parabolik, zu der der Schlüssel entwendet ward" (Adorno 1976, 307).

Kafka und die Literaturtheorien

Weil Kafkas Texte zur Interpretation auffordern, je mehr sie sich derselben verweigern, sind sie ein beliebter Gegenstand der Literaturtheorie und Methodengeschichte. Denn dieses Phänomen wirft die grundsätzliche Frage auf, was literaturwissenschaftliche Interpretation eigentlich ist und leisten kann. Daher gibt es eine Reihe von Sammelbänden, in denen die verschiedenen gängigen Interpretationsmethoden (sozialgeschichtliche, psychoanalytische, poststrukturalistische, diskursanalytische, rezeptionsästhetische, dekonstruktivistische, gender-theoretische etc.) anhand von Kafka durchexerziert werden; so zum Beispiel der 1993 von Klaus-Michael Bogdal herausgegebene Band zu Kafkas *Vor dem Gesetz* oder der 2002 von Oliver Jahraus und Stefan Neuhaus herausgegebene über *Das Urteil*.

Gesamtdarstellungen

Obwohl Kafkas Werk einen fragmentarischen Charakter hat und sich eindeutigen Interpretationen verweigert, hat es in der Forschung immer wieder Darstellungen gegeben, in denen unter einem bestimmten thematischen oder formalen Aspekt das gesamte Textkorpus untersucht worden ist. Der erste Deutungsrahmen ist von Max Brod vorgegeben worden und enthält theologische Leitgedanken wie Schuld, Sühne, Gnade und Gericht Gottes. Durch seine eigenmächtige editorische Arbeit, seine Nachworte zum *Proceß* (1925) und zum *Schloß* (1926) sowie seine Kafka-Biografie von 1937 ist ein einflussreiches Kafka-Bild entstanden, das durch seinen geheimnisvollen und mystisch-religiösen Charakter für das Klischee vom ‚Kafkaesken' mitverantwortlich ist.

Emrich

Wilhelm Emrich hat 1958 ein umfangreiches Buch über Kafka geschrieben, in dem er die formalanalytische Deutung der fragmentarischen Struktur über die bis dahin verbreiteten symbolischen Deutungen in der Nachfolge Max Brods stellt. Dichtung sei weder allegorisch noch symbolisch, sondern gleichnishaft in einem völlig neuartigen Sinn (vgl. Emrich 1958, 81). Dieses Neue versucht er allerdings im Rückgriff auf Bestimmungen zu erfassen, vermittels derer Kafkas Werk durch die Hintertür zu einem Sinnbild existenzialistischer Grundgedanken gemacht wird: Demnach beschrieben die Texte Erfahrungen der Endlichkeit menschlicher Existenz im Streben nach universellem Wissen. Friedrich Beißner richtete sich bereits Anfang der fünfziger Jahre gegen metaphysisch aufgeladene Deutungen und forderte verfahrensanalytische Zugangsweisen, etwa die Untersuchung der Erzählperspektive, die er aufgrund der personalen Beschränktheit „einsinnig" nannte (Beißner 1952, 28). (Damit ist gemeint, dass beispielsweise im Roman *Der Verschollene* das Geschehen ausschließlich aus Sicht Karl Roßmanns dargestellt wird; es gibt keinen allwissenden Erzähler, sondern nur eine beschränkte Perspektive, selbst dann, wenn es sich nicht um einen Ich-Erzähler handelt, sondern in der dritten Person erzählt wird, was bei Kafka ja zumeist der Fall ist.)

Politzer

Heinz Politzers Kafka-Buch von 1965 sucht ebenfalls einen programmatischen Zugang über die Sprache und den Stil, um weltanschauliche Deutungen zu vermeiden. Er führt die Beliebigkeit der Interpretationen, die mehr über den Charakter der Deuter als über den Text aussagten, auf die paradoxe und parabolisch vieldeutige Struktur der Texte zurück (Politzer 1965, 43). Allerdings greift er bei der Deutung der einzelnen Erzählungen auf Interpretationsmuster zurück, die er zuvor für fragwürdig erklärt hat. Denn nicht nur theologische und philosophische Deutungen enthalten Weltanschauliches, sondern auch psychologische und soziologische Zugänge. Auch der biografistische Ansatz, etwa die Deutung des *Proceß*-Romans im Kontext der gescheiterten Liebesbeziehung zu Felice, operiert ja nicht nur mit empirischen Tatsachen, sondern mit der ungesicherten Übertragung des Romangeschehens auf die reale Ver- und Entlobungsgeschichte. Walter H. Sokel nimmt in seiner Monografie von 1964 die Biografie Kafkas zum Ausgangspunkt der Deutungen. Dabei bezieht er sich allerdings weniger auf das äußere Geschehen als vielmehr auf die innere Biografie, so wie sie sich in Tagebüchern und Briefen äußert. Und dies versteht er wiederum nicht als Bekenntnisliteratur, sondern als „Projektion seines inneren Lebens [...] in traumhafter Verfremdung und gleichnishafter Verwandlung". Damit überschreite er den Bereich des Privaten und erlange „gerade durch seine rigorose Subjektivität universelle Bedeutung" (Sokel 1964, 9). Durch diese traumartige Verfremdungstechnik zeichne sich Kafka als Autor des Expressionismus aus. Eine Übersicht der Kafka-Forschung einschließlich der hier skizzierten Gesamtdarstellungen von Emrich, Politzer und Sokel findet sich auch in dem 1979 von Hartmut Binder herausgegebenen Kafka-Handbuch, das seit langem vergriffen ist. Binder hat eine ganze Reihe von Publikationen zu Kafka verfasst; das Handbuch ist eine umfassende Sammlung von Informationen und Kommentaren zu Kafkas Leben und Schaffen, an der verschiedene Forscher beteiligt sind. Es eignet sich aufgrund der Detailliertheit des Inhaltsverzeichnisses, das sich (beide Bände zusammen genommen) über vierzehn Seiten erstreckt, sehr gut zum Durchstöbern. Anders als die zuvor genannten einheitlichen Darstellungen, die eine bestimmte Deutungslinie für das Gesamtwerk verfolgen, ist das Handbuch ein heterogenes Nachschlagewerk, das reichlich Materialien und Interpretationen zu allen Texten bereitstellt. Es ist seitdem natürlich unüberschaubar vieles zu Kafka erschienen. Die aktuellste große Gesamtschau auf Kafka bildet das Buch von Peter-André Alt, das sich eine Biografie nennt, zugleich aber die wichtigsten Texte kommentiert. Das ist insofern konsequent, als es Alt gerade um die enge Verzahnung von Leben und Literatur geht. Im Unterschied zu der auf drei Bände angelegten Biografie von Reiner Stach, die in epischer Ausführlichkeit Kafkas Leben erzählt, nimmt Alt bestimmte Thesen wie die von Kafkas Rollenverständnis als ewigem Sohn oder die von der Nachahmung der eigenen Literatur in Kafkas Leben als Leitlinien für die Textinterpretation. Es gibt außerdem viele Einführungen in Leben und Werk wie etwa die Rowohlt Bildmonografie von Klaus Wagenbach (2002). In jüngerer Zeit ist eine von Oliver Jahraus (2006) bei Reclam erschienen, deren Drehpunkte die Bedeutung des Schreibens für Kafka sowie die Machtkonstellationen in Leben und Werk sind. Die neueste Bildmonografie, die knapp und übersichtlich in Leben, Werk und Wirkung einführt, ist von Andreas B. Kilcher (Suhrkamp BasisBiographie 2008). Einzelne wegweisende Positionen der Forschung, die zentrale Aspekte von Kafkas Werk beleuchten, sind schließlich in dem 2006 bei der Wissenschaftlichen Buchgesellschaft von Claudia Liebrand herausgegebenen Band *Franz Kafka. Neue Wege der Forschung*

Sokel

Binder

Alt

Einführungen

zusammengestellt. Darin finden sich Beiträge von Adorno, Derrida, Kremer, Lehmann und anderen, die als repräsentativ für wesentliche Strömungen der Kafka-Forschung gelten.

Kafka-Ausgaben

Gemeinsam mit Heinz Politzer gab Max Brod die erste Kafka-Gesamtausgabe heraus. Die *Gesammelten Schriften* erschienen ab 1935 im Berliner Schocken Verlag. Im Gegenzug zu Brods Versuch, Kafka leserfreundlich und vollendet zu präsentieren, sind zwei kritische Ausgaben entstanden, die mit dem wissenschaftlichen Anspruch der Originaltreue die Handschrift des Autors zur Basis ihrer dokumentarischen Darbietung der Texte machen. Da ist zum einen die *Kritische Ausgabe der Schriften, Tagebücher, Briefe*, herausgegeben von Jürgen Born, Gerhard Neumann, Malcolm Pasley und Jost Schillemeit, erschienen bei S. Fischer in Frankfurt am Main ab 1982. Sie ermöglichte erstmals einen möglichst authentischen Zugang zum gesamten überlieferten Textmaterial. Dabei lässt sich genau nachverfolgen, wie sich der Schreibprozess mit Streichungen, Einfügungen und Umstellungen entwickelt hat. Orthografie und Zeichensetzung wurden nicht berichtigt oder aktualisiert, sondern aus den Originalmanuskripten beibehalten. Die von Kafka zu Lebzeiten autorisierten Druckfassungen wurden auch nicht verändert. (Der in dieser Einführung zitierten Taschenbuchedition von Hans-Gerd Koch liegt die Kritische Ausgabe zugrunde.) Es gibt außerdem die *Historisch-Kritische Ausgabe sämtlicher Handschriften, Drucke und Typoskripte*, herausgegeben von Roland Reuß und Peter Staengle. Sie erscheint seit 1995 im Frankfurter Stroemfeld Verlag und bietet die Handschriften direkt fotografisch dar (auch auf CD-Rom) mit einer Umschrift als Entzifferungshilfe. Damit kann die Textgenese am besten nachvollzogen werden; dies geschieht allerdings auf Kosten des Werkcharakters und der Lesbarkeit.

Kafka im Internet

Wer „Kafka" bei Google eingibt, erhält ungefähr 9.780.000 Suchergebnisse. Im Anhang dieses Buches werden einige Webseiten aufgelistet, die zum Recherchieren nützlich sein können. Der Fischer-Verlag beispielsweise informiert übersichtlich über Kafkas Leben und Werk. Bei Wikipedia findet sich ein umfangreicher Kommentar zu Kafkas Leben und Werk mit einer Auflistung von ausgewählter Forschungsliteratur, Verfilmungen und weiteren Web-Links. Zum 125. Geburtstag Kafkas würdigte die *Frankfurter Allgemeine Zeitung* Kafka in einem FAZ.NET-Spezial, einer Serie, in der unterschiedliche Autoren ihren Lieblingssatz Kafkas vorstellen und deuten. Seit 2008 gibt es auch eine Online-Zeitschrift der *Deutschen Kafka-Gesellschaft*, in der wissenschaftliche Beiträge zur Kafka-Forschung publiziert und in einem Forum diskutiert werden. Die *Deutsche Kafka-Gesellschaft* ist erst 2005 in Bonn gegründet worden, organisiert regelmäßig Tagungen, Ausstellungen und andere Veranstaltungen, gibt eine Schriftenreihe und eine Online-Zeitschrift heraus und informiert über Neuerscheinungen und Webseiten zu Kafka. Sie ist im Internet zu finden unter www.kafka-gesellschaft.de.

Deutsche Kafka-Gesellschaft

III. Kafka zwischen Leben und Schreiben

1. Prag, Judentum, Kindheit und Beruf

Wie sah es in Prag am Ende des 19. Jahrhunderts aus und welchen Einfluss hatte das soziale Geschehen auf Kafka?

Prag um 1900

Die Tschechen kämpften im Zuge der aufkommenden tschechischen Nationalbewegung um die Unabhängigkeit Böhmens von der Herrschaft der Deutschen. Die der Ober- und Mittelschicht angehörenden Deutschen waren in der Minderheit und die weitgehend zur Unterschicht gehörenden Tschechen arbeiteten daran, ihre kulturelle Identität und Sprache öffentlich gegen die Vormacht der höher angesehenen deutschen Kultur und Sprache durchzusetzen. Gesellschaftlicher Aufstieg, Kultur und Bildung waren also im Umkreis der Deutschen zu suchen. Daher versuchte sich auch Kafkas Vater, der als tschechisch und jiddisch sprechender Jude nach Prag gekommen war, als Freund der Deutschen hervorzutun. Prag war mehrfach gespalten, in Bezug auf den sozialen Stand (deutsche Oberschicht versus tschechische Unterschicht), nationale Gegensätze (die Tschechen setzten ihre Sprache und Kultur in der Öffentlichkeit gegen die deutsche durch) und den Antisemitismus. (Siehe hierzu Zimmermann 2008, 167 und Wagenbach 1993, 14.)

Als Jude in Prag

Die Prager Juden gehörten zumeist dem gehobenen Mittelstand an und arbeiteten hauptsächlich im freiberuflichen kaufmännischen Bereich wie Kafkas Vater. Im öffentlichen Dienst waren sie normalerweise nicht tätig und wurden nicht verbeamtet. Kafkas Position als Beamter bei der staatlichen *Arbeiter-Unfall-Versicherungs-Anstalt* war eine Ausnahme, die durch private Beziehungen zustande kam. Da im Zuge der nationaltschechischen Entwicklung auch eine antisemitische Stimmung aufkam, lag es nahe, dass sich viele Juden kulturell eher an deutschnationalen und christlichen Gemeinschaften orientierten, wenn sie nicht auswanderten. Der schleichende Druck zur Anpassung hat möglicherweise die Konstellationen und Atmosphären der Macht- und Ohnmachtsverhältnisse in Kafkas Texten geprägt. Kulturell und sprachlich zählte Kafka zu den Deutschen, lernte aber auch Tschechisch in der Schule und sprach mit den Dienstboten zu Hause teilweise Tschechisch. Kafka hat fast sein ganzes Leben in Prag verbracht, abgesehen von kleinen Reisen. Zu einem Umzug nach Berlin kam es erst kurz vor seinem Tod: Kaum ein halbes Jahr lebte er dort mit Dora Diamant, bevor er ins Sanatorium in Wien eingewiesen wurde.

Familiäre Herkunft

Kafkas Vater, Hermann Kafka, wird 1852 in der südböhmischen Provinz geboren. Sein Vater war Fleischhauer. Dieser Umstand fließt möglicherweise in die Erzählung über den Hungerkünstler ein, dessen Wächter als Fleischhauer bezeichnet werden. Ansonsten scheint der Großvater, im Gegensatz zum Vater, kaum eine Rolle in Kafkas Leben zu spielen. Der Vater siedelt im Anschluss an den Militärdienst nach Prag über und gründet nach der Heirat mit Julie Löwy 1882 eine Existenz als Galanteriewarenhändler. Er verkauft Stoffe, Kurzwaren, Regenschirme, Modeartikel und dergleichen. Der soziale Aufstieg und geschäftliche Erfolg sind seinem Ehrgeiz, vor allem aber dem Vermögen der Gattin zu verdanken. Julie Löwy wird 1856 in der Nähe von Prag geboren und kommt aus einer Familie, die dem gebildeten deutsch-jüdischen Bürgertum angehört. Die Herkunft der Eltern ist also sehr ungleich. Diese Verschiedenheit spiegelt die sozialen Gegensätze, die am Ende des 19. Jahrhunderts in Prag zusammentreffen und zuweilen vereinigt werden. Von der Mutter stammt demnach das kulturelle Milieu Kafkas, vom Vater der Name. Das tschechische Wort „kavka" bedeutet „Dohle": Eine Dohle wird daher als Geschäftsemblem auf dem Briefkopf des Unternehmens verwendet. Der väterlichen Linie entstammen auch die Vorbilder für den *Verschollenen*, denn ein Cousin Kafkas, Otto Kafka, war früh nach Amerika ausgewandert und hat in New York ein Unternehmen gegründet, in das er seinen 14 Jahre jüngeren Bruder Franz, der ihm als 16-Jähriger folgte, aufnahm. Der Protagonist Karl Roßmann und sein amerikanischer Onkel sind hier wieder zu erkennen.

Geschwister

Franz Kafka wird am 3. Juli 1883 in Prag geboren. Im Abstand von jeweils zwei Jahren kommen zwei Brüder hinzu, die beide an Kinderkrankheiten sterben. Es folgen drei Schwestern: Gabriele (Elli), Valerie (Valli) und Ottilie (Ottla). Ottla ist die jüngste und ihm die liebste der Schwestern, weil sie die am wenigsten angepasste ist. Sie rebelliert gegen den Vater und entwickelt somit eine Fähigkeit, die ihm selbst fehlt. Kafka liest seinen Schwestern vor und versorgt sie mit Literatur. Er schreibt kleine Theaterstücke, die sie bei Geburtstagen aufführen und stellt sogar – mit einer Unbefangenheit, die sonst niemand von ihm kennt – Kinoszenen im Badezimmer nach (vgl. Alt 2005, 59). Durch seinen frühen Tod 1924 ist ihm das Schicksal der Schwestern in den Gaskammern von Auschwitz erspart geblieben.

Frühe Kindheit

Die Eindrücke der frühen Kindheit sind von „kinderauszehrender Luft" (OB, 347) erfüllt: ein herrischer Vater, der das Kind Franz mit Befehlen und Ansprüchen zu zerstampfen droht, sowie eine zurückgezogene Mutter, die beide die meiste Zeit im Geschäft verbringen und abends daheim Karten spielen. Ferner gibt es eine Köchin, die Kafkas vermeintliche Unartigkeiten immer beim Lehrer zu verpetzen droht, das ‚Fräulein' für alles (Marie Werner, die später sogar die Eltern pflegt und bis zu deren Tod bei ihnen wohnt) und eine den großbürgerlichen Ambitionen der Eltern entsprechende belgische Gouvernante für die Hausaufgabenbetreuung und den Musikunterricht. Von allen Personen, die das Kind umgeben, ist der Vater die wirkungsmächtigste, so dass Peter-André Alt seine fast 800 Seiten umfassende Kafka-Biografie mit Recht „Der ewige Sohn" genannt hat. Der Vater ist also ein Kapitel für sich. Zur Kennzeichnung der frühen Kindheit sei hier nur die Begebenheit aus dem berühmten *Brief an den Vater* zitiert, die Kafka besonders traumatisiert hat:

> Ich winselte einmal in der Nacht immerfort um Wasser, gewiß nicht aus Durst, sondern wahrscheinlich teils um zu ärgern, teils um mich zu unterhalten. Nachdem einige starke Drohungen nicht geholfen hatten, nahmst Du mich aus dem Bett, trugst mich auf die Pawlatsche und ließest mich dort allein vor der geschlossenen Tür ein Weilchen im Hemd stehn. Ich will nicht sagen, daß das unrichtig war, vielleicht war damals

> die Nachtruhe auf andere Weise wirklich nicht zu verschaffen, ich will aber damit Deine Erziehungsmittel und ihre Wirkung auf mich charakterisieren. Ich war damals nachher wohl schon folgsam, aber ich hatte einen inneren Schaden davon. Das für mich Selbstverständliche des sinnlosen Ums-Wasser-Bittens und das außerordentlich Schreckliche des Hinausgetragenwerdens konnte ich meiner Natur nach niemals in die richtige Verbindung bringen. Noch nach Jahren litt ich unter der quälenden Vorstellung, daß der riesige Mann, mein Vater, die letzte Instanz, fast ohne Grund kommen und mich in der Nacht aus dem Bett auf die Pawlatsche tragen konnte und daß ich also ein solches Nichts für ihn war. Das war damals ein kleiner Anfang nur, aber dieses mich oft beherrschende Gefühl der Nichtigkeit (ein in anderer Hinsicht allerdings auch edles und fruchtbares Gefühl) stammt vielfach von Deinem Einfluß. (7, 14f.)

Volksschule 1889–1893

Von 1889 bis 1893 besucht Kafka die *Deutsche Volks- und Bürgerschule* am Fleischmarkt in Prag. Versagensängste beherrschen ihn: Er fürchtet, er werde niemals durch die erste Volksschulklasse kommen. Die Machtverhältnisse in der Familie setzen sich hier fort durch die Autorität der Lehrer und die Furcht des Schulkindes, den Anforderungen nicht gerecht zu werden. Dabei ist Kafka ein guter und geschätzter Schüler, so dass die Bedrohung, die vermeintlich von der Schule ausgeht, in ähnlicher Weise als Erzeugnis einer überzogenen Wahrnehmung gedeutet werden muss wie die Ängstigung durch den Vater. Das geht sogar so weit, dass, wie Alt berichtet, das weniger strenge Auftreten einiger Lehrer als besonders heimtückische Strategie der Herrschaftsausübung gilt: „Wo immer sich die Schule als angstfreie Zone – durch Zuwendung der Lehrer oder gute Leistungen des Schülers – hätte ausweisen können, wurden die entlastenden Indizien in Symbole einer perfiden Bestrafungstaktik umgedeutet." (Alt 2005, 67f.) Schuld daran ist unter anderem die Köchin, die Kafka immer droht, ihn bei den Lehrern anzuschwärzen, wenn er nicht tut, was sie will, oder aber seine von existenzieller Angst erfüllte Phantasie, aus der auch seine Texte geschöpft sind.

Gymnasium 1893–1901

Von 1893 bis 1901 besucht Kafka das deutschsprachige *Staats-Gymnasium* in der Prager Altstadt. In diesen acht Jahren beschäftigt er sich viel mit Weltliteratur, unternimmt auch selbst erste Schreibversuche und schließt Freundschaften, die für sein Leben von großer Bedeutung sind, beispielsweise zu Hugo Bergmann, der ihn in die Welt des Zionismus einführt, und zu Oskar Pollak, mit dem er über Kunst, Philosophie und über seine eigenen Manuskripte spricht.

Studium 1901–1906

Da Kafka ausgemustert worden ist, kann er sich 1901 nach der Reifeprüfung sofort an der *Karls-Universität* einschreiben. Zwei Wochen studiert er Chemie und wechselt dann zur juristischen Fakultät, weil ihm die Laborarbeit nicht liegt. Im *Brief an den Vater* schreibt er darüber: „Ich studierte also Jus. Das bedeutete, daß ich mich in den paar Monaten vor den Prüfungen unter reichlicher Mitnahme der Nerven geistig förmlich von Holzmehl nährte, das mir überdies schon von tausend Mäulern vorgekaut war." (7, 51) Da ihn die trockene Rechtswissenschaft nicht befriedigt, besucht er zwischenzeitlich Veranstaltungen in Germanistik und Philosophie. 1906 schließt er das Studium mit einer Promotion als „Dr. iur. Advokatur" ab. Seinem eigentlichen geistigen Interesse kommt er im *Café Louvre* nach, einem Forum, in dem über Literatur und Philosophie gesprochen wird. Dort lernt er auch Max Brod kennen.

Beamtenlaufbahn

Nach seiner Ausbildung zum Rechtsanwalt macht Kafka eine Lehre in der Anwaltskanzlei von Richard Löwy (welcher nicht mit Kafkas Onkel zu verwechseln ist, der ein Bekleidungsgeschäft betrieb). Für ein Jahr ist er sodann Angestellter auf Probe an verschiedenen Gerichten in Prag. 1907 wird er auf Vermittlung seines Onkels Alfred Löwy, der als Direktor der spanischen Eisenbahngesellschaft recht einflussreich ist, bei der Versicherung *Assicurazioni Generali* eingestellt. Der Büroalltag ist ihm zu mühsam, monoton und vor allem zu lang, da er ihm keine Zeit zum Schreiben lässt. 1908 kündigt er schon und wechselt zur *Arbeiter-Unfall-Versicherungs-Anstalt*, wo er sich mit den Folgen von Arbeitsunfällen, beispielsweise aufgrund mangelhaft gewarteter Maschinen, befassen muss. (Möglicherweise stammt daher der Einfall, den Offizier in der *Strafkolonie* durch die von ihm beklagte mangelnde Wartung der Hinrichtungsmaschine einen plötzlichen Tod ohne die ersehnte Erleuchtung in der sechsten Stunde sterben zu lassen.) Bei der *Arbeiter-Unfall-Versicherungs-Anstalt* wird Kafka regelmäßig befördert, gut bezahlt und genießt hohes Ansehen. Dennoch meldet er sich oft krank. Seine gesundheitliche Disposition ist nicht besonders gut. Der Hauptgrund ist aber der, dass er eigentlich schreiben will und das Doppelleben als Beamter und Schriftsteller ihn krank macht.

Doppelleben

Kafka verwirklicht keine Karriere als freier Schriftsteller, obwohl er sich eigentlich dazu berufen fühlt, oder besser gesagt: obwohl er sich mit dem Schreiben vollständig identifiziert, während das normale, offizielle Leben in der Familie und im Büro nur aus Störfaktoren besteht. An Felice Bauer schreibt er am 1. November 1912:

> Meine Lebensweise ist nur auf das Schreiben hin eingerichtet und wenn sie Veränderungen erfährt so nur deshalb, um möglicher Weise dem Schreiben besser zu entsprechen, denn die Zeit ist kurz, die Kräfte sind klein, das Bureau ist ein Schrecken, die Wohnung ist laut und man muß sich mit Kunststücken durchzuwinden suchen, wenn es mit einem schönen geraden Leben nicht geht. (FB, 66 f.)

Das Beamtendasein gibt existenzielle Sicherheit. Eine Eheschließung hätte diesen bürgerlich geraden Weg gefestigt, aber Kafka sieht das Schreiben darin zu sehr bedroht. Manchmal schreibt er ganze Nächte hindurch, so dass es ihm schon aus diesen äußerlichen Gründen unmöglich schien, beides zu vereinen. Da die Büroarbeit zu viele Stunden und Energie für das Schreiben wegnimmt, leidet Kafka geistig an diesem Doppelleben und gesundheitlich an der dadurch verursachten Schlaflosigkeit.

Liebe zur Literatur

Bereits als Schüler interessiert Kafka sich besonders für Literatur. Er schreibt sogar selbst schon erste Texte in dieser Zeit, aber von diesen Manuskripten ist kaum etwas erhalten geblieben. Vom Vater wird seine literarische Befähigung gering geschätzt. Mit einigen seiner Mitschüler, später mit Studienfreunden und Mitgliedern des *Café Louvre*-Zirkels tauscht er sich aber über Literatur (auch die selbst produzierte) und Philosophie aus. Einer seiner Lieblingsautoren ist Kleist, besonders die Erzählung *Michael Kohlhaas* schätzt er sehr. Hervorgehoben werden müssen auch Franz Grillparzer,

Gustave Flaubert, Søren Kierkegaard, Hugo von Hofmannsthal und Robert Walser. Er liest auch Charles Dickens sehr gern, owohl er ihm stilistisch stellenweise zu schwülstig ist, und lässt sich für seinen Amerikaroman von *David Copperfield* inspirieren (vgl. 11, 168f.).

Judentum

Kafka interessiert sich auch für die Schriften des Judentums, er liest unter anderem im Talmud, beschäftigt sich mit jüdischer Mystik und mit Martin Buber, dessen religiöse Vorträge er in Prag hörte und dessen Übersetzungen der chassidischen Erzählungen er kannte. Außerdem richtet er seinen Blick aufs jiddische Theater. Zwar hat Kafka nie eindringlich die Kabbala studiert, aber eine Ähnlichkeit zu seinen eigenen Texten ist zuweilen zu erkennen; beispielsweise *Vor dem Gesetz* und *Die fünfzigste Pforte* leben vom Motiv des Aufschubs und einer transzendenten Bodenlosigkeit, für die der Chassidismus im Unterschied zu Kafka die Rettung im Glauben vorsieht. (Siehe Martin Buber, Die Erzählungen der Chassidim, Zürich 1996, S. 185.)

Felice Bauer

Kafkas Interesse für das Judentum erzeugt in ihm auch den Wunsch, nach Palästina zu reisen. Aus der mit Felice Bauer verabredeten Palästinareise ist aber nie etwas geworden. Gleichwohl ist es bemerkenswert: Am 13. August 1912 kommt es zur ersten Begegnung zwischen den beiden im Elternhaus Max Brods, und sofort an diesem Abend wird die besagte Verabredung getroffen. Es entsteht ein außergewöhnlich intensiver Briefkontakt: Allein von September bis Dezember 1912 schreibt Kafka fast 90 Briefe an Felice. Das Briefeschreiben ist ihm offenbar die liebste Weise, Felice zu begegnen, denn die leibhaftigen Treffen sind zumeist eine Enttäuschung, so dass auch aus diesem Grund die beiden Versuche einer Eheschließung im Zeitraum von fünf Jahren scheitern.

Julie Wohryzek

1919 lernt Kafka während eines Kuraufenthalts in Schelesen die acht Jahre jüngere Tschechin Julie Wohryzek kennen, die aus ärmlichen Verhältnissen kommt und lungenkrank ist. Anders als das schriftliche Verhältnis zu Felice ist dieses von spontaner Heiterkeit und unkomplizierter Sinnlichkeit erfüllt. Die Eheschließung wird von Kafkas Vater verhindert, der das Verhältnis als sozialen Abstieg in die Unterschicht bewertet hat.

Milena Pollak

Milena Pollak (geborene Jesenská) tritt an Kafka heran, weil sie den *Heizer* ins Tschechische übersetzen will. 1920 treffen sie sich im *Café Arco* in Prag. Künstlercafés und die Welt der Literatur sind ihr durch ihre publizistische Arbeit vertraut. Da die dreizehn Jahre jüngere Frau bereits seit zwei Jahren verheiratet gewesen ist, muss die sich anbahnende Affäre geheim gehalten werden. Kafka besucht sie in Wien, wo es zu einer intimen Begegnung kommt, und nimmt diese Episode zum Anlass, sich von Julie Wohryzek zu trennen. Das Liebesverhältnis dauert insgesamt etwa ein halbes Jahr. Es ist im Vergleich zum Schriftverkehr mit Felice ein weniger umfangreicher, jedoch ebenso lesenswerter Briefwechsel daraus hervorgegangen.

Dora Diamant

Im letzten Jahr seines Lebens ist Dora Diamant die Frau an Kafkas Seite. Er lernt die 25-Jährige 1923 bei einem Erholungsaufenthalt in Müritz an der Ostsee kennen. Die beiden ziehen zusammen nach Berlin. Am Ende seines Lebens gelingt es Kafka, Prag zu verlassen und mit einer Frau sein Leben zu teilen. Der Kafka-Biograf Peter-André Alt resümiert:

> Felice Bauer hatte zu ertragen, daß ihr Kafka ein Rätsel blieb, Milena Pollak mußte hinnehmen, daß er den endgültigen Schritt zu ihr nicht wagte.

> Beide scheiterten, weil sie den Sohn zum Ehemann zu bekehren und dabei – ohne es zu wissen – seine Identität zu zerstören suchten. Mit Dora Diamant teilt Kafka dagegen sein Leben frei von der Angst, seine Freiheit zu verspielen. An der Schwelle des Todes durfte die Furcht vor dem Selbstverlust in der Bindung nicht mehr zählen, weil die letzten Schritte in der Wüste fern von Kanaan bevorstanden. (Alt 2005, 642)

Krankheit und Tod

Im August 1917 erleidet Kafka einen Lungenblutsturz: Das Blut läuft ihm minutenlang aus der Kehle. Es wird eine Tuberkulose beider Lungenspitzen diagnostiziert. Während sein Vater die kalte, feuchte Wohnung im *Schönborn-Palais* im Verdacht hat, vermutet Kafka selbst, dass seine dauerhafte Überlastung und Schlaflosigkeit die Ursache der zerrütteten Gesundheit sind. So wird die psychosomatische Krankheit zur Metapher:

> Mich beschäftigte nur die Sorge um mich, diese aber in verschiedenster Weise. Etwa als Sorge um meine Gesundheit; es fieng leicht an, hier und dort ergab sich eine kleine Befürchtung wegen der Verdauung, des Haarausfalls, einer Rückgratsverkrümmung u. s. w., das steigerte sich in unzählbaren Abstufungen, schließlich endete es mit einer wirklichen Krankheit. Was war das alles? Nicht eigentlich körperliche Krankheit [...] und damit war der Weg zu aller Hypochondrie frei, bis dann unter der übermenschlichen Anstrengung des Heiraten-Wollens (darüber spreche ich noch) das Blut aus der Lunge kam [...]. (7, 48f.)

1924 kommt es zum völligen Zusammenbruch. Anfang April wird Kafka ins Sanatorium Wienerwald in Niederösterreich aufgenommen, weil die Lungentuberkulose auf seinen Kehlkopf übergegriffen hat: Er ist stumm und wiegt nur noch 43 kg. Er verständigt sich mit Dora Diamant und seinem Freund Robert Klopstock, der Mediziner ist und ihn bis zum Schluss begleitet, durch Notizzettel. Am 2. Juni 1924 stirbt Kafka an Tuberkulose. Klopstock hilft ihm auf seinen dringenden Wunsch hin mit Opiaten in den Tod (vgl. Stach 2008, 615).

Biografik

Umfassende Biografien zu Kafka gibt es in Deutschland erst im 21. Jahrhundert. Die Kafka-Biografik beginnt 1937 mit Max Brods Erinnerungen und findet einen vorläufigen Abschluss in Peter-André Alts bereits erwähnter Biografie, die mehr als eine Lebensdarstellung ist, weil sie Leben und Werk als Einheit betrachtet und entsprechend interpretatorisch in Beziehung setzt. Christian Klein unterteilt die Biografik in drei Phasen und resümiert diese wie folgt:

> War für die Anfänge vor allem die Abkehr vom Klischee des lebensfeindlichen respektive mystifizierenden Autors entscheidend, wird in der zweiten Phase die Außenseiter-Position Kafkas betont. Zerrissen in seiner Identität, habe er Suspendierung im Schreiben gefunden, die Literatur wird zum Lebenszweck. In der dritten Phase schließlich wird vor allem der Konstruktionscharakter von Kafkas Vita betont: Das Leben folgt literarischen respektive kulturhistorischen Topoi, Schreiben wird zur Identität stiftenden Tätigkeit. (Klein 2008, 34)

2. Die Vaterfiktion

Der Vater-Brief

Während seines Kuraufenthalts in Schelesen im November 1919 schreibt Kafka einen Brief an seinen Vater, der ursprünglich tatsächlich als ein Brief geplant war, der seinen Adressaten erreichen sollte, dann aber zu einem autobiografischen Memorandum ausufert, in dem auf 103 Briefseiten (in der späteren maschinenschriftlichen Fassung sind es 45 Seiten) umfassend mit dem Vater und seinen Erziehungsmethoden abgerechnet wird. Der Brief, der dem Vater nie übergeben wird, beschreibt das vor allem durch Angst gekennzeichnete Verhältnis in einer verwickelten Mischung aus Anklage und Selbstanklage. Als unparteiische Beschreibung kann der Brief freilich nicht gelesen werden. Der Grund dafür ist nicht nur der, dass er aus der Sicht des Sohnes und somit subjektiv die Dinge reflektiert, sondern dass er literarisch ausgearbeitet ist und mit Mitteln der Übertreibung, Mystifikation und Metaphorisierung schwer erkennbar macht, was Erinnerung und was Dramatisierung ist.

Anlass des Briefes

Kafka schreibt den Brief, weil er seinem Vater eine Antwort auf die Frage schuldig ist, warum er vorgebe, sich vor ihm zu fürchten:

> Liebster Vater,
> Du hast mich letzthin einmal gefragt, warum ich behaupte, ich hätte Furcht vor Dir. Ich wußte Dir, wie gewöhnlich, nichts zu antworten, zum Teil eben aus der Furcht, die ich vor Dir habe, zum Teil deshalb, weil zur Begründung dieser Furcht zu viele Einzelnheiten gehören, als daß ich sie im Reden halbwegs zusammenhalten könnte. (7, 10)

So beginnt der Brief, dessen offizieller Anlass die Begründung der besagten Furcht ist. Der nicht explizit gemachte Grund oder zumindest Hintergrund ist die Verlobung mit Julie Wohryzek, gegen die der Vater scharf polemisiert hat, um die Heirat mit einer Frau aus der sozialen Unterschicht zu verhindern. Als ob Kafka die Erstbeste genommen hätte, die sich mit einer attraktiven Bluse aufgedrängt hat, gibt er ihm den väterlichen Rat, sich wie ein erwachsener Mann zu benehmen und ins Bordell zu gehen, anstatt gleich ans Heiraten zu denken (vgl. 7, 57).

Der Kinderschreck

Kafka antwortet in dem Brief auf Vorwürfe, die ihm als Kind und auch später immer wieder gemacht wurden und kennzeichnet das Verhältnis als allumfassende Gegnerschaft, bei der der Vater ein monströser Tyrann ist, der den Sohn niederdrückt. Die Willkür, mit der er das Kind in der Nacht auf den Balkon herausgetragen hat, nur weil es um Wasser bat, ist charakteristisch für das Wesen des Vaters, wie es der Brief darstellt. Er missbraucht seine Macht, indem er dem Kind droht, es verspottet, ihm Befehle erteilt und Regeln aufstellt, die er selbst nicht einhält. Er bläut dem Sohn Tischmanieren ein, benimmt sich selbst aber wie ein gefräßiges Monster, das „alles schnell, heiß und in großen Bissen" isst, Knochen zerbeißt, Essig schlürft, „mit einem von Sauce triefenden Messer" Brot schneidet, krümelt, kleckert und mit dem Zahnstocher bei Tisch die Ohren reinigt (7, 19f.). Wenn das Kind nach Hause kommt und begeistert erzählt, was es gemacht hat, antwortet der Vater abschätzig: „Kauf Dir was dafür!" oder Ähnliches (7, 17). Er macht alles schlecht, was der Sohn gut findet, auch seine Freunde, ist selbstgerecht und prinzipiell anderer Meinung. Mit seinem Urteil vernichtet er alles, so dass das Kind das Selbstvertrauen verliert, ängstlich und störrisch wird und den Zorn und die Abneigung des Vaters um so mehr anstachelt. Das Bild vom Vater erscheint überzogen und stellenweise beinahe komisch, wenn es in körperlicher Plastizität ausgemalt wird: ein gewaltiger Riese und herrischer Kraftprotz mit jähzorniger „Donnerstimme" (7, 21), der schreiend um den Tisch herumläuft und dem kleinen Franz droht, ihn wie einen Fisch zu zerreißen – auf der anderen Seite der eingeschüchterte, schwache Sohn an der Hand des Vaters: „ein kleines Gerippe" (7, 16).

Vor dem Gesetz

Die Gemeinheiten des Vaters, die zur Willkürherrschaft eines bösen Gottes stilisiert werden, haben anscheinend als Modell gedient für die Situation, die in der Parabel *Vor dem Gesetz* beschrieben wird: Der Mann vom Lande wartet sein Leben lang auf Einlass, der ihm vom mächtigen Türhüter nicht gewährt wird, obwohl der Eingang nur für ihn bestimmt ist. Kafka schildert sich im Vater-Brief analog als Sklave „unter Gesetzen, die nur für mich erfunden waren und denen ich überdies, ich wußte nicht warum, niemals völlig entsprechen konnte" (7, 20).

Ein schrecklicher Prozess

Das Verhältnis zum Vater wird in einer Weise beschrieben, die immer wieder an den *Proceß* erinnert, vor allem durch das Schuldgefühl und die Androhung von Strafe. Zwar bleibt die körperliche Bestrafung aus, aber das wütende Bereitlegen der Hosenträger auf der Stuhllehne wird beschrieben als ein Miterleben aller „Vorbereitungen zum Gehenktwerden" bis zur letzten Sekunde (7, 29). Überdies ist wörtlich von einem „schrecklichen Proceß" die Rede, in dem der Vater unablässig Richter zu sein behaupte, während er in Wahrheit „verblendete Partei" sei (7, 38f.). Sogar eine bewusste und explizite Anspielung auf den Roman macht Kafka, indem er Josef K.s Furcht, von der Scham überlebt zu werden, mit der eigenen Situation vergleicht, die darin besteht, sein Selbstvertrauen gegen ein grenzenloses Schuldbewusstsein eingetauscht zu haben (vgl. 7, 41).

Entschuldigung

Das schlimme Porträt des Vaters und die Abwendung der Vorwürfe gegen den Sohn sind ihrerseits vorwurfsvoll, obgleich sie wie eine Entschuldigung klingen sollen: Immer wieder räumt Kafka ein, der Vater trage keine Schuld an dem Unfrieden und habe häufig in guter Absicht gehandelt. Es fällt schwer, das damit zusammenzubringen, dass der Vater ihm systematisch Knüppel zwischen die Füße geworfen hat. Vordergründig mag es eine captatio benevolentiae sein, durch die der Vater zum Verständnis und zum Frieden bewegt werden soll. Mehr noch ist es aber ein Ausdruck der als Schwäche getarnten Stärke – Schwäche, insofern der Brief als ein Akt der Unterwerfung und Verzweiflung erscheint, Stärke, insofern Kafka sich damit intellektuell und charakterlich über das Niveau des aggressiven Vaters erhebt.

Machtverhältnisse

Kafka relativiert das Schreckensbild vom Vater zwar an einigen Stellen, indem er zugesteht, dass er es aus der Perspektive des Kindes erstellt. Andererseits objektiviert sich die Vorstellung vom Tyrannen insofern, als der Vater sich im Umgang mit dem Personal und anderen Familienmitgliedern ähnlich grob und abschätzig gezeigt haben muss. Er soll die Angestellten viel beschimpft, schikaniert und sie „bezahlte Feinde" (7, 32) genannt haben: Das Kind bekommt also einen unparteiischen Eindruck von der Ungerechtigkeit des Vaters, ohne sich selbst die Schuld geben zu müssen. Die Mutter wird als schützend, aber parteiisch dargestellt. Sie hat eine Zwischenstellung, ist aber ihrem Mann so treu ergeben, dass sie keine selbständige Position einnimmt; sie schützt die Kinder immerhin gelegentlich vor Wutausbrüchen, wobei auch der Schutz in mancher Hinsicht bloß Teil einer Inszenierung der Macht des Vaters ist. Die Schwestern haben es nicht alle gleich schwer mit dem Vater. Am besten entkommt Elli ihm, und zwar durch die Heirat, die Kafka selbst nie verwirklicht; schwerer hat es Ottla, die als jüngstes Kind „in fertige Machtverhältnisse" (7, 37) hineingeboren wird, am meisten rebelliert und sich damit die Ablehnung des Vaters zuzieht.

Das Judentum des Vaters

Auch das Judentum schafft keine gemeinsame Basis für das Verhältnis, auch dort ist also keine „Rettung vor Dir" (7, 42) zu finden, wie Kafka es beinahe gottesfürchtig ausdrückt. Gemeinsame Glaubensrituale hätten ja tatsächlich unterhalb der alltäglichen Machtkämpfe einen Tunnel bahnen können, einen Weg zueinander. Aber auch auf diesem Gebiet hat der Vater dem Sohn nichts zu sagen und nichts zu bieten, denn das Judentum ist nur eine weitere Fessel durch den äußeren Zwang der Tempelbesuche und Gebete. Gleichgültigkeit und Formalität kennzeichnen das Judentum des Vaters, so dass daraus kein Beispiel zu gewinnen ist, das sich nachzueifern lohnt. Der Glaube des Vaters sei eher der an eine bestimmte jüdische Gesellschaftsklasse gewesen, durch die er sich selbst bestätigt fühlt. Darin habe nicht genug Judentum gelegen, um es an das Kind weiterzugeben: „es vertropfte zur Gänze während Du es weitergabst" (7, 44). Später findet Kafka eigene Zugänge zum Judentum, für die der Vater wiederum nur Verachtung übrig hat (vgl. 7, 46).

Ein fingierter Dialog

Am Ende des Briefes entwirft Kafka eine Antwort des Vaters, die wie eine Verteidigungsrede anmutet. Zum Beispiel die Heiratsabsicht und das ewige Scheitern sieht in den Augen des Vaters so aus, als habe der Sohn selbst Zweifel an der Entscheidung zur Ehe gehabt und den Vater nur benutzt, um eine billige Ausrede zu haben und nicht heiraten zu müssen. In Wahrheit habe er aber gar kein Verbot ausgesprochen (vgl. 7, 64f.).

Durch den Platz, den Kafka der Perspektive des anderen einzuräumen scheint, unterstreicht er den Eindruck, dass ein gerichtsähnlicher Prozess zwischen den beiden schwebt. Der Prozess ist aber einseitig, denn im Leben hat der Vater die Macht und fällt die Urteile, während im Schreiben der Sohn sich zu verteidigen und über den Vater zu richten, also den Spieß umzudrehen versucht. Da es aber nicht wirklich zu einem Dialog kommt, bleibt die Antwort des Vaters fingiert, erscheint eher als Vorlage für den Sohn, sich erneut zu rechtfertigen, und der ganze Prozess erfährt hier nur eine schriftliche Verlängerung, so dass das Schreiben weder eine Flucht noch einen Machtwechsel realisiert.

Erinnern oder Erfinden

Auch wenn das Bild, das vom Vater entworfen wird, zuweilen überzogen, einseitig und stilisiert sein mag, so gibt es keinen Grund anzunehmen, dass Kafka Tatsachen verfälscht. In einem Brief an Milena nennt er seinen Brief einen Advokatenbrief: „Morgen schicke ich Dir den Vater-Brief in die Wohnung, heb ihn bitte gut auf, ich könnte ihn vielleicht doch einmal dem Vater geben wollen. Laß ihn womöglich niemanden lesen. Und verstehe beim Lesen alle advokatorischen Kniffe, es ist ein Advokatenbrief." (MB, 85) Weder Milena noch der Vater haben den Brief erhalten, aber die Möglichkeit, ihn zu verschicken, hat Kafka offenkundig in Erwägung gezogen, und er hat ihn sogar für so wichtig befunden, dass er ihn mit der Schreibmaschine abtippte. Er relativiert zwar die Wahrhaftigkeit des Briefes, indem er juristische Tricks einräumt, aber damit sind nur die geschickte Argumentation und die rhetorische Aufarbeitung des Materials gemeint, das gleichwohl biografisch ist. Durch die kindliche Perspektive, die über weite Strecken eingenommen wird, ergibt sich ein monumentales Bild vom Vater, das zugleich erinnert und erfunden ist. Denn die Erinnerung an bestimmte Handlungen, Gesten und Worte des Vaters wird sprachlich mit Konnotationen versehen, durch die der Vater als strafender Gott, riesenhafte Körpermasse, unheimliche Macht, ungerechter Richter und Willkürherrscher erscheint. So gesehen ist der Vater ein Konstrukt kindlicher Angst und literarischer Sprachgestaltung.

Der ,ewige Sohn'

Der Biograf Peter-André Alt geht sogar so weit, zu sagen, Kafka präge sein Leben durch die imaginären Welten seiner Poesie und entwerfe seine eigene Identität als die des Sohnes, „der seine Furcht vor dem Vater mit obsessiver Lust kultiviert, weil sie für ihn die Bedingung seiner Existenz bildet" (Alt 2005, 15). Angst und Scheitern, Zögern und Unreife werden in dieser Konstellation zu literarischen Leitmotiven und Lebensrhythmen. Kafkas Texte spiegeln, so Alt, die Fiktion des ,ewigen Sohnes':

> Der Sohn, der nicht erwachsen wird, reflektiert seine psychische Selbstorganisation in Texten, die so unabschließbar sind wie sein eigenes biographisches Projekt. Der Ich-Entwurf des ,ewigen Sohnes' ist daher das Geheimnis der Künstlerpsychologie, die Kafkas Schreiben grundiert. Er führt, die Zufälle der äußeren Biographie wie Schwellen überschreitend, in jene Zone, die man die Dämonie des Lebens nennen mag: ins Arkanum der dunklen Verstrickungen, welche die dramatische Selbstinszenierung des Autors Kafka bestimmen. (Alt 2005, 15)

In diesem Selbstentwurf des eingeschüchterten Sohnes, der sich von der Macht des Vaters nicht befreien kann, liegt ein wesentlicher Grund für das Scheitern aller Heiratspläne, insofern ein Ehemann jemand ist, der selbstständig eine Familie gründet und einen vom Elternhaus unabhängigen Weg geht. Kafka wäre darin seinem Vater ebenbürtig geworden, und das Ungeheuer gebärende Machtgefüge wäre ruiniert gewesen.

Furcht und Macht

Furcht und Macht sind Schlüsselbegriffe im Vater-Brief und Leitmotive in den literarischen Texten Kafkas. Schon am Anfang des Briefes wird die Furcht thematisiert, die zugleich der Grund und das Hindernis des Schreibens ist. Eine offene, macht- und angstfreie Aussprache ist nie möglich gewesen und auch der Brief führt sie nicht herbei, denn er ist zwar mutig und freimütig, teilweise sogar hochmütig in der Offenheit seiner Kritik, aber er wird eben – wahrscheinlich aus Furcht – nicht abgeschickt. Kafkas Metaphorik stilisiert den Vater zu einem fernen Gott, dem sich zu öffnen gleichbedeutend ist mit einem Gang ins Gotteshaus: „offen gesprochen habe ich mit Dir niemals, in den Tempel bin ich nicht zu Dir gekommen" (7, 10). Und obwohl der Brief sich wie ein nachgeholtes und durch die Entfernung der Schrift geschütztes Geständnis liest, heißt es mittendrin, der Sohn werde einiges verschweigen müssen, was ihm vor dem Vater und vor sich selbst einzugestehen noch zu schwer sei (vgl. 7, 40). Die Furcht macht unfrei, verschlägt ihm die Sprache, versperrt ihm den Weg und potenziert sich selbst ins Unendliche in dem Maße, in dem sie ihr Wovor, den schreckensvollen Vater, allererst konstituiert.

Väter und Söhne in den Fiktionen

Die Figur des drohenden und verurteilenden Vaters findet sich auch in Kafkas literarischen Texten sehr häufig und sehr drastisch. In der *Verwandlung* wird Gregor Samsa vom Vater mit Drohgebärden in sein Zimmer zurückgetrieben und mit Äpfeln beworfen, die in seinem Rückenpanzer stecken bleiben, faulen und zu Gregors Tod führen. Im *Proceß* und in *Der Verschollene* gibt es anstelle der Vaterfigur analoge männliche Figuren, die in ähnlicher Weise repressiv auf den Protagonisten einwirken. In der Erzählung *Das Urteil*, bei der die biografischen Züge am deutlichsten zu erkennen sind, wird der Sohn vom Vater verbal demontiert und zum Tode des Ertrinkens verurteilt. Anlass für den Streit ist der Heiratswunsch des Sohnes. Das Furchteinflößen, die Machtdemonstration und das Verurteilen stehen zumeist mehr im Vordergrund als das tatsächliche Strafen und die körperliche Gewalt. Ein weiteres Beispiel für einen Vater, der als Aggressor auftritt, findet sich in einem Erzählfragment aus dem Jahr 1911, das in diesem Zusammenhang als Grundsituation angesehen werden kann, die Kafka immer wieder variiert (siehe dazu Müller 2008, 39). Ein Student namens Oskar kehrt von einem Gang durch die Straßen nach Hause zurück:

> Als er die Tür des elterlichen Wohnzimmers öffnete, sah er seinen Vater einen glattrasierten Mann mit schwerem Fleischgesicht der Tür zugekehrt an einem leeren Tische sitzen. ‚Endlich' sagte dieser kaum daß Oskar den Fuß ins Zimmer gesetzt hatte bleib ich bitte Dich bei der Tür, ich habe eine solche Wut auf Dich, daß ich meiner nicht sicher bin. (9, 119)

Diese Skizze hat tatsächlich Ähnlichkeit mit dem Vater, wie er im Brief geschildert wird: die große Körpermasse, die einschüchternden Worte, der Eindruck, als bestünde der Sinn seiner Existenz in nichts anderem, als an einem leeren Tisch auf den Sohn zu warten, um ihm bei der Heimkehr die Hölle heiß zu machen.

Kleine Fluchtversuche im Schreiben

Teilweise aus der Abhängigkeit lösen konnte Kafka sich durch sein Schreiben, weil er damit ein Universum schaffte, das der Vater weder beherrschte noch kannte. Die Abneigung Hermann Kafkas gegen die Schriftstellertätigkeit des Sohnes verstärkte dessen Gefühl, hier einen eigenen Bereich erobert zu haben, der sich dem Vater entzog. Gleichwohl wird dieser Akt der Selbstbefreiung durch einen drastischen Vergleich relativiert: „Hier war ich tatsächlich ein Stück selbständig von Dir weggekommen, wenn es auch ein wenig an den Wurm erinnerte, der, hinten von einem Fuß niedergetreten, sich mit dem Vorderteil losreißt und zur Seite schleppt." (7, 47) Das Schreckbild vom niederstampfenden Vater im Verhältnis zu dem armen Wurm bleibt also erhalten, und der Preis der Freiheit ist sehr hoch, insofern ein Stück Leben auf der Strecke bleibt. Die Schriftstellerexistenz war eine Nische, in die Kafka sich vor der Herrschaft des Vaters retten konnte. Daher war ihm die Ablehnung sogar willkommen, denn sie bestätigte ihm, dass er damit etwas Eigenes errungen hatte: „Meine Eitelkeit, mein Ehrgeiz litten zwar unter Deiner für uns berühmt gewordenen Begrüßung meiner Bücher: ‚Legs auf den Nachttisch!' (meistens spieltest Du ja Karten, wenn ein Buch kam), aber im Grunde war mir dabei doch wohl, […] weil jene Formel mir klang wie etwa: ‚Jetzt bist Du frei!'" (7, 47) Wie es für Kafka charakteristisch ist, kann er diesen Befund der Freiheit nicht stehen lassen. Im nächsten Satz nimmt er ihn sogleich zurück: „Natürlich war es eine Täuschung, ich war nicht oder allergünstigsten Falles noch nicht frei." Die Begründung dafür ist überzogen, führt aber gerade deshalb sehr eindringlich das gefühlte Ausmaß der Abhängigkeit vom Vater vor Augen: „Mein Schreiben handelte von Dir, ich klagte dort ja nur, was ich an Deiner Brust nicht klagen konnte. Es war ein absichtlich in die Länge gezogener Abschied von Dir, nur daß er zwar von Dir erzwungen war, aber in der von mir bestimmten Richtung verlief." (7, 47) Das Verhältnis zum Vater ist tatsächlich eine Deutungsfolie, die in mancher Hinsicht die Texte zu verstehen hilft, aber diese sind freilich viel zu aspektreich, mehrdeutig und rätselhaft, um sich in der Funktion zu erschöpfen, in diesem Sinne eine ausbuchstabierte Metapher zu sein.

Es sieht so aus, als ob der Vater Kafka mit seiner Abneigung gegenüber dem Schreiben geradezu zum Schreiben zwingt, da hierin die einzige Form der Selbstständigkeit für ihn besteht, eine Selbstständigkeit, die ihm auch die Ehe ermöglicht hätte, wenn das Gebiet nicht schon vom Vater besetzt wäre. Diese Sichtweise täuscht allerdings darüber hinweg, dass die Ehe von Kafka selbst nicht uneingeschränkt ersehnt wird, denn sie wird zugleich als Gefährdung des Schreibens angesehen:

> Viel wichtiger aber ist dabei die Angst um mich. Das ist so zu verstehn: Ich habe schon angedeutet, daß ich im Schreiben und in dem, was damit zusammenhängt, kleine Selbständigkeitsversuche, Fluchtversuche mit allerkleinstem Erfolg gemacht, sie werden kaum weiterführen, vieles bestätigt mir das. Trotzdem ist es meine Pflicht oder vielmehr es besteht mein Leben darin, über ihnen zu wachen, keine Gefahr, die ich abwehren kann, ja keine Möglichkeit einer solchen Gefahr an sie herankommen zu lassen. Die Ehe ist die Möglichkeit einer solchen Gefahr, allerdings auch die Möglichkeit der größten Förderung, mir aber genügt, daß es die Möglichkeit einer Gefahr ist. Was würde ich dann anfangen, wenn es doch eine Gefahr wäre! Wie könnte ich in der Ehe weiterleben in dem vielleicht unbeweisbaren, aber jedenfalls unwiderleglichen Gefühl dieser Gefahr! Demgegenüber kann ich zwar schwanken, aber der schließliche Ausgang ist gewiß, ich muß verzichten. (7, 61 f.)

3. „Heirate oder heirate nicht …"

„so viel kann nicht erreicht werden"

Im Wesentlichen stellt Kafka sein Scheitern an den Heiratsplänen als Ergebnis der väterlichen Erziehung dar, insofern Schuldbewusstsein und mangelndes Selbstvertrauen den Ausgang aus der Gefangenschaft versperren. Aus diesem Grund sind die gescheiterten Heiratspläne überhaupt ein so großes Thema für Kafkas Leben. Sie sind in anderen Biografien vielleicht kaum der Rede wert, aber für Kafka sind sie das Sinnbild seines Wesens, dessen Hauptmerkmal die Unfähigkeit ist, sich vom Vater und den Gefühlen der Abhängigkeit und Angst zu befreien. Um zu verdeutlichen, welchen nicht zu unterschätzenden Stellenwert die Heiratsabsichten in seinem Leben haben, findet Kafka im *Brief an den Vater* den folgenden Vergleich:

> Es ist so, wie wenn einer fünf niedrige Treppenstufen hinaufzusteigen hat und ein zweiter nur eine Treppenstufe, die aber, wenigstens für ihn, so

> hoch ist, wie jene fünf zusammen; der erste wird nicht nur die fünf bewältigen, sondern noch hunderte und tausende weitere, er wird ein großes und sehr anstrengendes Leben geführt haben, aber keine der Stufen, die er erstiegen hat, wird für ihn eine solche Bedeutung gehabt haben, wie für den zweiten jene eine, erste, hohe, für alle seine Kräfte unmöglich zu ersteigende Stufe, zu der er nicht hinauf- und über die er natürlich auch nicht hinauskommt. (7, 53)

Der Entschluss zur Ehe erscheint Kafka unmöglich in die Tat umzusetzen zu sein, weil der Schritt zu groß ist. Warum ist der Schritt zu groß? Zu heiraten und eine Familie zu gründen ist für Kafka das Höchste, das ein Mensch erreichen kann. Er sieht sich selbst zu sehr in der Rolle des Kindes, um die Vaterrolle einnehmen zu können. Dafür macht er das Verhalten seines Vaters verantwortlich, der ihn fest- und niederhalte, während er Selbstständigkeit von ihm verlange: wie in dem „Kinderspiel, wo einer die Hand des anderen hält und sogar presst und dabei ruft: ‚Ach geh doch, geh doch, warum gehst Du nicht?‘“ (7, 58) Was das Ganze so kompliziert macht, ist die Tatsache, dass das Handfesthalten im Wesentlichen in Kafkas Kopf stattfand. Der Vater hätte ihn vermutlich nicht daran gehindert, Felice Bauer zu heiraten, aber Kafka war in einem psychopathologischen Sinne unfähig zu heiraten, weil die Angst und der Zweifel an sich selbst zu groß waren. Da Angst und Selbstzweifel im Verhältnis zum Vater begründet liegen, ist es eben der Vater, nicht der empirische, sondern der imaginäre, der ihn vom Heiraten abhält. Die Vorstellung, die für Kafka mit dem Heiraten verbunden ist, nämlich die, dass der Knecht zum Herrn wird, also nicht nur vor ihm flieht, sondern frei ist und selbst zum Herrscher wird, ist irreal. Kafka fasst diesen Gedanken wie folgt zusammen:

> Die Heirat ist gewiß die Bürgschaft für die schärfste Selbstbefreiung und Unabhängigkeit. Ich hätte eine Familie, das Höchste, was man meiner Meinung nach erreichen kann, also auch das Höchste, das Du erreicht hast, ich wäre Dir ebenbürtig, alle alte und ewig neue Schande und Tyrannei wäre bloß noch Geschichte. Das wäre allerdings märchenhaft, aber darin liegt eben schon das Fragwürdige. Es ist zu viel, so viel kann nicht erreicht werden. (7, 59f.)

Die Ehe ist undurchführbar, weil sie einer Ebenbürtigkeit mit dem Vater gleichkäme, und die ist aus Kafkas Sicht undenkbar.

Felice Bauer auf der Durchreise

Es gibt mehrere Liebschaften und Heiratsabsichten in Kafkas Leben. Die wichtigste Beziehung ist jedoch die zu Felice Bauer, weil daraus ein Briefwechsel von höchstem literarischen Rang hervorgeht, weil das Zögern vor der Heirat so charakteristisch für Kafkas Person und Schreibweise ist und weil die Begegnung mit Felice eine ungeheure Produktivität ausgelöst hat, die mit der Nacht beginnt, in der *Das Urteil* geschrieben wurde. Die Beziehung dauerte fünf Jahre, in denen die beiden kaum zwei Monate leibhaftig zusammen gewesen sind. Kennen gelernt hat Kafka die damals 24-Jährige am 13. August 1912, als er abends bei Max Brod zum Essen eingeladen war. Der eigentliche Grund für das Treffen an dem Abend war Kafkas *Betrachtung*-Band, den er mit seinem Freund noch einmal im Hinblick auf die Anordnung der Texte durchsprechen wollte, bevor er zur Publikation an den

Rowohlt-Verlag geschickt werden sollte. Der Abend verlief etwas anders als geplant, denn die Anwesenheit der jungen westjüdischen Frau aus Berlin – Felice war eine Verwandte der Familie Brod und auf der Durchreise nach Budapest – hatte die Gespräche am Esstisch über Literatur und Zionismus dahin gelenkt, dass sogar binnen weniger Stunden Pläne zu einer gemeinsamen großen Reise nach Palästina geschmiedet wurden. Schon allein daran ist zu erkennen, welch großen Eindruck Felice auf Kafka gemacht hat, denn er war charakterlich eher zurückhaltend und ganz und gar nicht entschlussfreudig, vor allem, wie sich noch zeigen wird, nicht im Hinblick auf gemeinsame Zukunftspläne. Der Eindruck, den sie körperlich auf ihn gemacht hat, klingt dagegen überraschend herzlos; in sein Tagebuch schreibt er eine Woche später (am 20. August 1912):

> Als ich am 13. VIII zu Brod kam, saß sie bei Tisch und kam mir doch wie ein Dienstmädchen vor. Ich war auch gar nicht neugierig darauf, wer sie war, sondern fand mich sofort mit ihr ab. Knochiges leeres Gesicht, das seine Leere offen trug. Freier Hals. Überworfene Bluse. Sah ganz häuslich angezogen aus, trotzdem sie es, wie sich später zeigte, gar nicht war. [...] Fast zerbrochene Nase. Blondes, etwas steifes, reizloses Haar, starkes Kinn. Während ich mich setzte, sah ich sie zum erstenmal genauer an, als ich saß, hatte ich schon ein unerschütterliches Urteil. (10, 79)

Felice Bauer arbeitete als Prokuristin bei der Berliner Grammophonfirma *Carl Lindström A. G.*, gab sich selbstsicher, mondän, kulturell interessiert und glänzte auch mit literarischen Kenntnissen, war aber keine Intellektuelle wie Milena. Kafka war trotz der ernüchternden Beurteilung ihres Äußeren bezaubert von diesem Abend mit Felice, erbat sich von Max Brods Mutter ihre Adresse, brachte sie spät in der Nacht noch zum Hotel und sah sie dann für gut sieben Monate nicht mehr wieder. (Kafka schildert seine Erinnerung an die erste Begegnung detailgenau in dem Brief an Felice vom 27. September 1912.)

Die Liebeskunst des Briefeschreibens

Diese lange Trennung hat Raum für eine Leidenschaft geschaffen, die allein im Briefeschreiben entfachen konnte. Fast zweihundert Briefe hat Kafka bis zum ersten Wiedersehen an Felice geschrieben und insgesamt in den fünf Jahren so viele, manchmal mehrere an einem Tag, dass uns heute ein Band von über 700 Seiten vorliegt. Diese Briefe sind zwar nicht als Literatur für die Nachwelt verfasst worden, aber ihr Inhalt reicht weit hinaus über Liebeserklärungen und Erinnerungen, die nur Felice gelten. Häufig handeln die Briefe vom Schreiben. Sie dienen auch dem Schreiben. Denn die Korrespondenz mit Felice beflügelt Kafka so sehr, dass er innerhalb von wenigen Monaten *Das Urteil*, *Der Heizer*, einen Großteil des *Verschollenen* und *Die Verwandlung* schreibt, also die Texte, durch die er allererst sein Selbstbewusstsein als Schriftsteller erlangt.

Warum existiert diese Liebesbeziehung nur im und durch den Schriftverkehr? Weil Kafkas Wesen das Schreiben ist und er sich nur in diesem Medium öffnen und entfalten kann? Er fürchtet sich so sehr vor einer wirklichen Begegnung, dass er Felice nicht anruft („wirklich mit Dir zu reden – nein, das lasse ich lieber sein" (FB, 92)) und sie auch erst nach über einem halben Jahr in Berlin besucht – nicht um sich endlich mit ihr zu vereinigen, sondern um sie zu desillusionieren und durch sein reales Erscheinen von sich abzuschrecken. Warum aber braucht er Felice so sehr, wenn es ihm nur um die Adressatin und nicht um die Frau geht? Er fühlt sich bei Felice aufgehoben, sie ist seine Leserin. Andererseits hat Felice einen in Kafkas Augen schlechten Literaturgeschmack, ist äußerlich unattraktiv und auch ansonsten seinem Wesen eher fern durch ihre bürgerlichen Konventionen und ihre Geschäftstüchtigkeit. Kafkas Begehren entsteht und besteht nur im Schreiben, seine Geliebte ist Felice nur als Empfängerin seiner Briefe; die Liebe zu ihr ist eine erdachte, erschriebene Liebe. Wie sehr das Schreiben sein Leben und seine Annäherung an Felice bestimmt, beschreibt Kafka in einem der ersten Briefe an sie:

> Jetzt habe ich mein Leben um das Denken an Sie erweitert und es gibt wohl kaum eine Viertelstunde während meines Wachseins, in der ich nicht an Sie gedacht hätte, und viele Viertelstunden, in denen ich nichts anderes tue. Aber selbst dieses steht mit meinem Schreiben im Zusammenhang, nur der Wellengang des Schreibens bestimmt mich und gewiß hätte ich in einer Zeit matten Schreibens niemals den Mut gehabt, mich an Sie zu wenden. (FB, 66)

Es ist also das Schreiben, das ihn zu Felice herüberschwappen lässt, und es wird auch das Schreiben sein, das ihn wieder (und immer wieder) von ihr fortzieht. Die Anziehungskraft geht nicht von ihr aus, nicht einmal die Abstoßung.

Die verzweifelten Heiratsabsichten

Kafka will Felice heiraten und er will es zugleich nicht. So wie ihm „in unsicheren Entschlüssen vorschwebte“ (FB, 60), Felice am Bahnhof mit Blumen zu verabschieden am Tag ihrer Abreise aus Prag, was er dann doch nicht tat, so schwebt ihm immer wieder einmal das Heiraten in unsicheren Entschlüssen vor. Die Schwebe, die Unsicherheit und der Plural der Entschlüsse, die keinen einzigen tatkräftigen Entschluss hervorbringen, kennzeichnen sein Verhalten gegenüber Felice im Ganzen. Es kommt sogar zur offiziellen Verlobung am 1. Juni 1914, die aber im Juli schon wieder aufgelöst wird, und zu einer zweiten Verlobung im Juli 1917 mit einer zweiten Entlobung im Dezember. Über sieben Monate hinweg hat sich die Liebe allein in Briefen entwickelt: Nach dem Augustabend bei der Familie Brod sehen sich die beiden zum ersten Mal zu Ostern in Berlin wieder. Die Adressatin Felice wird inzwischen längst „Liebste“ genannt. Wie groß muss die Angst vor der Begegnung mit der wirklichen Felice gewesen sein, nachdem sie bisher nichts als ein ambivalentes Erinnerungsbild und eine mehr oder weniger selbstentworfene Schriftgeliebte gewesen ist! Entsprechend wankelmütig ist Kafkas Entschluss, nach Berlin zu kommen. Er wagt einen Vorstoß, stellt seine Reise aber sogleich wieder in Frage, und Felice weiß erst am Tag seiner Ankunft in Berlin, dass er tatsächlich gefahren ist. Sie hat wenig Zeit für ihn und das Treffen fällt sehr kurz aus. Die nächste Begegnung ein paar Wochen später ist etwas länger und Kafka lernt ihre Familie kennen. Obwohl er sich unwohl fühlt in der Gegenwart von Felice und ihrer Familie, gebiert sein Briefeschreiben daraufhin ein Ungeheuer von einem Heiratsantrag.

Ein Heiratsantrag mit Gegenbeweisen

Eigentlich ist es mehr eine Frage als ein Antrag, und zwar durchaus keine rhetorische Frage, kein vollzogenes Ritual, sondern eine wirklich als Frage gemeinte Frage, wenn er sie fragt, ob sie seine Frau werden will. Sie soll es sich genau überlegen und die Hindernisse, die einer Heirat im Wege stehen und allein in der Person Franz Kafka begründet liegen, ernsthaft bedenken. Dann holt er weit aus, lässt den Brief sogar einige Tage liegen, um ihn mit all den Hindernissen fortzusetzen, die ihm einfallen und ihn zu dem Schluss kommen lassen, dass eine Ehe mit ihm einzugehen eigentlich unmöglich ist. Einerseits ist die Heiratsfrage eine aufrichtig gemeinte Anfrage, also ein Antrag, zugleich aber auch ein Infragestellen. Die Schwierigkeiten, die Kafka aufzählt, sind nicht logistisch oder äußerlich, obgleich er auch sein geringes Einkommen in die Waagschale wirft, sondern er selbst ist das Problem: Er sei ein Nichts, unfähig mit Menschen zu verkehren und nur auf sein Schreiben fixiert. Er rechnet Felice vor, dass eine Ehe mit ihm für sie nur Verluste mit sich brächte, denn sie müsste ihr bisheriges Leben in Berlin aufgeben sowie die Aussicht auf einen wohlhabenden, gesunden, geselligen Ehemann mit Familiensinn: „Anstelle dieses gar nicht abzuschätzenden Verlustes würdest Du einen kranken, schwachen, ungeselligen, schweigsamen, traurigen, steifen, fast hoffnungslosen Menschen gewinnen, dessen vielleicht einzige Tugend darin besteht, daß er Dich liebt." (FB, 403) Diese Zwiespältigkeit erinnert an das von Kafka im Vater-Brief erwähnte Kinderspiel, wo einer die Hand des anderen zusammenpresst und dabei ‚Geh doch!' ruft. Nachdem Felice offenbar den Heiratsantrag angenommen und allen Zweifeln zum Trotz ‚ja' gesagt hat, malt er ihr die Einsamkeit und Abgeschiedenheit aus, die er zum Schreiben braucht: Auf lebhafteste Weise schildert er ihr, wie er einem Toten im Grabe gleicht, wenn er am Schreibtisch in der Nacht sitzt, um ihr zu verdeutlichen, dass seine Leidenschaft der Literatur gilt und er beim Schreiben nicht gestört werden darf (vgl. FB, 412). Als wolle er sie mit aller Kraft davon überzeugen, dass eine Ehe mit ihm ihr Unglück bedeuten würde, droht er mit einer unendlichen Reihe weiterer „Gegenbeweise" und unentdeckten, schrecklichen Winkeln in seinem Herzen. Schließlich deutet er ihre Zustimmung als ein Trotzdem aus Liebe und schiebt ihr die Verantwortung für die dann doch beschlossene Ehe zu, die er für unmöglich hält und vor der er eine „unsinnige Angst" hat (FB, 416ff.).

Der ‚Askanische Gerichtshof'

Der Entschluss zur Ehe ist immerhin so fest, dass Kafka einen Brief an Felices Vater schreibt, der der Verlobung zustimmt. Sogleich weicht er vor der Entscheidung zurück, vor allem weil er sein Schriftstellerdasein gefährdet sieht, und verreist über Wien und Venedig nach Riva an den Gardasee. Die Korrespondenz mit Felice wird unterbrochen. Im November sehen sie sich wieder, im Mai besucht Felice ihn in Prag, am 1. Juni 1914 kommt es endlich zur ersten offiziellen Verlobung in Berlin. Kafka fühlt sich aber wie ein Gefangener und bereut diesen Schritt. Auch scheint sein Herz nicht nur zwischen Ehe und Schriftstellerdasein zerrissen zu sein, sondern auch zwischen zwei Frauen zu schwanken, Felice und ihrer als Botin und Vermittlerin auftretenden Freundin Grete Bloch. Kafka schreibt Grete Briefe, in denen er seine Leidenschaft für sie und seine Zweifel gegenüber einer Ehe mit Felice offen legt. Grete gibt die Briefe Felice, woraufhin diese empört eine Aussprache verlangt, die am 12. Juli im Hotel *Askanischer Hof* stattfindet. Man könnte diese Episode auch unter dem Titel ‚Der Askanische Gerichtshof' erzählen, denn Kafka wird dorthin einberufen und wie ein Angeklagter verhört. Felice klagt schonungslos an und Grete sitzt als Richterin dabei (außerdem hat Felice auch ihre Schwester Erna mitgebracht, um der Unterredung eine offizielle Form zu geben). Kafka lässt ohne Widerrede die Vorwürfe über sich ergehen, und die Verlobung wird aufgelöst. Der Schock dieses ‚Gerichts' – Kafka nennt die Entlobung im *Askanischen Hof* fortan so – habe ihn dazu veranlasst, den *Proceß* zu schreiben, sagt Elias Canetti und deutet den im August 1914 begonnenen Roman vor dem Hintergrund des anderen Prozesses, der sich im Verlauf von zwei Jahren zwischen Felice und Kafka abgespielt hat. Der Verlobung entspreche die Verhaftung des ersten Kapitels und das ‚Gericht' finde sich als Exekution im letzten (vgl. Canetti 1983, 52).

Die ewige Dialektik

Warum ist das Heiratenwollen so übermenschlich mühsam für Kafka? Er fürchtet sich vor der Ehe und vor Felice, will aber auch nicht gern auf sie verzichten. Und so ist jede Entscheidung die falsche. Das Dilemma erinnert an den ekstatischen Vortrag des Ästhetikers aus Søren Kierkegaards *Entweder/Oder* (1843): „[H]eirate oder heirate nicht, du wirst beides bereuen“ (Kierkegaard 1979ff., 41). Auch Kierkegaard konnte sich nicht zur Ehe mit seiner Verlobten Regine Olsen entschließen, weil er um seine Existenz als Schriftsteller bangte. Kafka macht am 21. August 1913 aufgrund der Lektüre von Kierkegaards Tagebüchern eine Notiz darüber, dass dessen Fall seinem eigenen sehr ähnlich sei, „zumindest liegt er auf der gleichen Seite der Welt. Er bestätigt mich wie ein Freund“ (10, 191). Den inneren Kampf zwischen dem ästhetischen Lebensentwurf und der ethischen Idee, ein guter Ehemann zu sein, hat Kierkegaard biografisch zugunsten des Schreibens entschieden, schriftlich aber zugunsten des Ethikers, der die Wahl zum Inbegriff einer ethisch integeren Persönlichkeit macht. Das „heirate oder heirate nicht“ des Ästhetikers ist hingegen keine Wahl, sondern ein unmotiviertes und steuerloses Herumtreiben. Zwar passt Kafka nicht ganz in das Bild des Verführers und Erotikers, das Kierkegaard in *Entweder/Oder* zeichnet, denn er ist kein Dandy und kein Glücksritter. Aber ein kierkegaardscher Ritter der unendlichen Resignation (allerdings ohne Glaube), ein von Reflexionen, Zweifeln und Verzweiflung in die Enge getriebener Liebhaber und Schriftsteller – das war er schon. Dabei hatte er es noch nicht einmal so leicht wie die Maus in seiner *Kleinen Fabel*, die auf die Falle zuläuft und von der Katze hinter sich genötigt wird, die Laufrichtung zu ändern. Denn das Entweder-oder ist ihm nie abgenommen worden – außer durch die tödliche Krankheit am Ende. Kafka blieb also zeitlebens in der ewigen Dialektik gefangen, sich zu entscheiden und die Entscheidung sogleich wieder zurückzunehmen, so dass im strengen Sinne von einer Entscheidung nicht gesprochen werden kann. Die große Frage, ob Kafka Felice wirklich heiraten wollte, muss unter dem Maßstab des kierkegaardschen Entweder-oder verneint werden. Denn das ist kein Entschluss, der mit voller Verantwortung und Charakterfestigkeit der Person getragen und realisiert wird. Das ist ein verzweifeltes Hin und Her. Kafka steht, wie er es Felice gegenüber ausdrückt, in einem „Regen von Nervositäten“; sie hätte gewarnt sein müssen, er hat ihn gleich im zweiten Brief als Dauerregen gekennzeichnet und ausgemalt: „Was ich jetzt will, will ich nächstens nicht. Wenn ich auf der Stiege oben bin, weiß ich noch immer nicht, in welchem Zustand ich sein werde, wenn ich in die Wohnung trete.“ (FB, 45) Das erscheint überzogen, für Felice vielleicht wie ein Scherz, den sie nicht ernst nehmen konnte. Kafka entscheidet ja auch nicht heute so und morgen so und alles ohne Grund, er hat eher zu starke Gründe, die für und wider das zu Entscheidende sprechen, so dass er eingeklemmt ist zwischen den Gründen. Seine Existenz ist ein Kampf, sein Schreiben besteht entsprechend aus ‚Beschreibungen eines Kampfes' wie dieser:

> Er hat zwei Gegner, der Erste bedrängt ihn von rückwärts vom Ursprung her, der Zweite verwehrt ihm den Weg nach vorne. Er kämpft mit beiden. Eigentlich unterstützt ihn der Erste im Kampf mit dem Zweiten, denn er will ihn nach vorne drängen und ebenso unterstützt ihn der Zweite im Kampf mit dem Ersten, denn er treibt ihn doch zurück. So ist es aber nur theoretisch. Denn es sind ja nicht nur die 2 Gegner da, sondern auch noch er selbst und wer kennt eigentlich seine Absichten? (11, 177)

Krankheit als Rettung vor der Heirat

Im Juli 1916, ein Jahr nach dem Treffen im *Askanischen Hof* – Felice hatte in der Zwischenzeit den Kontakt wieder aufgenommen – unternehmen die beiden einen gemeinsamen Urlaub in Marienbad. Fernab von den Eltern kommt es zu einer intimen Begegnung, wie es sie vorher nicht gegeben hatte. Kafka notiert in seinem Tagebuch: „Mit F. war ich nur in Briefen vertraut, menschlich erst seit 2 Tagen. So klar ist es ja nicht, Zweifel bleiben. Aber schön der Blick ihrer besänftigten Augen, das Sichöffnen frauenhafter Tiefe." (11, 131) Erneut werden Heiratspläne gemacht. Diesmal will Kafka seine Position als Beamter in Prag aufgeben, nach Berlin ziehen und Felice soll ihre Arbeit behalten. Zwar kommen ihm auch diesmal wieder Zweifel, aber was zur Auflösung der zweiten Verlobung und zur endgültigen Trennung führte, waren keine Briefgespenster und entwaffnende Gegenbeweise, sondern der Blutsturz im August 1917. Der Ausbruch der Tuberkulose nimmt ihm die Entscheidung ab, denn er weiß, dass die Krankheit tödlich enden wird und erklärt Felice, dass „es keine Tuberkulose ist, die man in den Liegestuhl legt und gesund pflegt, sondern eine Waffe, deren äußerste Notwendigkeit bleibt, solange ich am Leben bleibe. Und beide können nicht am Leben bleiben." (FB, 757) Im Dezember 1917 sieht Kafka Felice zum letzten Mal. Drei Jahre später, in einem Brief an Milena, bekennt er, dass er fünf Jahre lang auf sie eingehauen hat (vgl. MB, 30). In einem Tagebucheintrag vom 9. März 1914 gibt er den Grund für das Scheitern der Heiratspläne mit völliger Klarheit an: „Ich konnte damals nicht heiraten, alles in mir hat dagegen revoltiert, so sehr ich F. immer liebte. Es war hauptsächlich die Rücksicht auf meine schriftstellerische Arbeit, die mich abhielt, denn ich glaubte diese Arbeit durch die Ehe gefährdet." (10, 135) Aber warum eigentlich? Kafka kamen – für Felice zu spät – selbst Zweifel an der Unvereinbarkeit von Ehe und Literatur.

Verlobung und Bruch mit Julie Wohryzek 1919/1920

Hat Kafka auch im Verhältnis zu den anderen Frauen die Verlobung wie eine Krankheit verschleppt, die Ehe vor sich hergeschoben und dann aufgehoben? Es kam im September 1919 zur Verlobung mit Julie Wohryzek, einer jungen tschechischen Jüdin, die Kafka während eines Genesungsaufenthalts in Schelesen nicht weit von Prag kennen lernte. Sie war kulturell interessiert, aber nicht intellektuell; er mochte ihre freche Erscheinung, die trotz ihrer Lungenkrankheit eher heiter als melancholisch war. Diese Beziehung wurde knapp ein Jahr später beendet, erstens, weil Kafkas Vater (wie der Vater Georg Bendemanns in der bereits 1912 geschriebenen Erzählung *Das Urteil*) heftig gegen den Ehewunsch polemisiert hatte, zweitens, weil Kafka selbst wie zuvor von der Vorstellung, verheiratet zu sein, Angstausbrüche bekam, die zu Schlaflosigkeit führten – und drittens, weil er inzwischen Milena Pollak kennen gelernt hatte.

Die verheiratete Geliebte Milena Pollak 1920/1921

Die in Wien lebende, tschechische Journalistin und Übersetzerin war erst 23, schon verheiratet, intellektuell und selbstbewusst. Sie trat an Kafka heran, weil sie seine Texte ins Tschechische übersetzen wollte. Im *Café Arco* in Prag trafen sie sich zum ersten Mal, das war im März 1920. Eine umfangreiche und sehr persönliche Korrespondenz schließt sich daran an, aber diesmal erscheint Kafka nicht wie einer, der eine Geliebte erfindet oder sie aus sicherer Entfernung durch ein Periskop betrachtet. Diese Briefe sind sinnlicher und wirklichkeitsgesättigter. Anfang Juli kommt es zu einem heimlichen Treffen im Randbezirk von Wien, wo Kafka auf der Rückreise von seinem Aufenthalt in Meran für vier Tage Halt macht. Diesmal ist die wirkliche Begegnung keine Prüfung und keine Enttäuschung, sondern eine Realisierung der Intimität der Briefkommunikation:

> Kafka darf Milena als Liebender vorbehaltlos begegnen, weil er für sie keine Vorbildfigur in seinen eigenen Texten finden kann. Milena ist weder eine Frieda Brandenfeld wie Felice Bauer noch eine Leni wie Julie Wohryzek; sie entspringt keiner literarischen Imagination, unter deren Diktat sie zur Einschreibfläche eines Phantasmas gerät, vielmehr behauptet sie ihre eigenen intellektuellen und sinnlichen Ansprüche, die sie selbständig und entschieden zur Geltung bringt. (Alt 2005, 543)

Aufhebung des Entweder-oder mit Dora Diamant 1923/1924

Kafka, gerade 40 geworden, verbrachte den Sommer im Ostseebad Müritz, wo er die 25-jährige Dora Diamant kennen lernte. Sie war Küchenleiterin des Berliner Jüdischen Volksheims, dessen Ferienstätte in der Nähe von Kafkas Unterkunft war. Es folgten einige Wochen, die gemeinsam am Strand und bei der Hebräisch-Lektüre verbracht wurden. Zwar hatte Kafka sich gesundheitlich nicht erholt, trotz Tuberkulose entschied er jedoch, mit Dora nach Berlin zu ziehen, was im September auch tatsächlich geschah. Hier beweist Kafka erstaunliche Entschlossenheit: Er geht nach Berlin und bezieht den bisher zumeist im Weg stehenden Vater diesmal nicht in den Entscheidungsprozess mit ein. Kafka scheint sich am Ende seines von der Krankheit zunehmend bedrohten Lebens von der Angst lösen zu können: von der Angst vor dem Urteil des Vaters und vor der Ehe bzw. der durch eine Ehe eingeschränkten Möglichkeit des Schreibens. Viel ist nicht bekannt über Kafkas Empfindungen gegenüber Dora, aber alles Äußere macht keinen wankelmütigen Eindruck, denn er hat geschrieben und er hat ihr vorgelesen und er hat mit ihr zusammengelebt. Das zerreißende Entweder-oder scheint er also am Schluss mit einem versöhnlichen Sowohl-als-auch beantwortet zu haben, das erst durch den Tod in ein endgültiges Weder-noch verwandelt worden ist.

4. Schreiben als Existenzaufgabe

„Der Roman bin ich"

Das Schreiben ist Kafkas Element, sein Leben hat kein höheres Ziel und alle anderen Ziele, vor allem die Ehe, stellen eine Rivalität dazu dar. Die Briefe an Felice sind ein dialogisch erweitertes Tagebuch, das nicht nur aus Liebe zur Frau geführt wird, sondern vor allem aus Liebe zur Literatur, das heißt aus Liebe zur Reflexion, zur Imagination und zum Schöpfen aus der Sprache. Sie dienen auch indirekt der Literatur, denn mit den Briefen an Felice hebt die erste große Schaffensphase Kafkas an. Sie handeln sogar oft ausdrücklich vom Schreiben, begonnen mit den Umständen des Briefschreibens auf der Schreibmaschine, über eigene und fremde Literatur, bis hin zur ausschlaggebenden Bedeutung des Schreibens für sein Leben. Das Schreiben gibt wahrhaftig den Ausschlag: Sein „Wellengang“ bestimmt Kafka so sehr, dass letztlich auch die Liebe zu Felice daher rührt, wie er gesteht (FB, 66). Im selben Brief vom 1. Oktober 1912 benennt er die Bedeutung des Schreibens wie folgt: „Mein Leben besteht und bestand im Grunde von jeher aus Versuchen zu schreiben und meist aus mißlungenen. Schrieb ich aber nicht, dann lag ich auch schon auf dem Boden, wert hinausgekehrt zu werden.“ (FB, 65) Die Diagnose des eigenen Scheiterns und der eigenen Nichtigkeit ist ein Thema für sich; diese Bemerkung zeigt davon abgesehen, wie sehr Kafka seine Identität mit dem Schreiben verbindet. Im Kontext dieses Zitats steht die Bemühung, Felice zu erklären, wie sehr seine Lebensweise aufs Schreiben eingestellt ist. Um sie aber nicht damit zu beleidigen, dass sie in der zweiten Reihe steht, zeigt er ihr, in welcher Weise sie in sein Schreiben eingeht: Beispielsweise habe sie in einem Kapitel des *Verschollenen* ihre Spuren hinterlassen mit dem, was sie in ihren Briefen erzählt hat über sich und ihre Mutter, die einmal verärgert war, als sie zu spät heimkam (vgl. FB, 66). Kafka hält sich durchs Schreiben am Leben, gleichzeitig verzehrt es sein Leben, weil er so sehr darunter leidet, wenn er nichts Rechtes zustande bringt. Da er sich mit dem Schreiben identifiziert, bedeutet schlecht zu schreiben ein knappes Überleben und nicht zu schreiben die völlige Sinn- und Wertlosigkeit seines Lebens. Das Schreiben aufzugeben hieße, sich selbst aufzugeben. Daher ist das Schreiben die Hauptaufgabe seines Existierens. Zugleich gibt er mit dem Schreiben das Existieren auf. Er zieht den Briefverkehr dem realen menschlichen Verkehr vor sowie die Schriftstellerexistenz der Existenz als Ehemann und Beamter, er führt ein Doppelleben, das ihn in seiner seelischen und körperlichen Gesundheit zerreißt. Das Schreiben ist jedoch nicht bloß eine Leidenschaft, denn eine solche kann ja aufgegeben werden. Von Kafka bliebe dann aber nichts übrig, denn er ‚ist‘ sein Schreiben: „Der Roman bin ich, meine Geschichten sind ich“ (FB, 226).

Einsamkeit des Schreibens

Das Schreiben ist etwas so Exklusives, dass es nicht vereinbart werden kann mit den Geschäften des Tages, mit den normalen Dingen des Lebens, mit Geselligkeit, nicht einmal mit der Vereinigung in der Liebe. Kafka sucht nach Bildern, die die extreme Ruhe und Isolierung zum Ausdruck bringen, die er sich für sein Schreiben wünscht. An Felice schreibt er zur Warnung vor seiner Eheunfähigkeit:

> Mein Verhältnis zum Schreiben und mein Verhältnis zu den Menschen ist unwandelbar und in meinem Wesen, nicht in den zeitweiligen Verhältnissen begründet. Ich brauche zu meinem Schreiben Abgeschiedenheit, nicht ‚wie ein Einsiedler‘, das wäre nicht genug, sondern wie ein Toter. Schreiben in diesem Sinne ist ein tiefer Schlaf, also Tod, und so wie man einen Toten nicht aus seinem Grabe ziehen wird und kann, so auch mich nicht vom Schreibtisch in der Nacht. (FB, 412)

Kafka erinnert Felice öfters an ein chinesisches Gedicht, in dem ein Mann derart in sein Buch vertieft ist, dass er das Zubettgehen vergisst – bis ihm die Geliebte irgendwann verärgert die Lampe wegreißt. Aber nur der Gedanke, dass Felice in seiner Nähe sein könnte, während er schreibt, ängstigt ihn. Er erklärt ihr, dass zum Schreiben äußerste Offenheit und Hingabe gehören. Man könne gar nicht genug allein sein, wenn man schreibt, und die Nacht könne nicht tief und still genug sein:

> Oft dachte ich schon daran, daß es die beste Lebensweise für mich wäre, mit Schreibzeug und einer Lampe im innersten Raume eines ausgedehnten, abgesperrten Kellers zu sein. Das Essen brächte man mir, stellte es immer weit von meinem Raum entfernt hinter der äußersten Tür des Kellers nieder. Der Weg um das Essen, im Schlafrock, durch alle Kellergewölbe hindurch wäre mein einziger Spaziergang. Dann kehrte ich zu meinem Tisch zurück, würde langsam und mit Bedacht essen und wieder gleich zu schreiben anfangen. Was ich dann schreiben würde! Aus welchen Tiefen ich es hervorreißen würde! (FB, 250)

Man sollte meinen, Nahrungsaufnahme gehöre zu den elementaren Dingen im Leben, aber für Kafka ist es dem Schreiben untergeordnet, das wie ein Heiligtum davon abgegrenzt wird durch eine große räumliche Distanz. Die Schlafbekleidung könnte gesellschaftsuntauglicher kaum sein, sie kennzeichnet geradezu das Private. Der Spaziergang, der normalerweise der zweckfreien Erholung dient, bei Tag und in frischer Luft, dient hier nur dem Essenholen im Kellergewölbe. Kurz, das Schreiben bildet einen Gegensatz, nicht nur zum sozialen Alltagsleben, sondern beinahe überhaupt zum Leben. Das ist Kafkas Wunsch: seine Existenz ganz dem Schreiben zu widmen, das heißt, sie aufzugeben für die geheimnisvollsten Tiefen der Literatur.

Nachtwachen

Da das Schreiben eine Ruhe und Abgeschiedenheit verlangt, wie sie, wenn überhaupt, nur in tiefster Nacht möglich ist, heißt das: nachts schreiben anstatt zu schlafen. Zwar schreibt Kafka, wenn er schreibt, nur die halbe Nacht, die andere Hälfte kann er aber nicht zum Schlafen nutzen, weil er vor lauter Gedanken an seine Arbeiten nicht einschlafen kann: „So besteht die Nacht aus zwei Teilen, aus einem wachen und einem schlaflosen" (FB, 67). Kafkas Mutter macht sich große Sorgen um seine Gesundheit, weil er zu wenig isst und schläft: Diese dem Schreiben gewidmete Lebensweise ist nicht gesund für jemanden, der morgens früh im Büro zu erscheinen hat. Man mag Julie Kafka vorwerfen, dass sie die Bedeutung der Literatur für ihren Sohn (ganz zu schweigen von der Bedeutung ihres Sohnes für die Literatur) nicht geahnt hat, aber mit ihren Sorgen um seine Lebenskraft behält sie leider Recht. Ihr Versuch, Felice dazu zu bewegen, auf Kafka dergestalt einzuwirken, dass er seine Haltung ändert, bleibt erfolglos (vgl. FB, 100). Der Schlaf muss hingegeben werden für die Aufregungen, die das dichterische Schaffen in Kafka verursacht. Er ist das Opfer, das dargebracht wird für gutes wie für schlechtes Schreiben. Denn durch gutes Schreiben wird Kafka fortgerissen, bis die Morgendämmerung ihn ins Bett treibt, und wenn er schlecht schreibt, ist er darüber so verzweifelt, dass er nicht schlafen kann oder sogar meint, keinen Schlaf verdient zu haben. Aber schlechtes Schreiben ist dann immer noch besser, als gar nicht zu schreiben, denn das käme einer vollständigen Existenzvernichtung gleich. Auf diese Weise kann Kafka seine Existenz rechtfertigen, untergräbt aber Stück für Stück seine Gesundheit. Er klagt häufig über Kopfweh und Müdigkeit: „Ich bin fortdauernd müde, Schlafsucht wälzt sich mir im Kopf herum. Spannungen oben auf dem Schädel rechts und links." (FB, 204) Das Essen erkennt er als überlebensnotwendig an, wenn er in seine Vision vom schreibenden Kellerbewohner einen der Nahrungsaufnahme dienenden Spaziergang zur äußersten Tür des Kellergewölbes einarbeitet (vgl. FB, 250). Das Schlafen vergisst er dabei aber, denn der innerste Raum des Kellers ist nur mit einer Lampe und Schreibzeug ausgestattet, nicht aber mit einem Bett, und der Schlafrock scheint seine Arbeitsbekleidung als Schriftsteller zu sein. Die Schlaflosigkeit beginnt mit der intensiven Phase des Schreibens Ende 1912, Anfang 1913 und rührt offensichtlich daher. Kafka erkennt diesen Zusammenhang und klagt über die Schlaflosigkeit, allerdings nicht aus Sorge um seine Gesundheit oder seine Leistungsfähigkeit im Büro, sondern allein deshalb, weil dieser Zustand seiner dichterischen Produktivität und Konzentration schadet. An Felice schreibt er in der Nacht vom 15. zum 16. Januar 1913:

> Heute ist noch verhältnismäßig bald, aber ich will mich auch bald niederlegen, denn das gestrige, beiläufig gute Schreiben habe ich mit Kopfschmerzen während des ganzen Tags (diese Kopfschmerzen sind eigentlich eine Erfindung der letzten zwei Monate, wenn nicht gar erst des Jahres 1913) und schlechtem von Träumen zerplatzendem Schlaf bezahlt. Zwei Abende hintereinander gut zu schreiben ist mir schon lange nicht gelungen. Was für eine unregelmäßig geschriebene Masse das sein wird, dieser Roman! Was für eine schwere Arbeit, vielleicht eine unmögliche das sein wird, nach der ersten Beendigung in die toten Partien auch nur ein halbes Leben zu bringen! Und wie viel Unrichtiges wird stehen bleiben müssen, weil dafür keine Hilfe aus der Tiefe kommt. (FB, 251)

So wie er nicht mit und nicht ohne die Geliebte leben kann, so kann er nicht mit und nicht ohne Schlaf leben. Es ist ein ähnliches Dilemma wie das Entweder-oder des Heiratens, denn der Zwiespalt gehört zu Kafkas Wesen: Wenn er schreibt, schläft er nicht, und wenn er nicht schreibt, kann er nicht schlafen, weil er unzufrieden damit ist, dass er nicht geschrieben hat. So könnte er zu sich selbst sagen: ‚Schreibe oder schreibe nicht, du wirst nicht schlafen können!' Aber bereut hat er das Schreiben nie, auch das schlechte nicht; bereut hat er immer nur das Nichtschreiben.

Literatur gebären

Das Hervorbringen von Literatur ist für Kafka so lebenswichtig, anstrengend, beglückend, triebhaft und intim, dass er es mit dem Gebären vergleicht. Von der Erzählung *Das Urteil* heißt es in einer Tagebuchaufzeichnung vom 11. Februar 1913, sie sei „wie eine regelrechte Geburt mit Schmutz und Schleim bedeckt aus mir herausgekommen" (10, 125). Kafka beschreibt den Vorgang dieses Schreibprozesses in einem Tagebucheintrag vom 23. September 1912, dem Tag nach der Niederschrift, um nicht zu sagen ‚Niederkunft' der Erzählung, so stichwortartig und genau wie bei einer Beweisaufnahme:

> Diese Geschichte ‚das Urteil' habe ich in der Nacht vom 22 zum 23 von 10 Uhr abends bis 6 Uhr früh in einem Zug geschrieben. Die vom Sitzen steif gewordenen Beine konnte ich kaum unter dem Schreibtisch hervor-

> ziehn. Die fürchterliche Anstrengung und Freude, wie sich die Geschichte vor mir entwickelte wie ich in einem Gewässer vorwärtskam. Mehrmals in der Nacht trug ich mein Gewicht auf dem Rücken. Wie alles gewagt werden kann, wie für alle, für die fremdesten Einfälle ein großes Feuer bereit ist, in dem sie vergehn und auferstehn. Wie es vor dem Fenster blau wurde. Ein Wagen fuhr. Zwei Männer über die Brücke giengen. Um 2 Uhr schaute ich zum letzten Mal auf die Uhr. Wie das Dienstmädchen zum ersten Mal durchs Vorzimmer gieng, schrieb ich den letzten Satz nieder. Auslöschen der Lampe und Tageshelle. Die leichten Herzschmerzen. Die in der Mitte der Nacht vergehende Müdigkeit. Das zitternde Eintreten ins Zimmer der Schwestern. Vorlesung. Vorher das Sichstrecken vor dem Dienstmädchen und Sagen: ‚Ich habe bis jetzt geschrieben'. Das Aussehn des unberührten Bettes, als sei es jetzt hereingetragen worden. Die bestätigte Überzeugung, daß ich mich mit meinem Romanschreiben in schändlichen Niederungen des Schreibens befinde. Nur so kann geschrieben werden, nur in einem solchen Zusammenhang, mit solcher vollständigen Öffnung des Leibes und der Seele." (10, 101)

Es wird deutlich, dass es ihm nicht nur um das literarische Endprodukt geht, sondern um das Ereignis des Schreibens selbst. Und zwar dergestalt, dass er seine Identität mit dem Schreiben aufs engste verknüpft: Es ist nicht nur ein Hang oder ein Zeitvertreib. Kafka zeugt und gebiert sich selbst hier gleichsam als Schriftsteller.

Wollust des Schreibens

In der Forschung ist vielfach darauf hingewiesen worden, dass das Schreiben für Kafka eine entbindungssymbolische (vgl. von Matt 2006, 107), aber auch eine im engeren Sinn erotische Dimension hat. Einige gehen sogar so weit, zu sagen, dass er seine erotische Energie in Schrift umzusetzen suchte (vgl. Kremer 2006, 77), dass die Literatur Kafkas eigentliche Geliebte war und das Schreiben ein „Koitus mit sich selbst" (Schärf 2000, 18). Kafka nennt das einsame Schreiben in der Nacht ein äußerst wollüstiges Geschäft, rückt aber auch das briefliche Erzählen von seiner literarischen Arbeit metaphorisch in die Nähe erotischer Praktiken, wenn er Felice im November 1912 schreibt, er werde sich „wenn die Zeit und die Fähigkeit da sein sollte, ordentlich vor Dir ergießen und Du magst dann die Hände im Schoß die große Bescherung ansehn" (FB, 117). Der Hintergrund dieser Bemerkung ist der: Kafka fühlt sich zu müde, um Felice von der *Verwandlung* zu erzählen, an der er gerade schreibt, und kündigt an, dass er es am Sonntag tun werde. Das ausgesuchte Wortfeld erzeugt aber die Vorstellung einer sexuellen Ekstase mit Zuschauerin.

Kompromissloses Schreiben

Das Schreiben ist für Kafka nie ein Luxus für Mußestunden oder ein Bildungsideal. Sein Verhältnis zu ihm ist kein rationales, distanziertes. Es wird vielmehr als körperliche Notwendigkeit erfahren. Wie eine individuelle und zugleich biologisch-teleologische Wesensbestimmung klingt es, wenn Kafka am 3. Januar 1912 im Tagebuch das Schreiben als den eigentlichen Zweck seines Wesens beschreibt:

> In mir kann ganz gut eine Koncentration auf das Schreiben hin erkannt werden. Als es in meinem Organismus klar geworden war, daß das Schreiben die ergiebigste Richtung meines Wesens sei, drängte sich alles hin und ließ alle Fähigkeiten leer stehn, die sich auf die Freuden des Ge-

> schlechtes, des Essens, des Trinkens, des philosophischen Nachdenkens der Musik zuallererst richteten. Ich magerte nach allen diesen Richtungen ab. Das war notwendig, weil meine Kräfte in ihrer Gesamtheit so gering waren, daß sie nur gesammelt dem Zweck des Schreibens halbwegs dienen konnten. (9, 264)

Kafkas Eltern und Felice haben kaum Verständnis für die existenzielle Bedeutung, die das Schreiben für Kafka hat. Der Vater versucht es zu ignorieren, die Mutter betrachtet es als Zeitvertreib und Felice findet Kafkas Engagement zu extrem, sie ist eifersüchtig auf die Literatur und hat Angst, dass ihr Geliebter sich zu sehr an dieses ihr fremde Geschäft verschwendet. Von Max Brod muss sie sich erklären lassen, dass Kafka ein Mensch ist, der nur das Unbedingte, das Äußerste will und sich vor allem beim Schreiben nicht mit Kompromissen zufrieden gibt. Entweder mit voller Kraft oder gar nicht (vgl. FB, 96). Kafkas Lebensaufgabe besteht darin, das Recht zu schreiben zu benutzen (vgl. 9, 109); gleichzeitig gibt ihm das Schreiben das Recht zu existieren – und bis an die Grenzen der Existenz zu gehen. Das Schreiben ist für Kafka also Existenz-Aufgabe im doppelten Sinn.

5. Werkentwicklung und Nachlass

Weltruhm postum

Da Kafka heute zu den berühmtesten Schriftstellern der Welt zählt, sind die weniger berühmten Tatsachen erstaunlich, dass er zu Lebzeiten erstens kaum Anerkennung findet, sich zweitens nicht als freier Schriftsteller etablieren kann und drittens keines seiner großen Romanprojekte vollendet und publiziert. Max Brod, den man heute nur als Nachlassretter Kafkas kennt, genoss hingegen großes Ansehen als Romanautor und war bei den wichtigen Verlagen sehr gefragt. Ihm ist es zu verdanken, dass bei Rowohlt und später im Verlag von Kurt Wolff überhaupt etwas von Kafka publiziert worden ist. Es ist keineswegs so, dass Kafka nur für sich schreiben will und vor lauter Perfektionismus oder Unentschiedenheit nichts hergibt für die Öffentlichkeit, sondern vielmehr so, dass er Mühe hat, sich im Literaturbetrieb als Schriftsteller zu behaupten und das Publikum bei öffentlichen Lesungen von seinen Erzählungen zu überzeugen. Er hat nur zweimal eine Lesung gegeben: Am 4. Dezember 1912 las er in Prag aus dem *Urteil* vor, am 10. November 1916 in München aus der *Strafkolonie*. Mehrere Zuhörerinnen sollen angewidert den Saal verlassen haben, und die *Münchner Zeitung* bezeichnet Kafka aufgrund der als ekelhaft empfundenen Folterbeschreibungen als einen „Lüstling des Entsetzens“ (vgl. Alt 2005, 477). Danach hielt Kafka nie wieder einen öffentlichen Vortrag. Seine Bücher verkauften sich überdies schlecht, so dass es umso schwieriger wurde, für weitere Publikationen einen Verlag zu finden. Kafka wurde erst nach seinem Tod berühmt, und dass er überhaupt bekannt wurde, ist der postumen Edition seiner Texte durch Max Brod zu verdanken. Brod gab den Fragmenten das Gesicht von fertigen Romanen und half der Öffentlichkeit durch interpretatorische Leitlinien, die Schriften zu lesen. Er griff dabei allerdings stark in die Gestalt der Texte ein und schuf einen Autor, den man vorher nicht kannte und den es so auch nicht gegeben hat.

Werkübersicht

Die ersten literarischen Arbeiten, die erhalten sind, entstanden 1904/1905 und wurden später von Max Brod als eine Sammlung von Novellen, Skizzen und Aphorismen unter dem Titel *Beschreibung eines Kampfes* zusammengefasst. Das erste Romanfragment, *Hochzeitsvorbereitungen auf dem Lande*, stammt aus dem Jahr 1907. Im folgenden Jahr erschien die erste Publikation in der Zeitschrift *Hyperion*, die unter dem Titel *Betrachtung* acht Erzähltexte vereinte und 1912 bei Rowohlt, angereichert mit zehn weiteren Prosastücken, als eigenständiges Buch erschien. Im selben Jahr schrieb Kafka *Das Urteil* und *Die Verwandlung*. Außerdem arbeitete er an dem Roman *Der Verschollene*, mit dem er schon 1911 anfing und der von Max Brod nachträglich den Titel *Amerika* bekam. Mit dem *Proceß* begann er erst 1914. Im selben Jahr entstand auch *In der Strafkolonie*. 1916 arbeitete Kafka an den Erzählungen, die in den 1919 erschienenen Band *Ein Landarzt* einflossen, beispielsweise *Auf der Galerie* und *Eine kaiserliche Botschaft*. In den folgenden Jahren schrieb Kafka nur Aphorismen und den *Brief an den Vater*; 1920 dann auch wieder kürzere Erzählungen wie *Heimkehr* und *Kleine Fabel*. Erst 1922 wagte er von neuem ein größeres Projekt und begann, an dem Roman *Das Schloß* zu schreiben. Außerdem schrieb er *Ein Hungerkünstler* und einige andere Erzählungen. In den beiden letzten Jahren vor seinem Tod entstanden trotz der sich verschlimmernden Krankheit weitere Erzählungen, darunter *Josefine, die Sängerin oder Das Volk der Mäuse*, Kafkas letzte Erzählung, die am 20. April 1924 auf seinen Wunsch mit Hilfe von Max Brod in der Prager Presse veröffentlicht wurde. Nach seinem Tod fanden sich in der gemeinsamen Berliner Wohnung, die er mit Dora Diamant bezog, außerdem noch Texte, etwa zwanzig Notizhefte, die 1933 von der Gestapo beschlagnahmt wurden und nie wieder aufgetaucht sind. Aus den Erinnerungen Doras geht hervor, dass es sich unter anderem um einen Briefroman handelt, der durch eine Begegnung Kafkas mit einem kleinen Mädchen zustande gekommen ist. Es saß im Park und weinte, weil es seine Puppe verloren hatte und ließ sich von Kafka trösten: Die Puppe mache eine Reise und erzähle davon ihn ihren Briefen, deren Inhalt Kafka nun jeden Tag erfinden und ihr vorlesen musste. Dies tat er etwa drei Wochen lang, ließ schließlich die Puppe heiraten und beendete so die Geschichte und die Treffen mit dem Mädchen (vgl. Stach 2008, 586 ff.).

Beschreibung eines Kampfes

Eine erste Fassung dieses ältesten überlieferten Erzählzyklus' entstand ab 1904 und ist in den folgenden Jahren erweitert und überarbeitet worden. Ein Spaziergänger, der nachts durch Prag bis auf den Laurenziberg geht, imaginäre Begegnungen hat und mit einem Bekannten kämpft, ist der ungesellige und unsichere Ich-Erzähler, der Erfahrung schlechthin als „Seekrankheit auf festem Lande" bezeichnet (5, 74).

Betrachtung

Die achtzehn kurzen Erzähltexte, die zwischen 1904 und 1912 entstanden sind (und teilweise bereits veröffentlicht wurden), erschienen als Kafkas erste Buchpublikation 1912 im Ernst Rowohlt Verlag Leipzig – auf Vermittlung von Max Brod und mit einer Widmung für ihn. Einsamkeit durchzieht die Texte wie ein Leitmotiv. Es sind häufig Beobachtungen und knappe Gedankengänge. Beispielsweise wird von einem einsamen Ich-Erzähler ein ‚Ausflug ins Gebirge' mit einer ‚Gesellschaft von lauter Niemand' imaginiert. Aber nicht nur thematisch sind diese frühen Texte für Kafka charakteristisch, sondern auch im Hinblick auf das Gleichnishafte, das hypothetisch

Unbestimmte und das bewusst Wankelmütige seines Erzählstils, wie es sich besonders an den kurzen Stücken *Wunsch, Indianer zu werden* und *Die Bäume* zeigt.

> Wunsch, Indianer zu werden
> Wenn man doch ein Indianer wäre, gleich bereit, und auf dem rennenden Pferde, schief in der Luft, immer wieder kurz erzitterte über dem zitternden Boden, bis man die Sporen ließ, denn es gab keine Sporen, bis man die Zügel wegwarf, denn es gab keine Zügel, und kaum das Land vor sich als glattgemähte Heide sah, schon ohne Pferdehals und Pferdekopf.
>
> Die Bäume
> Denn wir sind wie Baumstämme im Schnee. Scheinbar liegen sie glatt auf, und mit kleinem Anstoß sollte man sie wegschieben können. Nein, das kann man nicht, denn sie sind fest mit dem Boden verbunden. Aber sieh, sogar das ist nur scheinbar. (1, 30)

Das Urteil

Diese Erzählung ist 1912 entstanden und 1913 publiziert worden. Sie wird als dichterischer Durchbruch Kafkas angesehen, weil er sie in einer Nacht geschrieben hat und ihr eine produktive Schreibphase folgen ließ. Außerdem enthält sie ein für ihn wesentliches Thema: eine Verlobung, die an der Übermacht des Vaters scheitert. Sowohl biografisch als auch im Hinblick auf die anderen Erzählungen ist dies eine elementare Problemkonstellation. Auch die Verurteilung am Schluss – der Vater verurteilt den Sohn zum Tode des Ertrinkens – enthält bereits den Komplex von Schuld und Strafe, um den viele der späteren Werke kreisen.

Die Verwandlung

Diese erst 1915 publizierte Erzählung ist 1912 kurz nach dem *Urteil* entstanden. Kafka plante, die beiden Texte zusammen mit dem *Heizer* unter dem Titel *Söhne* in einem Band zu veröffentlichen. Eine andere Idee war, die beiden zusammen mit der *Strafkolonie* unter dem Titel *Strafen* zusammenzufassen. Zwar realisierte er die Vorhaben nicht, aber sie zeigen, dass die *Verwandlung* in Kafkas Augen mit dem *Urteil* hinsichtlich des Motivs der bestraften Söhne verwandt ist. Der Handlungsreisende Gregor Samsa verwandelt sich eines Morgens in ein Ungeziefer, wird von der Familie verstoßen, vom Vater verwundet und krepiert allmählich in seinem Zimmer. Das Reizvolle und Neue an der Geschichte ist, dass sie ein phantastisches Ereignis in einen realistischen Kontext stellt und realistisch erzählt.

Der Verschollene

Der Roman ist etwa 1912/1913 entstanden und Fragment geblieben. 1927 ist er von Max Brod unter dem Titel *Amerika* veröffentlicht worden. Das erste Kapitel, *Der Heizer*, erschien bereits 1913 und ist von Kafka selbst für die Publikation in Kurt Wolffs Reihe *Der jüngste Tag* ausgewählt worden. Der 17-jährige Karl Roßmann wird von seiner Familie nach Amerika fortgeschickt, weil er sich von einem Hausmädchen hatte verführen lassen. Dort wird er von einem reichen Onkel aufgenommen und wieder verstoßen. Der scheinbare soziale Aufstieg verwandelt sich hartnäckig in einen Abstieg und ein Abgewiesenwerden, wo immer er Arbeit findet. *Der Heizer* ist sehr positiv rezensiert worden. Ernst Weiß fordert Kafka in seiner Rezension auf, den ganzen Roman zu präsentieren. Der ist aber 1913 abgebrochen und später nur geringfügig ergänzt worden. Gegenüber Felice erklärt Kafka sich als von seinem Roman besiegt (vgl. FB, 271).

Der Proceß

Ähnlich wie *Der Verschollene* ist der *Proceß* Fragment geblieben und bis auf ein Teilstück, die Türhüterlegende, nicht publiziert worden. Entstanden ist der unvollendete Roman 1914/1915. *Vor dem Gesetz* erschien 1915 wie der *Heizer* als Einzelpublikation. 1925 gab Max Brod den *Proceß* im Verlag Die Schmiede heraus. Die Handlung dieser Erzählung wird bereits in dem berühmten ersten Satz zusammengefasst: „Jemand mußte Josef K. verleumdet haben, denn ohne daß er etwas Böses getan hätte, wurde er eines Morgens verhaftet." (3, 9). Am Morgen seines dreißigsten Geburtstags wird der ahnungslose Bankprokurist K. von bizarren Gerichtsdienern aufgesucht und verhaftet, ohne zu wissen weshalb. Im Laufe der Erzählung hat er damit zu kämpfen, dass der ungreifbaren fremden Gerichtsinstanz mit gesundem Menschenverstand und dem Glauben an einen friedlichen Rechtsstaat nicht beizukommen ist. Am Ende führt der bedrohliche Prozess, der über weite Strecken das Gesicht einer symbolisch auf äußere Verfahrensschritte übertragenen Schuld besitzt, tatsächlich zu einer Hinrichtung des Protagonisten.

In der Strafkolonie

Parallel zur Arbeit am *Proceß* schrieb Kafka im Oktober 1914 die Erzählung *In der Strafkolonie*, die 1919 veröffentlicht wurde. Darin besucht ein Forschungsreisender eine Strafkolonie auf einer fernen Insel und wird eingeladen, der Hinrichtung eines Soldaten beizuwohnen. Ein großer Teil der Erzählung ist der eingehenden Beschreibung der Exekutionsmaschine gewidmet. Dies geschieht aus der Perspektive eines Offiziers, der ein Repräsentant der alten, inhumanen Ordnung ist, zu der Strafe und Folter gehören: Der Apparat schreibt das missachtete Gebot in den Körper des Bestraften ein. Die Geschichte endet mit der Selbstbestrafung des Offiziers, der Selbstzerstörung des Apparats und der Flucht des Reisenden aus der Kolonie.

Ein Landarzt

Der *Landarzt*-Band enthält vierzehn kleine Erzählungen, die 1916/1917 entstanden und 1919 im Kurt Wolff Verlag erschienen sind. Die titelgebende Erzählung handelt von einem Landarzt, der in der Nacht zu einem schwer kranken Jungen gerufen wird. Als er losreitet, vergewaltigt sein Pferdeknecht seine Magd. Es ist vielfach eine Beziehung zur Psychoanalyse Freuds hergestellt worden, da die tier- und triebhafte Konstellation von Pferden, Knecht und Schweinestall sowie die Wunde des Kranken, zu dem sich der Arzt nackt ins Bett legt, eine Nähe zu den Symbolen verdrängter Sexualität aufweist. Zu den weiteren Texten in dem Band gehören *Auf der Galerie* (eine Kunstreiterin in der Manege wird aus Sicht eines Galeriebesuchers einerseits als anmutig, andererseits als unterdrückt und bemitleidenswert dargestellt), *Ein Bericht für eine Akademie* (der Affe Rotpeter erzählt einer Akademie die Geschichte seiner Anpassungsversuche auf dem Weg der Menschwerdung) und *Die Sorge des Hausvaters* (die Identität eines zwirnspulenähnlichen Wesens namens Odradek wird zu ergründen versucht).

Das Schloß

Der Roman *Das Schloß* ist wie die beiden anderen Romanfragmente unvollendet geblieben. Er entstand 1922 und wurde ebenfalls erst nach Kafkas Tod 1926 von Max Brod herausgegeben. Der Landvermesser K. kommt in ein Dorf, das zum Herrschaftsbereich eines geheimnisvollen Schlosses mit einem undurchschaubaren und unerreichbaren Verwaltungsapparat gehört. Seine Versuche, Zugang zum Schloss zu bekommen, bleiben vergeblich. Das Romanfragment ist wie viele andere Texte Kafkas in der personalen Erzählperspektive gehalten.

Ein Hungerkünstler

Der *Hungerkünstler*-Band enthält vier Erzählungen aus den Jahren 1922 bis 1924 und wurde im selben Jahr, zwei Monate nach Kafkas Tod, im Verlag Die Schmiede veröffentlicht. Die Erzählungen sind *Erstes Leid, Eine kleine Frau, Ein Hungerkünstler* und *Josefine, die Sängerin oder Das Volk der Mäuse*. Kafkas späte Erzählungen, dazu gehören auch *Forschungen eines Hundes* und *Der Bau*, die postum herausgegeben wurden, werden im Hinblick darauf untersucht, dass sie einesteils Tiergeschichten (mit Maus, Hund und Maulwurf als Protagonisten) und anderenteils Künstlergeschichten sind. Das Tierhafte hat unter anderem die Funktion, einen außerordentlichen Standpunkt in der Gesellschaft zu kennzeichnen und geht häufig mit dem Künstlerstatus einher.

Publikationen zu Lebzeiten und Fragmente

Die Texte, die Kafka zu Lebzeiten publiziert hat, sind nur ein kleiner Teil seines Schaffens. Es ist kein Roman dabei. Der größere Teil seines Werkes ist Fragment geblieben. Was ist der Grund dafür? Hatte Kafka eine generelle Abneigung gegen das Publizieren? War er zu selbstkritisch, um mit seinen Texten an die Öffentlichkeit zu gehen? Er war tatsächlich selbstkritisch und hatte Skrupel, seine Texte aus der Hand zu geben. Aber das war nicht der einzige Grund und wahrscheinlich nicht einmal der Hauptgrund für den Fragmentcharakter seines Werkes und den geringen Umfang seiner autorisierten Publikationen. Seine Schwierigkeiten, im Literaturbetrieb Fuß zu fassen, die Verleger und Kritiker von sich zu überzeugen sowie eine Leserschaft zu gewinnen, fallen ebenfalls ins Gewicht, ganz abgesehen von den äußeren Lebensumständen, der Büroarbeit, der Krankheit und dem Ausbruch des Ersten Weltkrieges. Möglicherweise hatte Kafka keine Motivation, die Romane zu Ende zu führen ohne die Aussicht auf eine Veröffentlichung. Andererseits hat Max Brod ihn ja bei den Verlagen unterstützt, so dass der Fragmentcharakter der Romane eher auf konzeptionelle Schwierigkeiten zurückzuführen ist, wenn die Unvollendetheit nicht sogar eine bewusste Verschleppung der Geschichten ins Unendliche bedeutet – und damit sogar einen positiven konzeptionellen Grund hätte. Diese Fragen sind nicht eindeutig zu beantworten, zumal nicht geklärt werden kann, ob Kafka seinen Nachlass wirklich vernichtet haben wollte oder insgeheim doch auf eine Veröffentlichung durch seinen Freund Max Brod hoffte.

Die Testamente

Es ist nicht bekannt, ob Kafka selbst Texte von sich vernichtet hat. Jedenfalls hat er Brod schriftlich darum gebeten, alles zu vernichten, was sich in seinem Nachlass befindet. Tagebücher, Manuskripte, Briefe, Zeichnungen – alles sollte ungelesen verbrannt werden. Etwa ein Jahr später, am 29. November 1922, schrieb er eine weitere an Brod gerichtete testamentarische Verfügung, die dieser nach seinem Tod unter den Papieren fand:

> Von allem was ich geschrieben habe gelten nur die Bücher: Urteil, Heizer, Verwandlung, Strafkolonie, Landarzt und die Erzählung: Hungerkünstler. (Die paar Exemplare der ‚Betrachtung' mögen bleiben, ich will niemandem die Mühe des Einstampfens machen, aber neu gedruckt darf nichts daraus werden). [...]
> Dagegen ist alles, was sonst an Geschriebenem von mir vorliegt (in Zeitschriften Gedrucktes, im Manuskript oder in Briefen) ausnahmslos soweit es erreichbar oder durch Bitten von den Adressaten zu erhalten ist [...] – alles dieses ist ausnahmslos am liebsten ungelesen (doch wehre ich Dir

nicht hineinzuschauen, am liebsten wäre es mir allerdings wenn Du es nicht tust, jedenfalls aber darf niemand anderer hineinschauen) – alles dieses ist ausnahmslos zu verbrennen und dies möglichst bald zu tun bitte ich Dich
Franz (Br III, 421–422)

Kafkas letzter Wille ist eindeutig, und doch ist der Wunsch zu erahnen, dass sein Werk gelesen wird, denn zum einen ist dieses zweite Testament großzügiger als das erste, dem zufolge ausnahmslos alle Spuren vernichtet werden sollten. Es lässt immerhin die bereits gedruckten Texte zu. Außerdem erlaubt er seinem Freund, anscheinend widerwillig, den Nachlass zu sichten. Und da er weiß, wie sehr Brod ihn verehrt und seine Literatur immer gefördert hat, kann er davon ausgehen, dass er seinem letzten Willen nicht nachkommen, sondern im Gegenteil mit verständigem Ungehorsam für Ordnung und Veröffentlichung sorgen werde. Sein Vater hätte das Testament sicher ohne zu zögern vollstreckt.

Max Brod als Nachlass-Verwalter

Aber Brod kannte Kafka besser. Und wenn er auch nicht den geheimen Wunsch, als Schrift in der Welt zu bleiben, gehegt haben sollte, dann lässt sich wenigstens sagen, dass Brod die Bedeutung der Literatur Kafkas richtig eingeschätzt hat. Genauer gesagt: Die Tatsache, dass Kafka Bedeutendes geschrieben hat, ist von ihm richtig erkannt worden. Was die Texte zu bedeuten haben, hat Brod zwar auch zu wissen gemeint, aber dessen Deutung ist eher wirkmächtig als gültig.

Brod und Kafka begegnen sich 1902 in Prag im Rahmen der Lese- und Redehalle der deutschen Studenten, wo Brod einen Vortrag über Schopenhauer hält. Jahre später entwickelt sich eine Freundschaft; sie treffen sich täglich, sprechen über Literatur und Philosophie und unternehmen gemeinsame Theaterbesuche und Reisen. Als Herausgeber seiner Schriften hat Brod ein etwas einseitiges Bild von Kafka. Er hat durch seine Interpretation einen Kafka geschaffen, dessen Werk eine tiefe religiöse Dimension hat, wie sie in den damaligen Zeitgeschmack passt. Vom heutigen Forschungsstand aus gesehen ist dieses Bild schief, es beherrscht aber vollkommen die frühe Kafka-Rezeption. Der unbekannte Autor wird in einer ersten Edition der Welt zugänglich gemacht – und zugänglich heißt nicht nur, dass der Nachlass gedruckt wird, sondern auch, dass er in eine lesbare Gestalt gebracht wird. Brod lässt die Fragmente wie vollendete Romane erscheinen und glättet auf eigene Faust viele Unebenheiten in den Erzählungen. Dieses unwissenschaftliche Verfahren ist vielfach kritisiert worden, weil die Eingriffe Auswirkungen auf den Sinn der Texte haben. Andererseits ist man Brod dankbar für die Vermittlung des zu Lebzeiten Veröffentlichten, für die Rettung des Nachlasses und für das Bemühen um eine Publicity, ohne die Kafka vielleicht vergessen worden wäre. Der *Proceß* wäre ohne sie heute sicher weniger bekannt als Brods eigener Roman *Schloß Nornepygge*, der 1908 als Meisterwerk des Expressionismus gefeiert wurde und den 24-Jährigen als angesehenen Schriftsteller etablierte. So aber ist Kafka postum der größte Autor seiner Zeit geworden und Brod sein Nachlassverwalter.

IV. Themen, Gattungen und Stil

1. Zentrale Motive

Fremdheit und Isoliertheit

Der jugendliche Karl Roßmann wird in *Der Verschollene* von der Familie nach Amerika geschickt und muss in der Fremde zurechtkommen, wo er häufig auf Misstrauen und Feindseligkeit stößt. Im *Schloß* versucht K. in der Dorfgemeinschaft Fuß zu fassen, kommt spätabends bei ungastlichem Wetter in einem Wirtshaus an, das keine Gästezimmer hat, weil Gäste nicht erwünscht sind, wird von den Dorfbewohnern abgewiesen und erhält keinen Zutritt zum Schloss. Der Gesellschaft entfremdet ist auch Josef K. im *Proceß*, der aufgrund seiner Verhaftung die Welt nicht mehr versteht und von niemandem verstanden wird.

Kafkas Protagonisten stehen fast immer allein da, von der Familie oder anderen sozialen Gruppen verstoßen und ausgesetzt oder in den Tod getrieben: beispielsweise Georg Bendemann in *Das Urteil*, Gregor Samsa in *Die Verwandlung*, der Landarzt in *Ein Landarzt*, Josefine in *Josefine, die Sängerin oder Das Volk der Mäuse* sowie der Hungerkünstler und der Kübelreiter in den gleichnamigen Erzählungen. Sie werden häufig anonymisiert und fast immer ohne Innenperspektive dargestellt. Isolierte und entpsychologisierte Helden sind charakteristisch für Kafkas Texte. Es handelt sich dabei oft um kinderlose Junggesellen. Im Fall von *Josefine* ist zwar die zentrale Figur ausnahmsweise eine weibliche, aber die Erzählperspektive ist nicht ihre, sondern die eines anonymen Mitglieds des Mäusevolks. Zudem ist diese isolierte weibliche Figur – anders als im Allgemeinen die Frauen bei Kafka – erstens ein Tier und zweitens das Symbol einer Künstlerexistenz.

Kampf

K. kämpft im *Schloß* um Selbstbehauptung, das heißt um seine Stellung innerhalb einer Gesellschaft, der er sich als ein Fremder aufnötigt. Gegner im Kampf ist aus seiner Sicht das Schloss, obwohl er nicht minder mit den Dorfbewohnern zu kämpfen hat. Und was ist es, worum oder wofür K. kämpft? Er sieht sich als Kämpfer für sich selbst und als „Angreifer", während er „die Behörden" verdächtigt, ihn ihrerseits auf hinterhältige Weise zu schwächen und niederzumachen:

> Dadurch nun aber, daß die Behörden K. von vornherein in unwesentlichen Dingen – um mehr hatte es sich bisher nicht gehandelt – weit entgegenkamen, nahmen sie ihm die Möglichkeit kleiner, leichter Siege und mit dieser Möglichkeit auch die zugehörige Genugtuung und die aus ihr sich ergebende, gut begründete Sicherheit für weitere größere Kämpfe. Statt dessen ließen sie K., allerdings nur innerhalb des Dorfes, überall durchgleiten, wo er wollte, verwöhnten und schwächten ihn dadurch, schalteten hier überhaupt jeden Kampf aus und verlegten ihn dafür in das außeramtliche, völlig unübersichtliche, trübe, fremdartige Leben. Auf diese Weise konnte es, wenn er nicht immer auf der Hut war, wohl geschehen, daß er eines Tages trotz aller Liebenswürdigkeit der Behör-

> den und trotz der vollständigen Erfüllung aller so übertrieben leichten amtlichen Verpflichtungen, getäuscht durch die ihm erwiesene scheinbare Gunst, sein sonstiges Leben so unvorsichtig führte, daß er hier zusammenbrach und die Behörde, noch immer sanft und freundlich, gleichsam gegen ihren Willen, aber im Namen irgendeiner ihm unbekannten öffentlichen Ordnung kommen mußte, um ihn aus dem Weg zu räumen. (4, 73 f.)

K. fürchtet, im Namen einer ungreifbaren Instanz beseitigt zu werden. Sein Kampf ist also seinem in Mutmaßungen sich verundeutlichenden Gegner entsprechend abstrakt. Und er wird auch nicht konkreter dadurch, dass er für „etwas lebendigst Nahes" (4, 73), nämlich sich selbst kämpft, denn wer ist er eigentlich und was ist sein Ziel, das Ziel seines Kampfes? Die existenziell allgemeine Dimension des Kampfmotivs wird besonders deutlich in der folgenden, Kafkas Tagebuch entnommenen Kampfbeschreibung aus dem Jahre 1920:

> Er hat zwei Gegner, der Erste bedrängt ihn von rückwärts vom Ursprung her, der Zweite verwehrt ihm den Weg nach vorne. Er kämpft mit beiden. Eigentlich unterstützt ihn der Erste im Kampf mit dem Zweiten, denn er will ihn nach vorne drängen und ebenso unterstützt ihn der Zweite im Kampf mit dem Ersten, denn er treibt ihn doch zurück. So ist es aber nur theoretisch. Denn es sind ja nicht nur die 2 Gegner da, sondern auch noch er selbst und wer kennt eigentlich seine Absichten? (11, 177)

Diese Skizze lässt sich auf K.s Zwischenstellung zwischen Dorf und Schloss anwenden, wobei sich herausstellt, dass nicht die Gegner das eigentliche Hindernis sind, sondern er selbst, da sein Kampf kein erkennbares Ziel hat. In dieser Abstraktion ist die Kampfbeschreibung auf viele Kampfsituationen anwendbar, so als wäre sie die Ursituation für einen Kampf mit der eigenen Existenz. Das Motiv des Lebenskampfes ist für Kafkas Schaffen ein leitendes Motiv, angefangen von seinem frühen Prosatext *Beschreibung eines Kampfes*, der etwa um 1904 begonnen wurde, bis hin zu *Josefine, die Sängerin oder das Volk der Mäuse* (1924), wo erzählt wird, wie Josefine um ihre Existenz und Achtung als Sängerin kämpft. Auch der *Brief an den Vater* ist letztlich nichts als eine Kampfbeschreibung, da Worte zur Verteidigung ausgesprochen und reichlich Hiebe ausgeteilt werden.

Macht

Die Macht, die Personen wie der Vater Georg Bendemanns in *Das Urteil* oder Instanzen wie das Gericht im *Proceß* und das Schloss im gleichnamigen Roman ausüben, besteht häufig nicht in offensichtlicher Gewaltandrohung oder -anwendung, sondern in Antizipationen und Unterstellungen: So herrscht beispielsweise das Schloss über das Dorf, indem die Dorfbewohner die Normen des Schlosses vorwegnehmen und sich gegenseitig verurteilen. K. erfährt die Macht des Schlosses stets vermittelt über die untertänige Haltung der ihm im Dorf begegnenden Personen gegenüber den Beamten und der Behörde, die eher legendär als real erfahrbar sind. Folgerichtig wird er weniger vom ungreifbar bleibenden Schloss als vielmehr von der offenkundigen Fremdenfeindlichkeit des Dorfes niedergehalten, in dessen Ordnung er sich nicht integrieren kann und will. Als K. auf Bürgel, einen Verbindungssekretär des Schlosses, trifft, träumt er, dass er einen Sekretär in Gestalt eines griechischen Gottes im Kampf besiegt, während er faktisch, von Müdigkeit übermannt, Bürgels Monologe über sich ergehen lässt. Das Missverhältnis von Ambitioniertheit und Ohnmacht, von Geltungsbedürfnis und tatsächlicher Geltung tritt hier auf komische Weise zutage. K. begreift in seinem hartnäckigen Streben nicht, dass das Schloss für ihn nicht nur unbesiegbar, sondern auch unerreichbar ist. Die Machtmittel bestehen darin, mit inkonsequenten Botschaften zu kommunizieren oder sich der Kommunikation zu verweigern sowie Kontrolle auszuüben und gleichzeitig das Anliegen K.s zu ignorieren. Das Geheimnisvolle besiegelt die Macht des Schlosses. K. bekommt weder Klamm, an den er seine Hoffnung ‚klammert', weil dieser als Einziger seinen Landvermesserstatus und damit seinen Aufenthalt im Dorf bejaht, noch einen anderen Beamten des Schlosses zu sprechen. Daher ist es auch konsequent und näher an Kafkas Text, wenn Michael Haneke in seiner gleichnamigen Verfilmung von 1997 das Schloss nicht zeigt, denn so wird der geheimnisvolle und transzendente Status des Schlosses gewahrt, das nur ohne ein empirisch erfahrbares Gesicht zur Metapher einer ungreifbaren Macht werden kann. In der Darstellung des Schlosses in Soderberghs Kafka-Film von 1991 wird es zu etwas anderem, das eher an Frankenstein-Filme als an Kafkas Roman erinnert, da in einem Laborraum im Schloss grausame Experimente mit Menschen durchgeführt werden. Das Gericht im *Proceß* ist ähnlich wie das Schloss eine mysteriöse Instanz, die für Josef K. trotz aller Bemühungen unzugänglich bleibt. Einerseits erkennt er das Gericht, wo es sich empirisch zeigt (etwa in Gestalt der Wächter oder der Verhandlung, zu der er vorgeladen wird), nicht an, versucht also, sich nicht beherrschen zu lassen; andererseits verselbstständigt sich die Macht des Gerichts in seinem Kopf dadurch, dass er alles, was geschieht, als Bestandteil seines Prozesses erfährt. Am Ende verrät die Türhüterlegende etwas über die Machtstruktur des Gerichts, die in einer Hierarchie von Türhütern besteht, die gegenüber der nächsthöheren Instanz machtlos sind wie der Mann vom Lande. Dadurch wird die Macht potenziert und als ungreifbare besiegelt: Der Türhüter hat selbst keine Macht, sondern nur die Funktion, den Mann vom Lande von der Macht fernzuhalten. Im Falle der familiären Machtkonstellation der Erzählung *Das Urteil* scheint die Macht in der Person des Vaters konkretisiert und damit im Vergleich zum *Schloß* und *Proceß* greifbarer zu sein. Es gibt eine Person, die Vorwürfe erhebt und eine Verurteilung ausspricht. Aber es ist weder diese Person noch eine andere, die Georg Bendemann zwingt, von der Brücke zu springen. Er tut dies von selbst, denn er „fühlte sich aus dem Zimmer gejagt" (1, 52). Die Macht des Vaters verselbstständigt sich in seinem Kopf und beherrscht sein Handeln, ohne dass es zu einer Gewaltanwendung kommt – im Gegenteil, denn er hört noch, wie „der Vater hinter ihm aufs Bett" stürzt (1, 52).

Vater-Sohn-Konflikt

Die Macht von Georg Bendemanns Vater über seinen Sohn in *Das Urteil* geht so weit, dass dieser sich das Leben nimmt, nachdem er von jenem zum Tode verurteilt wird. Das ist das Unerhörte der Geschichte: dass der Vater dem Sohn eine Todesstrafe auferlegt, die dieser sofort beim Wort nimmt und ausführt. Auch in anderen Erzählungen hat die Gegnerschaft zwischen Vater und Sohn eine wichtige Bedeutung, so zum Beispiel in der *Verwandlung*. In *Das Urteil* wird die Macht des Vaters jedoch auf die Spitze getrieben. Georg Bendemann teilt seinem Vater mit, dass er einen Brief an einen Freund in

Petersburg geschrieben hat, um diesen von seiner bevorstehenden Hochzeit zu unterrichten. Der Vater unterstellt zunächst, der Sohn habe gar keinen solchen Freund, am Ende behauptet er, ihn besser zu kennen als dieser selbst. Diese Inkonsequenz und unwahrhaftige Taktik kennzeichnet das tyrannische Wesen des Vaters, der Georg noch immer wie „ein Riese" (1, 44) erscheint, weil er sich wie ein unterdrücktes Kind fühlt. Der Vater macht dem Sohn Vorwürfe der Unehrlichkeit und Vernachlässigung der Familie und des besagten Freundes, lästert in diesem Zusammenhang über die geplante Heirat und entwickelt dabei ungeahnte Kräfte, indem er, der sich zuvor ins Bett hat tragen lassen, nun auf demselben herumtanzt:

> ‚Weil sie die Röcke gehoben hat', fing der Vater zu flöten an, ‚weil sie die Röcke so gehoben hat, die widerliche Gans', und er hob, um das darzustellen, sein Hemd so hoch, daß man auf seinem Oberschenkel die Narbe aus seinen Kriegsjahren sah, ‚weil sie die Röcke so und so und so gehoben hat, hast du dich an sie herangemacht, und damit du an ihr ohne Störung dich befriedigen kannst, hast du unserer Mutter Andenken geschändet, den Freund verraten und deinen Vater ins Bett gesteckt, damit er sich nicht rühren kann. Aber kann er sich rühren oder nicht?' Und er stand vollkommen frei und warf die Beine. Er strahlte vor Einsicht. (1, 49)

Georg Bendemann verteidigt sich nicht. Die einzige spöttische Bemerkung, die er sich erlaubt, bereut er im selben Augenblick und beißt sich dabei so heftig auf die Zunge, dass er „vor Schmerz einknickte" (1, 50). Das Einknicken ist zugleich wörtlich und metaphorisch zu lesen, denn es ist nicht nur ein körperlicher Reflex, sondern auch eine Geste, die charakteristisch für Bendemanns Verhalten insgesamt ist. Es kann daher nicht einmal von Konflikt oder Auseinandersetzung zwischen Vater und Sohn die Rede sein, es ist vielmehr so, dass der Vater die Macht hat, den Sohn zu kontrollieren und ihm seine vermeintliche Niederträchtigkeit vorzuhalten. Ein Sprechakt genügt, um die Existenz des Sohnes zu vernichten: Er ist zum Ertrinken verurteilt und springt folgsam von der Brücke. Das Riesenhafte lässt sich biografisch auf Kafkas Wahrnehmung seines Vaters beziehen (vgl. 7, 21); ebenso die durch Vorwürfe und Spott verursachten Schuld- und Minderwertigkeitsgefühle sowie das Schreckbild, das ein unüberwindliches Hindernis auf dem Weg zur Ehe darstellt (diese Motive finden sich im *Brief an den Vater*; vgl. 7, 59 f.).

Ausweglosigkeit

Kafkas Helden sehen sich häufig in einer Weise zu einem bestimmten Handeln gezwungen, wie es die Erzählung *Das Urteil* mit dem Sprung von der Brücke vorführt. Es scheint dann so, als gäbe es keine Handlungsalternative. Karl Roßmann lässt sich in *Der Verschollene* ständig von den ihn umgebenden Menschen zu irgendetwas drängen, das er eigentlich nicht will, im *Proceß* gerät Josef K. in den tödlichen Sog eines ominösen Gerichts und dort, wo eine Flucht möglich scheint, wie im *Landarzt*, geht sie ins Leere:

> Niemals komme ich so nach Hause; meine blühende Praxis ist verloren; ein Nachfolger bestiehlt mich, aber ohne Nutzen, denn er kann mich nicht ersetzen; in meinem Hause wütet der ekle Pferdeknecht; Rosa ist sein Opfer; ich will es nicht ausdenken. Nackt, dem Froste dieses unglückseligsten Zeitalters ausgesetzt, mit irdischem Wagen, unirdischen

> Pferden, treibe ich mich alter Mann umher. Mein Pelz hängt hinten am Wagen, ich kann ihn aber nicht erreichen, und keiner aus dem beweglichen Gesindel der Patienten rührt den Finger. Betrogen! Betrogen! Einmal dem Fehlläuten der Nachtglocke gefolgt – es ist niemals gutzumachen. (1, 206f.)

Das Motiv der Ausweglosigkeit zieht sich durch Kafkas Werk in der Weise, wie die oben zitierte Kampfbeschreibung es ausdrückt, in der zwei Gegner da sind, von denen der eine von hinten drängt, während der andere den Weg nach vorne verwehrt. Die Ausweglosigkeit wird von Kafka in einem Text von 1920, den Max Brod *Kleine Fabel* genannt hat, ironisch ins Bild gefasst:

> ‚Ach', sagte die Maus, ‚die Welt wird enger mit jedem Tag. Zuerst war sie so breit, daß ich Angst hatte, ich lief weiter und war glücklich daß ich endlich rechts und links in der Ferne Mauern sah, aber diese langen Mauern eilen so schnell aufeinander zu daß ich schon im letzten Zimmer bin und dort im Winkel steht die Falle, in die ich laufe.' – ‚Du mußt nur die Laufrichtung ändern', sagte die Katze und fraß sie. (7, 163)

Der bissige Ratschlag der Katze ironisiert nicht nur die ernste Klage der Anteilnahme beanspruchenden Maus, sondern zugleich die Gattung der Fabel, auf die hier durch die Tierfiguren, die Kürze des Textes und die scheinbar implizierte Moral angespielt wird. Damit wird die inhaltlich dargestellte Ausweglosigkeit durch die ironisierende Form verdoppelt, insofern sich die Fabel nicht in ihr traditionelles Epimythion (die der Fabel angehängte Nutzanwendung) auflöst, sondern aporetisch bleibt.

Schuld und Strafe

Die Schuld besteht in Kafkas Texten häufig in einem Verstoß gegen ein Gesetz, das dem Schuldigen unbekannt ist und auch dem Leser nicht offenbart wird. So wird Josef K. im *Proceß* verhaftet und bestraft, ohne zu wissen wofür: Er soll sich schuldig fühlen. Und solange er dies nicht tut, besteht seine Schuld in eben diesem mangelnden Schuldbewusstsein. Die Schuld ist damit unausweichlich. Genauso unausweichlich sind Schuld und Strafe in der *Strafkolonie*: „Die Schuld ist immer zweifellos." (1, 168) So lautet der Grundsatz, nach dem der Offizier die Entscheidungen für Folter und Hinrichtung trifft. In diesem Fall sind die Gebote, gegen die verstoßen wurde, aber zumindest dem Leser klar, denn sie werden dem Verurteilten in den Körper tätowiert. Auch in *Das Urteil* wird erklärt, wofür Georg Bendemann von seinem Vater zum Tode verurteilt wird. Aber dessen Schuld besteht nur in Unterstellungen, die darauf hinauslaufen, dass Georg durch seine Verlobung die Eltern und den Freund in Petersburg verraten habe. Ein noch deutlicheres Missverhältnis zwischen der Geringfügigkeit bzw. Nichtvorhandenheit einer Schuld und der Strafe für sie findet sich in *Der Verschollene*. Karl Roßmann muss sich dauernd Vorwürfe anhören und wird bestraft, ohne falsch gehandelt zu haben. Von seinem Onkel wird er verstoßen, weil er dessen Freund einen Besuch auf dem Lande abstattet; von seinen Weggefährten Delamarche und Robinson wird er bedroht, beschimpft und fast verprügelt, weil er sich von ihnen trennen will, nachdem sie in seiner Abwesenheit seinen Koffer geplündert haben; und vom Oberportier des Hotels Occidental wird er zu unrecht beschuldigt, ein Lügner, Dieb und frecher

Schuft zu sein. Diese Konstellation findet sich immer wieder in Kafkas Texten: Jemandem wird ein Unrecht getan und er wird obendrein beschuldigt, so als wäre er es, der ein Unrecht getan hätte. Und jede Rechtfertigung treibt ihn noch tiefer in die vermeintliche Schuld. Es handelt sich dabei um familiäre oder im weiteren Sinn soziale Machtverhältnisse, nicht um transparente Rechtsordnungen. Im *Proceß* kämpft Josef K. mit dem Verständnis seiner Situation, da ihm der gesunde Menschenverstand sagt, er lebe in einem Rechtsstaat. Verhaftet wird er aber nicht nach ihm bekannten Gesetzen auf rechtsstaatliche Art. Es handelt sich auch nicht um einen Justizirrtum. Die Justiz ist hier vielmehr eine dunkle Macht, deren Gesetze und Verfahrensweisen darauf hinauslaufen, Schuldgefühle hervorzurufen. Max Brod zufolge besteht die Schuld Josef K.s darin, lieblos und selbstgerecht zu sein: Er isoliere sich, zeichne sich durch Herzenskälte aus und die Beziehungen zu den Frauen seien eigentlich beziehungslos, insofern sie auf der niedrigsten Stufe der Sexualität die Frau zum Objekt machten, ohne ihre Personalität anzuerkennen (Brod 1966, 253 f. und 329). Aber selbst wenn es gelänge, im Verhalten Josef K.s etwas Fehlerhaftes zu finden, so ist es doch nichts Verbrecherisches, also keine Schuld im juristischen Sinn und somit keine Schuld, die eine legale Hinrichtung zur Folge haben kann. Kafka notiert in seinem Tagebuch am 30. September 1915: „Roßmann und K., der Schuldlose und der Schuldige, schließlich beide unterschiedslos strafweise umgebracht, der Schuldlose mit leichterer Hand, mehr zur Seite geschoben als niedergeschlagen." (11, 101) Die Kennzeichnung der Schuld bleibt aus, denn sie ist nur eine unterstellte Schuld; aufschlussreich ist hingegen die Bemerkung über die Vernichtung des offenkundig Schuldlosen. Roßmann ist nach dem Typus des unschuldigen Kindes in Dickens' *David Copperfield* (1849) gestaltet (vgl. 11, 168 f.), er gerät eher in Verstrickungen als dass er selbst aufgrund eines schlechten Charakters oder klarer Fehltritte Schuld auf sich lädt. Am deutlichsten wird das Missverhältnis zwischen mutmaßlichem Vergehen und Strafe in *Der Schlag ans Hoftor* (vgl. 6, 83 f.), wo der Ich-Erzähler mit seiner Schwester an einem Hoftor vorüberkommt und sich nicht genau erinnert, ob sie ans Tor schlug oder nicht. Für diesen eventuell ausgeführten Schlag wird er von einem Richter und dessen Gehilfen ohne Hoffnung auf Freilassung in eine gefängnisähnliche Bauernstube eingesperrt.

Zögern und Angst

Zögern und Angst sind für Kafka ein großes Thema, das sich wie ein Leitfaden sowohl durch die Tagebücher und Briefe als auch durchs fiktionale Werk zieht. In einem Brief an Max Brod vom 11. September 1922 beschreibt Kafka, wie Angst und Schlaflosigkeit zum Zusammenbruch führen: „nichts als eine ungeheure Angst beschäftigt mich und in helleren Augenblicken noch die Angst vor dieser Angst" (Br, 414). Die Angst lähmt und macht schlaflos, die Angst vor der Angst geht mit einer vorweggenommenen Schlaflosigkeit einher und macht handlungsunfähig. In Briefen an Milena vom 27. Oktober 1920 und vom 12. Juni 1920 kennzeichnet Kafka sich selbst durch Zögerlichkeit und Angst: „auch erhebe ich mich zu der Reise förmlich wie ein Volk, immerfort fehlt noch etwas hier und dort an Entschlußkraft, der und jener muß noch aufgemuntert werden, schließlich warten alle und können nicht fortreisen, weil ein Kind weint" (MB, 284); „und außerdem ist ja mein Wesen: Angst" (MB, 57). In einer häufig zitierten Tagebuchaufzeichnung vom 24. Januar 1922 schreibt Kafka: „Mein Leben ist das

Zögern vor der Geburt." (11, 207) Das Motiv des Zögerns findet sich wiederholt in seinen literarischen Texten, beispielsweise in einer kleinen Erzählung, der Max Brod nachträglich den Titel *Heimkehr* (1920/1936) gegeben hat:

> Ich bin zurückgekehrt, ich habe den Flur durchschritten und blicke mich um. Es ist meines Vaters alter Hof. Die Pfütze in der Mitte. Altes, unbrauchbares Gerät, ineinanderverfahren, verstellt den Weg zur Bodentreppe. Die Katze lauert auf dem Geländer. Ein zerrissenes Tuch, einmal im Spiel um eine Stange gewunden, hebt sich im Wind. Ich bin angekommen. Wer wird mich empfangen? Wer wartet hinter der Tür der Küche? Rauch kommt aus dem Schornstein, der Kaffee zum Abendessen wird gekocht. Ist dir heimlich, fühlst du dich zu Hause? Ich weiß es nicht, ich bin sehr unsicher. Meines Vaters Haus ist es, aber kalt steht Stück neben Stück als wäre jedes mit seinen eigenen Angelegenheiten beschäftigt, die ich teils vergessen habe teils niemals kannte. Was kann ich ihnen nützen, was bin ich ihnen und sei ich auch des Vaters, des alten Landwirts Sohn. Und ich wage nicht an der Küchentüre zu klopfen, nur von der Ferne horche ich, nur von der Ferne horche ich stehend, nicht so, daß ich als Horcher überrascht werden könnte. Und weil ich von der Ferne horche, erhorche ich nichts, nur einen leichten Uhrenschlag höre ich oder glaube ihn vielleicht nur zu hören herüber aus den Kindertagen. Was sonst in der Küche geschieht ist das Geheimnis der dort Sitzenden, das sie vor mir wahren. Je länger man vor der Tür zögert, desto fremder wird man. Wie wäre es wenn jetzt jemand die Tür öffnete und mich etwas fragte. Wäre ich dann nicht selbst wie einer der sein Geheimnis wahren will. (8, 162 f.)

Die Angst vor der Reaktion der nicht vertrauten anderen, die Angst vor der fremd gewordenen Vertrautheit aus der Kinderzeit sowie das Zögern vor der Heimkehr als Überwindung der Einsamkeit kennzeichnen diesen Text. Die Heimkehr bleibt ein unerfüllter, von Angst bekämpfter Wunsch. Die Angst ist zugleich charakteristisch für die Ambivalenz des Wunsches selbst, der einerseits die Rückkehr zum Ziel hat, zugleich aber auch das Bewahren des Geheimnisses, also das Fremdbleiben. (Vor dem Hintergrund der biografischen Dokumente liest sich diese Geschichte wie eine Parabel des von Angst beherrschten Verhältnisses zwischen Franz Kafka und seinem Vater.) In der Erzählung *Der Bau* (1923/1924) geht es um ein Wesen, das sich von unbestimmten Feinden bedroht fühlt und sich ängstlich in einer riesigen unterirdischen Schutzhöhle von der Außenwelt abschirmt. Besonders der Ausgang des Baus, der ansonsten behutsam errichtet scheint, macht ihm Sorgen:

> Gehe ich nur in der Richtung zum Ausgang, sei ich auch noch durch Gänge und Plätze von ihm getrennt, glaube ich schon in die Atmosphäre einer großen Gefahr zu geraten, mir ist manchmal, als verdünne sich mein Fell, als könnte ich bald mit bloßem kahlen Fleisch dastehn und in diesem Augenblick vom Geheul meiner Feinde begrüßt werden. (8, 175)

Durch ein unbestimmtes bedrohliches Geräusch, das weder zu orten noch zuzuordnen ist, wird die Angst zur Besessenheit. Hier äußert sich die Angst nicht als Mangel an Entschlusskraft, sie steigert sich vielmehr vom Sicherheitsbedürfnis zum Verfolgungswahn.

Wunden, Schmerz und Tod

Der Schmerz ist ein wiederkehrendes Thema in Kafkas Tagebüchern und ein Motiv, das sich an bedeutsamen Stellen in seinen literarischen Texten findet. In den Tagebüchern klagt er nicht nur häufig über körperliche Schmerzen, er lässt den Schmerz auch zu einem Symbol existenzieller Sorgen, zum Inbegriff der Wahrheit und zur Grundbefindlichkeit des Schriftstellers werden. In einer Tagebuchaufzeichnung vom 15. Dezember 1910 bringt Kafka den Schmerz ausdrücklich mit seinem Schreiben in Verbindung:

> Wenn ich mich zum Schreibtisch setze, ist mir nicht wohler als einem der mitten im Verkehr des place de l'Opera fällt und beide Beine bricht. Alle Wagen streben trotz ihres Lärmens schweigend von allen Seiten nach allen Seiten, aber bessere Ordnung als die Schutzleute macht der Schmerz jenes Mannes, der ihm die Augen schließt und den Platz und die Gassen verödet, ohne dass die Wagen umkehren müssten. Das viele Leben schmerzt ihn, denn er ist ja ein Verkehrshindernis, aber die Leere ist nicht weniger arg, denn sie macht seinen eigentlichen Schmerz los. (9, 103)

Einerseits sorgt der Schmerz für Ordnung, da er die Außenwelt ausblendet, in welcher Gefahr und Tumult herrschen, andererseits ruft das Augenschließen, also die Konzentration auf das Innere, einen persönlichen Schmerz hervor, mit dem verglichen das Leiden am Leben harmlos und äußerlich ist. Folglich bedeutet Schreiben: ohne Aussicht auf Rettung unter dem Trubel des Lebens zu leiden, sich in ein Schreiben zu flüchten, das weh tut, aber die Welt vergessen macht, um damit schließlich ins Zentrum des eigenen Unglücklichseins vorzustoßen. In einer späteren Tagebuchnotiz vom 1. Februar 1922 heißt es: „Mit primitivem Blick gesehn ist die eigentliche [...] Wahrheit nur der körperliche Schmerz." (11, 215) Körperlicher Schmerz hat in Kafkas Texten eine psychosomatische Dimension, das heißt, dass ein seelischer Konflikt in eine körperliche Krankheit übergehen und sich darin manifestieren kann. Dort, wo Schmerz und Wunden in den Geschichten auftauchen, sind häufig biografische Erfahrungen wie die Heiratssorgen wegen Felice sowie der Ausbruch der Lungenkrankheit im Hintergrund des Schreibens wirksam gewesen. Mit Bezug auf den ersten Blutsturz schreibt Kafka am 5. September 1917 an Max Brod: „Auch habe ich es selbst vorausgesagt. Erinnerst Du Dich an die Blutwunde im ‚Landarzt'?" (Br, 160) Die Erzählung ist bereits Anfang 1917 entstanden. Kafka deutet die Wunde des Jungen also biografisch und beschreibt seine eigene ‚Wunde', die Lungentuberkulose, im *Brief an den Vater* psychosomatisch: „Nicht eigentlich körperliche Krankheit [...] und damit war der Weg zu aller Hypochondrie frei, bis dann unter der übermenschlichen Anstrengung des Heiraten-Wollens [...] das Blut aus der Lunge kam." (7, 48f.) Im *Landarzt* erscheint die Wunde, die zunächst nicht wahrnehmbar ist, beim zweiten Hinsehen sogar monströs und tödlich:

> In seiner rechten Seite, in der Hüftengegend hat sich eine handtellergroße Wunde aufgetan. Rosa, in vielen Schattierungen, dunkel in der Tiefe, hellwerdend zu den Rändern, zartkörnig, mit ungleichmäßig sich aufsammelndem Blut, offen wie ein Bergwerk obertags. So aus der Entfernung. In der Nähe zeigt sich noch eine Erschwerung. Wer kann das ansehen ohne leise zu pfeifen? Würmer, an Stärke und Länge meinem klei-

> nen Finger gleich, rosig aus eigenem und außerdem blutbespritzt, winden sich, im Innern der Wunde festgehalten, mit weißen Köpfchen, mit vielen Beinchen ans Licht. Armer Junge, dir ist nicht zu helfen. Ich habe deine große Wunde aufgefunden; an dieser Blume in deiner Seite gehst du zugrunde. (1, 204)

Es ist vielfach darauf hingewiesen worden, dass die als rosa beschriebene Wunde im Zusammenhang mit dem Dienstmädchen namens Rosa zu sehen ist, so dass die Wunde als Repräsentation der begehrten Frau oder des sexuellen Begehrens überhaupt gesehen werden kann, zumal der Arzt später nackt zu dem Jungen ins Bett gelegt wird (siehe beispielsweise Alt 2005, 506 und Hermann 2006, 91 ff.). Die Verwundungen enden bei Kafka zumeist tödlich: Dem Jungen im *Landarzt* wird aufgrund seiner Wunde der Tod vorhergesagt, in der *Verwandlung* stirbt Gregor Samsa an den Folgen des im Panzer stecken gebliebenen, faulenden Apfels, mit dem der Vater ihn beworfen hat, und in der *Strafkolonie* geht es um eine Folter- und Hinrichtungsmaschine, die den Verurteilten durch den stundenlangen Schmerz des Tätowierens zur Einsicht in seine Schuld bringen soll, bevor sie ihn tötet. Nicht so sehr an der Wunde, die ihm das ins Herz gestoßene Messer zufügt, leidet Josef K. im *Proceß*, als vielmehr an der Scham, die er fühlt, zumal er wie ein Hund hingerichtet wird, ohne einen Richter und das hohe Gericht gesehen zu haben.

Frauen und Sexualität

Frauen und Sexualität erscheinen für die Protagonisten in Kafkas Texten häufig als Mittel zum Zweck. Die Frauen sind fast immer mit Sexualität konnotiert, sie tauchen als unselbstständige Geliebte auf, die als Instrumente der Macht benutzt werden. K. versucht im *Schloß* über Frieda an Klamm heranzukommen, erkennt aber zu spät, dass Friedas Kontakt zu Klamm durch die Liebschaft mit K. beseitigt wird: „Die Nähe Klamms hatte sie so unsinnig verlockend gemacht, in dieser Verlockung hatte sie K. an sich gerissen und nun verwelkte sie in seinen Armen." (4, 167) Josef K. findet aus demselben Grund Leni verlockend: Sie hat Zugang zur Macht bzw. zu Vertretern des Gerichts. Die Protagonisten benutzen die Frauen als Helferinnen und werden enttäuscht, weil sie doch nicht durch sie ans Ziel kommen. Häufig sind die Frauen Dienstmädchen und auch in ihrem Charakter nur funktional, das heißt keine individuellen Persönlichkeiten, sondern Verbindungsglieder in der Machthierarchie und damit Objekte der Begierde. Dieser Status wird auch dadurch zum Ausdruck gebracht, dass die Frauen nur mit einem Vornamen genannt werden – außer einigen unbedeutenderen Frauen, die beispielsweise im *Proceß* anonym als Frau des Gerichtsdieners oder als Mädchen in der Kanzlei bezeichnet werden, und Frau Grubach, die in ihrer Funktion als Vermieterin aufgeht und von K. nicht begehrt wird. Fräulein Bürstner hat zwar auch keinen Vornamen, bezeichnenderweise enthält der Name aber bereits eine sexuelle Anspielung, und Josef K. fragt sich erst nach ihrem Taufnamen, als er sie geküsst hat. Die sexuell instrumentalisierten Frauen sind nicht nur Stützen der Macht, sondern zugleich Nährböden der Schuld. Der Gefängniskaplan im Dom wirft K. vor, dass dieser Hilfe bei Frauen suche: „‚Du suchst zuviel fremde Hilfe', sagte der Geistliche mißbilligend, ‚und besonders bei Frauen. Merkst Du denn nicht, daß es nicht die wahre Hilfe ist.'" (3, 223 f.) K. soll in dieser moralischen Schuld

Gründe für seinen Prozess erkennen, rechtfertigt sich aber damit, dass er teilweise Erfolg hat, sofern die Frauen Macht haben, und damit, dass sogar die Vertreter des Gerichts hemmungslos ihren Trieben folgen:

> ‚Manchmal und sogar oft könnte ich Dir recht geben', sagte K., ‚aber nicht immer. Die Frauen haben eine große Macht. Wenn ich einige Frauen, die ich kenne, dazu bewegen könnte, gemeinschaftlich für mich zu arbeiten, müßte ich durchdringen. Besonders bei diesem Gericht, das fast nur aus Frauenjägern besteht. Zeig dem Untersuchungsrichter eine Frau aus der Ferne und er überrennt um nur rechtzeitig hinzukommen, den Gerichtstisch und den Angeklagten.' (3, 224)

Hier wird auf den pornografischen Inhalt der Gesetzbücher angespielt, die beim Untersuchungsrichter auf dem Tisch liegen: Sexualität bildet und pervertiert zugleich das Zentrum der Macht. Die Assoziation zwischen Weiblichem und Triebhaftem wird mitunter auf komische Weise durch eine tierhafte Ausgestaltung der Körper, etwa Lenis Schwimmhäute zwischen den Fingern, zum Ausdruck gebracht: „Sie spannte den Mittel- und Ringfinger ihrer rechten Hand auseinander, zwischen denen das Verbindungshäutchen fast bis zum obersten Gelenk der kurzen Finger reichte." (3, 115) Die Prostituierte Brunelda in *Der Verschollene* ist durch ihre Fettleibigkeit und mangelnde Kultiviertheit auf das Körperliche reduziert. Karl Roßmann erlebt sie vor allem schlafend, beim Geschlechtsakt (mit Delamarche) oder dabei, wie sie sich von den anderen bedienen lässt, etwa beim Waschen oder An- und Auskleiden, weil sie zu unbeweglich ist, das selbst zu tun:

> ‚Wie lange das dauert!' rief Brunelda auf dem Kanapee, sie hatte beim Sitzen die Beine weit auseinandergestellt, um ihrem übermäßig dicken Körper mehr Raum zu verschaffen, nur mit größter Anstrengung, unter vielem Schnaufen und häufigem Ausruhn, konnte sie sich soweit bücken um ihre Strümpfe am obersten Ende zu fassen und ein wenig hinunterzuziehn, gänzlich ausziehn konnte sie sich nicht, das mußte Delamarche besorgen auf den sie nun ungeduldig wartete. (2, 228f.)

Karl sieht sich durch die ihn begegnenden Frauen im Allgemeinen bedroht: Von dem Dienstmädchen wird er verführt, von Klara Pollunder wird er buchstäblich aufs Kreuz gelegt und Brunelda macht ihn zu ihrem Leibeigenen. Diese Begegnungen gehen mit einem Verlust seiner Männlichkeit einher, denn er wird sexuell gedemütigt bzw. missbraucht und entwickelt kein eigenes erotisches Interesse.

Recht, Gericht und Gerechtigkeit

Der Themenkomplex um Recht, Gesetz, Gericht und Gerechtigkeit nimmt in Kafkas Werk einen großen Stellenwert ein. Im *Proceß* wird Josef K. von einem mysteriösen Gericht heimgesucht; in *Der Schlag ans Hoftor* kommt es in ähnlicher Weise zu einer rätselhaften Verhaftung ohne entsprechendes Vergehen; in der *Strafkolonie* werden zwei konkurrierende Rechtsmodelle gegenübergestellt; in *Der Verschollene* wird das Gerechtigkeitsempfinden Karl Roßmanns wiederholt von der Wirklichkeit enttäuscht. Gerechtigkeit Gottes kommt bei Kafka nirgends ausdrücklich zur Sprache, aber viele Interpretationen weisen in diese Richtung, allen voran die Deutung des *Schloß*-Romans als Darstellung der Gnade Gottes. Der erste und einflussreichste Vertreter der Ansicht, dass das Schloss als eine geheimnisvolle und unerreichbare Macht für Gott steht, ist Max Brod. Er sieht sogar Ähnlichkeiten zwischen den ominösen Instanzen im *Proceß* und im *Schloß*:

> Wesentlich ist, daß der Held im ‚Prozeß' von einer unsichtbaren geheimnisvollen Behörde verfolgt, vor Gericht geladen, im ‚Schloß' von einer ebensolchen Instanz abgewehrt wird. ‚Josef K.' verbirgt sich, flieht – ‚K.' drängt sich auf, greift an. Trotz der entgegengesetzten Richtung aber ist das Grundgefühl identisch. Denn was bedeutet das ‚Schloß' mit seinen seltsamen Akten, seiner unerforschlichen Hierarchie [...] – dieses ‚Schloß', zu dem K. keinen Zutritt erlangt, dem er sich unbegreiflicherweise nicht einmal richtig nähern kann, ist genau das, was die Theologen ‚Gnade' nennen [...]. Somit wären im ‚Prozeß' und im ‚Schloß' die beiden Erscheinungsformen der Gottheit (im Sinne der Kabbala) – Gericht und Gnade – dargestellt. (Brod 1926, 495 f.)

Die Gnadenthese bestätigt Brod außerdem durch einen Hinweis auf das von Kafka angeblich geplante Ende, wo K. gnadenweise, wenn auch nicht de jure, das Wohnrecht zugebilligt bekommen sollte (vgl. Brod 1966, 331). Im *Proceß* ist das Gericht so entrückt, dass eine metaphysische Deutungsperspektive ebenfalls nahe liegend erscheinen mag. Ausgerechnet ein Kaplan ist es denn auch, der die Intention des Gerichts erklärt: „Das Gericht will nichts von Dir. Es nimmt Dich auf, wenn Du kommst, und es entläßt Dich, wenn Du gehst." (3, 235) Damit wird der Prozess verinnerlicht und verliert die juristische Dimension, sofern Josef K. mit seinem Gewissen kämpft und von diesem gerichtet wird. Ob das Urteil nun von einem Gericht gefällt wird oder der Vater oder der Protagonist selbst das Gericht sind – es kommt auffällig häufig zu einer Hinrichtung, wo es ein Gericht gibt, so als wären Rechtsprechung, Verurteilung und Todesstrafe identisch. Im *Proceß* wird die Iustitia vom Maler Titorelli mit Flügeln an den Füßen als eine Mischung aus Iustitia und Nike dargestellt, die schließlich am meisten Ähnlichkeit mit Diana besitzt: „Sie erinnerte kaum mehr an die Göttin der Gerechtigkeit, aber auch nicht an die des Sieges, sie sah jetzt vielmehr vollkommen wie die Göttin der Jagd aus." (3, 154) In der *Strafkolonie* gibt es keinen Prozess der Schuldüberführung, nur einen Hinrichtungsprozess, der dem Verurteilten, der sein Urteil nicht kennt, maschinell die Schuld in den Körper einschreibt. Die Richter sind Henker.

Komische Charaktere

Kafkas Werk ist voll von komischen Figuren, Handlungsweisen, Gesten und Situationen. Sogar der *Proceß* ist komisch. Max Brod berichtet, wie Kafka beim Vorlesen des ersten Kapitels im Freundeskreis so unbändig lachen musste, dass er „weilchenweise nicht weiterlesen konnte" (Brod 1962, 217). Der Roman, von dem viele meinen, er beantworte auf tiefsinnige Weise menschliche Seinsfragen (z. B. Eschweiler 1998, 13), beginnt schon mit der komischen Begebenheit, dass jemand für eine Verhaftung aus dem Bett geholt wird und im Nachthemd stehend seine „Radfahrlegitimation" (3, 13) vorlegen will, um sich vor ominösen, pöbelhaften Wächtern, die ihm das Frühstück wegessen, auszuweisen, während er von einer alten Frau aus der gegenüberliegenden Wohnung beobachtet wird, die später noch ihren Mann zum Fenster zerrt und mit ihm Arm in Arm das Schauspiel betrachtet. Dieser Vorfall wird nicht ernsthafter und tiefsinniger dadurch, dass K. an einen Verhandlungstisch gerufen wird, der sich als das „Nachttischchen" von Fräulein Bürstners Bett erweist, dessen Gegenstände, „die Kerze mit Zündhölzchen, ein Buch und ein Nadelkissen", zu Requisiten der Verhandlung werden (3, 19). Die beiden Wächter sind lümmelhafte Zwillingsfiguren wie die linkischen ‚Gehilfen' im *Schloß* und die Wange an Wange stehenden Henker am Ende des *Proceß*, die als Charaktere selbst schon komisch sind, weil sie mechanisch wirken und keine Natürlichkeit und Individualität besitzen. Nach einer berühmten Definition des Komischen von Henri Bergson (*Le rire. Essai sur la signification du comique.* Paris 1900) entsteht Komik da, wo eine Mechanisierung, ein Automatismus, an die Stelle des Lebendigen tritt. Auch die Bankkollegen K.s im *Proceß* sind mechanisch wirkende komische Figuren: „Den steifen, die Hände schwingenden Rabensteiner, den blonden Kullich mit den tiefliegenden Augen und Kaminer mit dem unausstehlichen durch eine chronische Muskelzerrung bewirkten Lächeln." (3, 24) Es ist vielfach auf Kafkas Nähe zum ‚Slapstick' Charlie Chaplins oder Buster Keatons hingewiesen worden; ein Beispiel für eine solche maschinenmäßige Körperkomik ist die Szene im *Proceß*, in der sich die Advokaten so lange von einem Beamten die Treppe hinunterwerfen lassen, bis dieser müde ist (3, 125f.).

Kunst

Der zuletzt von Kafka veröffentlichte Band *Ein Hungerkünstler* (1924) enthält unter anderen die gleichnamige Erzählung sowie *Josefine, die Sängerin oder Das Volk der Mäuse*. In beiden Erzählungen wird die Stellung der Künstlerin bzw. des Künstlers innerhalb der Gesellschaft thematisiert. Der Hungerkünstler ist ohne Mühe asketisch und daher wenig publikumstauglich, denn die Mühelosigkeit macht misstrauisch und die Endlosigkeit des Hungerns, zu der der Hungerkünstler bereit ist, passt nicht in die Dramaturgie der vierzig Tage, die von seinem Impressario für die Zurschaustellung vorgesehen sind. Er wird in einem Käfig untergebracht, wo er wenig Publikum hat und bald ganz vergessen wird. Bevor er stirbt, lässt er sich das enttäuschende Geheimnis seiner Hungerkunst entlocken: Er habe gehungert, weil er nicht anders gekonnt habe, „weil ich nicht die Speise finden konnte, die mir schmeckt. Hätte ich sie gefunden, glaube mir, ich hätte kein Aufsehen gemacht und mich vollgegessen wie du und alle." (1, 273) Die Kunst wird hier dem Publikumsgeschmack nicht gerecht, außerdem ist sie in den Augen des Künstlers keine besondere meisterliche Fertigkeit, sondern eine seinen natürlichen Trieben entsprechende. In gewisser Hinsicht ist auch Kafkas Kunst als Hungerkunst anzusehen, denn er beschreibt seine Konzentration auf Literatur als Abmagerung nach allen Seiten, da das Schreiben so viel Raum in seinem Leben einnehme, dass er für alles andere, einschließlich des Essens, keine Kraft mehr habe (vgl. Tagebucheintrag vom 3. Januar 1912 (9, 264)). Eine unverstandene und bedingungslose Künstlerin ist auch die Maus Josefine, deren Gesang das Volk der Mäuse fortreißt, obgleich es Musik eigentlich nicht liebt und obgleich, so schränkt der Erzähler ihre Kunst paradoxerweise ein, ihr Gesang vielleicht nur ein gewöhnliches Mäusepfeifen ist. Charakteristisch für den Konflikt zwischen dem Anspruch der Künstlerin und der begrenzten Bereitschaft der Gemeinschaft, diesem nachzukommen, ist der folgende Passus:

> Schon seit langer Zeit, vielleicht schon seit Beginn ihrer Künstlerlaufbahn, kämpft Josefine darum, daß sie mit Rücksicht auf ihren Gesang

> von jeder Arbeit befreit werde; man solle ihr also die Sorge um das tägliche Brot und alles, was sonst mit unserem Existenzkampf verbunden ist, abnehmen und es – wahrscheinlich – auf das Volk als Ganzes überwälzen. Ein schnell Begeisterter – es fanden sich auch solche – könnte schon allein aus der Sonderbarkeit dieser Forderung, aus der Geistesverfassung, die eine solche Forderung auszudenken imstande ist, auf deren innere Berechtigung schließen. Unser Volk zieht aber andere Schlüsse, und lehnt ruhig die Forderung ab. Es müht sich auch mit der Widerlegung der Gesuchsbegründung nicht sehr ab. Josefine weist z. B. darauf hin, daß die Anstrengung bei der Arbeit ihrer Stimme schade, daß zwar die Anstrengung bei der Arbeit gering sei im Vergleich zu jener beim Gesang, daß sie ihr aber doch die Möglichkeit nehme, nach dem Gesang sich genügend auszuruhen und für neuen Gesang sich zu stärken, sie müsse sich dabei gänzlich erschöpfen und könne trotzdem unter diesen Umständen ihre Höchstleistung niemals erreichen. (1, 288)

Es wird ein Kampf beschrieben, der für viele Künstlerexistenzen, nicht zuletzt für Kafkas eigene, kennzeichnend sein mag: Auf der einen Seite ein Publikum, das die Kunst einerseits bewundert und begeistert aufnimmt, andererseits nicht versteht und sich nichts kosten lassen will; auf der anderen Seite eine als verblendet geltende Künstlerpersönlichkeit, der die Kunst alles bedeutet und alles andere nichts. Ein elementarer Kampf des Künstlers um seine Existenz besteht außerdem in dem Dilemma zwischen Broterwerb und Schreiben, das Kafka selbst gut kannte.

Tiere

Der Außenseiterstatus der Künstlerexistenzen wird zuweilen wie in *Josefine, die Sängerin oder Das Volk der Mäuse* durch Tierfiguren dargestellt. Tiere tauchen in verschiedenen Formen und Funktionen auf. Die berühmtesten Tiere Kafkas sind das riesenhafte Ungeziefer, in das sich Gregor Samsa eines Morgens verwandelt, und der Affe Rotpeter, der sich in einen Menschen verwandelt hat und vor einer Akademie darüber berichtet. Außerdem gibt es Tiere, deren Verhalten sich erst im Laufe der Erzählung als surreal herausstellt. Die „unirdischen Pferde" im *Landarzt* tauchen unverhofft im jahrelang unbenutzten Schweinestall des Landarztes auf, verhelfen diesem, in der Winternacht durch den Schnee zu einem Patienten zu kommen, und mehr: Nachdem der Arzt zur großen Enttäuschung der Familie des Patienten keine Krankheit diagnostizieren kann, helfen ihm die durchs Fenster hereinschauenden, wiehernden Pferde, schließlich doch eine große tödliche Wunde zu erkennen: „jetzt wiehern beide Pferde; der Lärm soll wohl, höhern Orts angeordnet, die Untersuchung erleichtern – und nun finde ich: ja, der Junge ist krank" (1, 204). Es gibt noch eine ganze Reihe weiterer Erzählungen, in denen Tiere eine wesentliche Rolle spielen, so etwa der Marder in der Synagoge (*In unserer Synagoge*), der seit Generationen dort lebt und nicht zu fangen ist; der Geier in der gleichnamigen Erzählung, der einen Menschen zu Tode hackt und schließlich in dessen Blut ertrinkt; die Schakale in *Schakale und Araber*, die den Fremden aus dem Norden bitten, den Streit der Welt zu beenden; der riesenhafte Maulwurf in der Erzählung *Der Dorfschullehrer*, dessen Existenz bewiesen werden soll; der Hund, der das Wesen des Hundes zu erforschen sucht; die Kreuzung aus Kätzchen und Lamm, die ein Erbstück des Vaters ist; das ehemalige Streitross Alexanders von Mazedonien, das sich in die Gesetzbücher vertieft hat und Advokat geworden ist. Die Tiere bei Kafka sind zumeist handelnde und sprechende Figuren, manchmal sogar Ich-Erzähler. Ihre Funktion ist aber nicht die einer Fabel, sei es zur Unterhaltung oder zur Verfremdung, eine allgemeingültige Moral in Tierverkleidung zu präsentieren. Denn die Tiere sind keine Modelle menschlicher Eigenschaften und Verhaltensweisen. Das Tierhafte wird hingegen häufig in zoologischer Genauigkeit beschrieben. Und wo das nicht der Fall ist, wie in der *Kleinen Fabel*, ist das Fabelhafte nur eine traditionelle Form, auf die ironisch angespielt wird (insofern nichts zu lernen ist aus den Handlungsalternativen, sich fressen zu lassen oder in die Falle zu laufen). Manche Kafka-Forscher haben versucht, eine einheitliche Funktion für die Tiere zu definieren, beispielsweise im Sinne eines inneren Zwiespalts: „Die Tiere Kafkas sind der Ausdruck des Selbstwiderspruchs im Menschen." (Emrich 1958, 140) Diese Deutung ist zu einseitig, um als absolutes Interpretationsmuster dienen zu können. Für manche Aspekte einger Erzählungen kann sie aber erhellend sein. So erinnern die Pferde in *Ein Landarzt* an das Wagenlenkergleichnis bei Platon, wo das Zweigespann die edleren und die niederen Triebe symbolisiert.

Mythos

Es gibt ein paar kleinere Texte von Kafka, die zwischen 1917 und 1920 entstanden sind und sich mit Mythen auseinander setzen. Es handelt sich um Variationen oder Umdichtungen der mythischen bzw. legendären literarischen Stoffe. (Die Titel stammen von Max Brod.) In *Das Schweigen der Sirenen* (1917) wird die Geschichte von Odysseus und den Sirenen umfunktioniert. In der traditionellen Überlieferung verstopfte Odysseus „seinen Männern mit Bienenwachs die Ohren und ließ sich selbst am Mast festbinden, so daß ihn der Sirenengesang nicht fortziehen konnte" (Grant/Hazel 1980, 375). Sirenen sind in der antiken Mythologie Meerjungfrauen oder Mischwesen aus Frau und Vogel, die durch ihren Gesang die Schiffer so betören, dass diese an Land gehen und ewig lauschen oder mit ihren Schiffen an den Felsen zerschellen. Bei Kafka verstopft Odysseus nicht seinen Gefährten, denn er hat keine, sondern sich selbst die Ohren, so dass er der Versuchung, anders als in Homers *Odyssee*, gar nicht erst ausgesetzt ist und sich folglich auch nicht anketten lassen muss. Außerdem singen die Sirenen nicht: „Und tatsächlich sangen, als Odysseus kam, die gewaltigen Sängerinnen nicht, sei es, daß sie glaubten, diesem Gegner könne nur noch das Schweigen beikommen, sei es, daß der Anblick der Glückseligkeit im Gesicht des Odysseus, der an nichts anderes als an Wachs und Ketten dachte, sie allen Gesang vergessen ließ." (6, 169) Damit soll bewiesen sein, dass auch „kindische Mittel zur Rettung dienen können" (6, 168). Die naive Entschlossenheit, die frei von Zögern und Zweifel ist, scheint Odysseus beschützt zu haben. Aber die Erzählung schließt damit noch nicht, sondern erst mit folgender Überlegung, die den Mythos vollends in die Kafka eigentümliche Schwebe hebt: Vielleicht hat Odysseus die Sirenen ja auch überlistet und nur so getan, als ob er gar nicht bemerkt habe, dass sie geschwiegen haben. In der griechischen Mythologie stiehlt Prometheus das Feuer vom Himmel und bringt es den Menschen. Es gibt variierende Überlieferungen des Prometheus-Stoffes. Kafka spielt in seinem *Prometheus*-Text von 1918 ironisch auf diesen Umstand an, indem er vier Versionen entwirft:

Das Schweigen der Sirenen

Prometheus

> Die Sage versucht das Unerklärliche zu erklären. Da sie aus einem Wahrheitsgrund kommt, muß sie wieder im Unerklärlichen enden.
> Von Prometheus berichten vier Sagen: Nach der ersten wurde er, weil er die Götter an die Menschen verraten hatte, am Kaukasus festgeschmiedet, und die Götter schickten Adler, die von seiner immer wachsenden Leber fraßen.
> Nach der zweiten drückte sich Prometheus im Schmerz vor den zuhackenden Schnäbeln immer tiefer in den Felsen, bis er mit ihm eins wurde.
> Nach der dritten wurde in den Jahrtausenden sein Verrat vergessen, die Götter vergaßen, die Adler, er selbst.
> Nach der vierten wurde man des grundlos Gewordenen müde. Die Götter wurden müde, die Adler wurden müde, die Wunde schloß sich müde.
> Blieb das unerklärliche Felsgebirge. (6, 192 f.)

Prometheus, der uns aus Goethes berühmtem Gedicht als widerspenstig, triumphierend und kulturstiftend präsent ist, fällt bei Kafka durch seine Abwesenheit auf: In der ersten Version wird der Körper angefallen, in der zweiten verschwindet er ganz, in der dritten verschwindet sogar die Bedeutung Prometheus' und in der vierten hat sich der Mythos selbst abgelebt, da alle Beteiligten, einschließlich Prometheus' Körper, nur noch gelangweilt agieren. Übrig bleibt die undurchdringliche Materialität des Felsengebirges. Diese ist ein Symbol der Unausdeutbarkeit des Mythos entsprechend den beiden Eingangssätzen von der Sage, die Unerklärliches erklären will und wieder im Unerklärlichen enden muss. Aber auch das ist nur ironisch, denn der Mythos erzählt in der Überlieferung ja von Prometheus, während Kafka am Ende den zur Kulisse gehörenden Felsen zur zentralen, den Mythos überdauernden Gestalt macht. Poseidon ist der Gott des Meeres und der Gewässer und einer der höchsten Götter in der griechischen Mythologie. Er wird häufig mit einem Dreizack dargestellt und verkörpert durch die Heftigkeit und Gefährlichkeit seines Charakters die zerstörerische Macht eines Meeressturms (vgl. Grant/Hazel 1980, 346 f.). In Kafkas *Poseidon* (1920) lautet der erste Satz: „Poseidon saß an seinem Arbeitstisch und rechnete." (7, 130) Der gewaltige, die Weltmeere durchfahrende Gott wird hier zu einem kleinlichen Beamten, der den ganzen Tag rechnet und etwas unzufrieden mit dieser eintönigen Arbeit ist. Er übt sie aber dennoch aus, da keine andere Arbeit für ihn zu finden ist. Der Mythos von der göttlichen Naturmacht wird in komischem Kontrast in eine Welt verwandelt, in der Kleingeist und ein unabsehbarer Verwaltungsapparat herrschen. Poseidon wird nicht würdevoll und groß dargestellt, sondern wie ein bürokratischer Beamter, der sich eine kleine Reise am Ende aller Tage zugesteht: „Er pflegte zu sagen, er warte damit bis zum Weltuntergang, dann werde sich wohl noch ein stiller Augenblick ergeben, wo er knapp vor dem Ende nach Durchsicht der letzten Rechnung noch schnell eine kleine Rundfahrt werde machen können." (7, 131) Kafka schreibt die Mythen gegen die Tradition neu und parodiert und verfremdet sie dabei so, dass man gezwungen ist, ihren ursprünglichen Sinn von Neuem zu entschlüsseln und mit dem neu entstandenen Sinn zu vergleichen. Dabei kommt es zu einer Irritation, durch die der Mythos seiner einstigen Orientierungsfunktion beraubt wird. Einer dieser Texte, *Die Wahr-*

Poseidon

heit über Sancho Pansa (1917), befasst sich nicht mit der griechischen Mythologie, sondern variiert einen der berühmtesten Stoffe der Weltliteratur:

Die Wahrheit über Sancho Pansa

> Sancho Pansa, der sich übrigens dessen nie gerühmt hat, gelang es im Laufe der Jahre, durch Beistellung einer Menge Ritter- und Räuberromane in den Abend- und Nachtstunden seinen Teufel, dem er später den Namen Don Quixote gab, derart von sich abzulenken, daß dieser dann haltlos die verrücktesten Taten aufführte, die aber mangels eines vorbestimmten Gegenstandes, der eben Sancho Pansa hätte sein sollen, niemandem schadeten. Sancho Pansa, ein freier Mann, folgte gleichmütig, vielleicht aus einem gewissen Verantwortlichkeitsgefühl, dem Don Quixote auf seinen Zügen und hatte davon eine große und nützliche Unterhaltung bis an sein Ende. (6, 167)

Kafka kehrt hier die Begebenheiten aus dem *Don Quijote* (1605/1615) von Cervantes um, indem er Don Quijotes Knecht, den einfachen Bauern Sancho Pansa, zum Drahtzieher des Geschehens macht. Bei Cervantes ist der Held ein sehr armer Landadeliger, der sich nach übermäßiger Lektüre von Ritterromanen selbst für einen Ritter hält und mit Sancho Pansa durch die Welt zieht, um beispielsweise gegen Riesen zu kämpfen, die von seinem Begleiter als Windmühlen identifiziert werden. Dieser durchs Lesen hervorgerufene Wahnsinn Don Quijotes wird von Kafka ironisch als eine List Sancho Pansas gegen seinen Teufel umgedeutet: Mithilfe der Literatur wird das Böse auf unterhaltsame Weise unschädlich gemacht, das Machtverhältnis umgekehrt und die Seele vor dem Verderben gerettet.

2. Tagebücher und Briefe als Literaturformen

Kafkas Tagebücher und Briefe erzählen zwar auch von alltäglichen Ereignissen und enthalten persönliche Bekenntnisse, also Dinge, die üblicherweise diese Gattungen kennzeichnen. Sie können daher für die Forschung mitunter als biografische Dokumente herangezogen werden, was für die Deutung der Texte vor allem dann erhellend sein kann, wenn Ähnlichkeiten zwischen bestimmten Konstellationen bestehen, etwa der Familiensituation Georg Bendemanns in *Das Urteil* und Franz Kafkas Verhältnis zu seinem Vater. Was die Tagebücher und Briefe aber als solche für die Literaturwissenschaft interessant macht, ist deren literarische Qualität. Der Ausdruck ‚literarische Qualität' trifft die Sache im Falle Kafkas allerdings noch nicht ganz, denn es ist mehr als das. Diese Texte sind nicht nur hinsichtlich der Ästhetik und des Reflexionsgrades auf hohem Niveau geschrieben, sondern der Unterschied zwischen literarischen Texten und den Briefen und Tagebüchern verschwindet zu großen Teilen.

Tagebücher

Es ist nicht klar zu umgrenzen, in welchem Sinne Kafka eigentlich ‚Tagebuch' geführt hat, denn er schreibt literarische Skizzen und sogar ganze Erzählungen in dieselben Quarthefte wie Briefentwürfe und persönliche Erlebnisse. Letztere schreibt er zudem oft in bildhafter oder philosophisch aphoristischer Sprache nieder. Die Herausgeber von Kafkas Nachlass bezeichnen diese Sammlungen aus literarischen und selbstbiografischen Aufzeichnungen als Tagebücher, da sich unter ihnen immer wieder tagebuchhafte Einträge im engeren Sinn finden. Max Brod traf eine Auswahl von Notizen, die dem Charakter eines Tagebuchs entsprachen und gab sie 1951 in einem Band (Franz Kafka: *Tagebücher 1910–1923*) heraus. Die Editoren der Kritischen Ausgabe, Jürgen Born und andere, bleiben bei der Bezeichnung, geben aber den Inhalt der Hefte möglichst authentisch wieder, so dass die wilde Mischung verschiedenster Notizen erhalten bleibt. Die Bezeichnung ‚Tagebuch' rechtfertigt sich schließlich auch durch das Selbstverständnis Kafkas, der sie ohne Rücksicht auf Gattungsunterschiede für seine Aufzeichnungen gebraucht. In einer Tagebuchnotiz vom 19. November 1913 spricht er (wie an vielen anderen Stellen) explizit vom ‚Tagebuch' und sieht sich zugleich mit der Konstruiertheit seiner Aufzeichnungen konfrontiert (vgl. 10, 203). Damit ist nicht gemeint, dass er sich alles beliebig ausgedacht hat, sondern dass eine objektive Dokumentation der Wahrheit ihm unmöglich erscheint, da jede Aufzeichnung nur eine ausgewählte Sicht der Dinge enthält und durch andere Perspektiven fortwährend in Frage gestellt wird. Aber auch wenn das Aufgeschriebene für Kafka zuweilen radikal zweifelhaft wird, so bleibt der Akt des Schreibens doch lebenswichtig, ein „Kampf um die Selbsterhaltung" (10, 165). Das Schreiben besitzt eine große Eigendynamik und handelt sehr oft von sich selbst:

> Mich ergreift das Lesen des Tagebuchs. Ist der Grund dessen, daß ich in der Gegenwart jetzt nicht die geringste Sicherheit mehr habe. *Alles erscheint mir als Konstruktion.* Jede Bemerkung eines anderen, jeder zufällige Anblick wälzt alles in mir, selbst Vergessenes, ganz und gar Unbedeutendes, auf eine andere Seite. Ich bin unsicherer als ich jemals war, nur die Gewalt des Lebens fühle ich. Und sinnlos leer bin ich. Ich bin wirklich wie ein verlorenes Schaf in der Nacht und im Gebirge oder wie ein Schaf, das diesem Schaf nachläuft. So verloren zu sein und nicht die Kraft haben, es zu beklagen. (10, 203)

Das Tagebuch gibt nicht einfach ein authentisches Bild der Ereignisse in Kafkas Leben. Es ist das Produkt eines Schaffensprozesses; dieses Merkmal teilt es mit der Literatur, auch wenn der Spielraum der Erfindung geringer sein mag. Die Grenzen zwischen Realität und Fiktion erscheinen angesichts dieser Bemerkung jedenfalls nicht mehr klar gegeben. Die Tagebücher erhalten einigen literarischen Wert dadurch, dass sie fiktive Geschichten enthalten. Neben Entwürfen und Vorstufen zu Erzähltexten finden sich darin Traumprotokolle, die sich wie literarische Geschichten lesen lassen, sowie sprachlich pointiert gestaltete Berichte von Begebenheiten des Tages. Die sprachliche Ausgestaltung ist der entscheidende Grund dafür, dass den Aufzeichnungen mit Recht ein literarischer Status beigemessen werden kann. Allein die Metaphorik der obigen Eintragung ist meisterhaft: die Schwere und Radikalität, die sich in dem Auf-die-andere-Seite-Wälzen ausdrückt, vor allem aber die vierfache Übertreibung, die im Vergleich mit dem verlorenen Schaf gebildet wird, dessen Verlorenheit nicht nur durch die Nacht verstärkt wird, sondern auch noch durch das Gebirge, und damit nicht genug, durch die Verschiebung auf ein dem verlorenen Schaf nachlaufendes Schaf, so als wäre jenes so noch nicht verloren genug, und schließlich die Kraftlosigkeit, die offenbar zu schwach beklagte Verlorenheit nicht einmal richtig beklagen zu können. Der Satz „Und sinnlos leer bin ich." hätte ohne die starke hyperbolische Bildlichkeit sicher nicht den Eindruck erzeugt, es handele sich bei Kafkas Tagebüchern um eine Form literarischen Schreibens. Übertreibung und Untertreibung gehen bei Kafka vielfach mit einer Redeweise einher, auf eine Aussage ein sofortiges Verwerfen derselben folgen zu lassen, so dass keine Behauptung zum Stehen kommt, sondern der Sinn des Gesagten in der Schwebe bleibt. Als Beispiel hierfür sei folgende Tagebuchnotiz vom 21. Januar 1922 angeführt, in der zugleich ein Motiv zur Sprache kommt, das sich thematisch durch Kafkas Werk zieht: das Scheitern an einer Aufgabe, die so unbestimmt und weitreichend wie das Existieren selbst ist.

> So schwer war die Aufgabe niemandes, soviel ich weiß. Man könnte sagen: es ist keine Aufgabe, nicht einmal eine unmögliche, es ist nicht einmal die Unmöglichkeit selbst, es ist nichts, es ist nicht einmal soviel Kind, wie die Hoffnung einer Unfruchtbaren. Es ist aber doch die Luft, in der ich atme, solange ich atmen soll. (11, 203)

Zu Kafkas Zeit ist das von Kierkegaard und Nietzsche geprägte existenzialistische Denken weit verbreitet. Die Vorstellung, dass Existieren eine Aufgabe ist, angesichts derer der Einzelne sich mit einer schwindelerregenden Freiheit konfrontiert sieht, deren Kehrseite die Angst darstellt, ist Kafka also nicht fremd. Im Unterschied zur Entschlossenheit, die bei Heidegger den Absprung aus der Angst bedeutet, kennzeichnet für Kafka die Unmöglichkeit zu leben das grundsätzliche Lebensgefühl. Die Angst bedeutet hier das Gefühl davon, in der Klemme zu sitzen zwischen dem Anspruch, die nebelhafte Aufgabe des Lebens zu erfüllen, und dem Wissen darum, dass dies nicht möglich ist. Stilistisch wird die nicht näher bestimmte Aufgabe mit fünffacher Übertreibung gekennzeichnet. Zunächst wird ein Superlativ konstatiert: die Aufgabe ist die schwerste, dann wird die Schwere der Aufgabe dermaßen übertrieben, dass die Aufgabe nicht einmal mehr als Aufgabe bezeichnet werden kann – weil sie unmöglich ist, sollte man meinen, aber nein: die Übertreibung geht noch weiter von der verneinten unmöglichen Aufgabe zur verneinten „Unmöglichkeit selbst" bis hin zum „nichts". Dabei ist schwer zu erkennen, ob es sich um eine Übertreibung oder eine Untertreibung handelt, da die Übertreibung (bzgl. der Schwere der Aufgabe) unter dem Vorzeichen der Verneinung steht, die mit dem „nichts" formal eine positive, inhaltlich aber eine negative Kennzeichnung erfährt. Beim Nichts kommt die Charakterisierung der Aufgabe aber noch nicht zur Ruhe, denn es folgt eine Metapher, durch die die Hoffnungslosigkeit der Lage veranschaulicht wird. Kafka kommt mit dem Gedanken lange nicht auf den Punkt, und wo er den Punkt setzt, lässt er auch gleich eine paradoxe Volte auf den Satz folgen, so dass die Aufgabe, die so unmöglich ist, dass sie weder Aufgabe noch Unmöglichkeit ist, dennoch als unabweislich erscheint, weil sie Lebensaufgabe ist. Charakteristisch für Kafkas Schreiben ist nicht das Paradox, sondern das nicht enden wollende Fortschleppen der Aussage, die keine Festigung erfährt und aufgrund der paradoxen Wendung am Schluss auch keine erfahren kann.

Briefe an Felice Bauer

Ab September 1912 führt Kafka über ein halbes Jahr fast gar kein Tagebuch, sondern widmet sich der im engeren Sinne literarischen Produktion sowie der intensiven Briefkorrespondenz mit Felice Bauer. Diese ist nicht einfach ein Austausch über alltägliche Ereignisse, noch weniger ein Medium mit dem Zweck, sich besser kennen zu lernen, um ein baldiges Wiedersehen herbeizuführen. Kafka schreibt vielmehr um des Schreibens willen, auch dann, wenn er nicht über das Schreiben schreibt. Letzteres tut er zwar auffallend häufig, aber auch die Reflexionen der eigenen Lebensumstände oder der Beziehung zu Felice scheinen ihren Zweck in erster Linie darin zu erfüllen, Stoff zum Schreiben zu bieten. Sicher kann jedenfalls gesagt werden, dass Kafka die Begegnungen mit Felice immer wieder hartnäckig verschiebt („wirklich mit Dir zu reden – nein, das lasse ich lieber sein" (FB, 92)), so wie er auch die Ehe verschiebt und die Verlobungen mit Felice zweimal löst, während er gierig nach ihren Briefen ist, weil sie Futter für sein eigenes Schreiben sind: „Liebste, wie ich aus Deinen Briefen mein Leben sauge, das kannst Du Dir nicht vorstellen." (FB, 406) Das Schreiben allein gibt ihm Grund zu leben, auch wenn es sein Leben schließlich zugrunde richtet: Er verkraftet es gesundheitlich auf Dauer nicht, nachts um des Schreibens willen auf den Schlaf zu verzichten. Die Briefe an Felice gehen mit einer ungeheuren literarischen Produktivität Kafkas einher. Man kann sogar sagen, dass sie zu dieser Zeit allererst in Gang kommt. Daher ist zu vermuten, dass das Schreiben an Felice für Kafka die Arbeit an den literarischen Texten angefeuert hat. Neben den vielen Briefen, die Kafka ihr schreibt – allein innerhalb der ersten zwei Monate sind es 90, insgesamt sind es so viele, dass uns heute ein 700 Seiten starker Band vorliegt –, verfasst er auch innerhalb von wenigen Monaten *Das Urteil*, *Der Heizer*, einen Großteil des *Verschollenen* und *Die Verwandlung*. Er ist berauscht von seinem Schreibfluss. Wenn dieser ins Stocken gerät und das Schreiben in seinen Augen misslingt, ändert dies nichts an der Tatsache, dass es für Kafka der einzige Lebensinhalt ist. In einem Brief vom 1. Oktober 1912 gesteht er Felice: „Mein Leben besteht und bestand im Grunde von jeher aus Versuchen zu schreiben und meist aus mißlungenen. Schrieb ich aber nicht, dann lag ich auch schon auf dem Boden, wert hinausgekehrt zu werden." (FB, 65) Die Selbstverkleinerung und die existenzielle Bedeutung des Schreibens sind auch über den Briefwechsel mit Felice hinaus immer wiederkehrende Themen. In den Erzähltexten werden sie nur nicht so explizit zum Ausdruck gebracht. Da verweist häufig eher ein unfreies Handeln auf das Scheitern einer Figur an ihren Zielen, und die Bedeutung des Schreibens liegt beispielsweise verborgen in Hinweisen auf die Kunst des Hungerns und Singens in den Erzählungen *Der Hungerkünstler* und *Josefine, die Sängerin oder Das Volk der Mäuse*. Die psychologische Reflexionsebene, die Kafka in den Erzählungen ausspart, wird in den Briefen und Tagebüchern meisterhaft entfaltet. Damit erhalten diese ein Charakteristikum, das man normalerweise der Literatur zuspricht.

Briefe an Milena Pollak

Es gibt bestimmte Themen und Denkfiguren, die bei Kafka immer wieder auftauchen, sei es in den Briefen, in den Tagebüchern oder in den Erzählungen. Auch stilistisch bleiben die Briefe kaum hinter den im engeren Sinn literarischen Aufzeichnungen zurück. Dies lässt sich am folgenden Passus aus einem Brief an Milena Pollak zeigen, den Kafka ihr im April 1920 aus Meran schickt:

> Wenn Sie auch nur eine Minute Ihres Schlafes für Übersetzungsarbeit verwenden, so ist es so, wie wenn Sie mich verfluchen würden. Denn wenn es einmal zu einem Gericht kommt, wird man sich nicht in weitere

Untersuchungen einlassen, sondern einfach feststellen: er hat sie um den Schlaf gebracht. Damit bin ich gerichtet und mit Recht. (MB, 8)

Der Gedanke ist uns bereits aus den Briefen an Felice bekannt: „Also nicht mehr abends schreiben, mir das Schreiben in der Nacht überlassen", schreibt Kafka am 24. November 1912 an Felice, damit sie ihm nicht nachts im Bett seine Briefe beantwortet, denn er möchte, dass die Schlaflosigkeit des Schreibens sein eigenstes unveränderliches Kennzeichen bleibt; so fährt er fort, „mir diese kleine Möglichkeit des Stolzes auf die Nachtarbeit überlassen, es ist der einzige, den ich Dir gegenüber habe, sonst würde ich doch gar zu untertänig und das würde gewiß auch Dir nicht gefallen" (FB, 118). Als Beweis dafür, dass die Nachtarbeit den Männern gehört, schickt er ihr ein chinesisches Gedicht mit, in dem ein Mann so sehr in ein Buch versunken ist, dass er das Zubettgehen samt seiner wartenden Freundin vergisst. Kafka definiert sich geradezu über das Schreiben in der Nacht und die damit zusammenhängende Schlaflosigkeit. In den Briefen und Tagebüchern heißt es immer wieder, dass sein Leben ganz auf das Schreiben ausgerichtet sei und dass einzuschlafen unmöglich sei, da er den ersten Teil der Nacht wache, weil er arbeite, und den zweiten Teil der Nacht schlaflos verbringe, da er an die Arbeit denke (vgl. FB, 65ff.). Dieses Motiv, das so eng mit Kafkas Selbstbild verbunden ist, kehrt hier also in einem der ersten Briefe an Milena wieder. Außerdem enthält obige kurze Briefpassage Bekanntes: Kafkas Redeweise der Selbstbezichtigung und den Motivkomplex um Gericht, Recht und Richten. Er gibt sich die Schuld für ihre Schlaflosigkeit, so wie er sich selbst in den Briefen an Felice, an seinen Vater und auch in anderen Briefen an Milena wiederholt die Schuld für deren Leid gibt. Er übertreibt es damit so, dass er die Qual sogar zum Ziel des Briefeschreibens erklärt (vgl. MB, 299). Schließlich verlassen ihn aber die Kräfte und er beendet den Briefwechsel mit Milena, weil der „böse Zauber des Briefeschreibens" ihm die Nächte dann doch zu sehr zerstört (MB, 317). Ende 1923 hat die Lungenkrankheit ihn sehr geschwächt; im Dezember erhält Milena eine letzte Postkarte aus Berlin-Steglitz, auf der Kafka gesteht, dass ihm jeder Federstrich zu großartig scheine im Missverhältnis zu seinen Kräften, so dass er kaum wage, Grüße in die lärmende Stadt herüberzusenden; er tut es aber trotzdem: „Und nun doch die ‚besten Grüße' was tut es, wenn sie schon bei der Gartentür niederfallen, vielleicht ist Ihre Kraft desto größer." (MB, 322)

Die Gerichtsmetaphorik zieht sich wie ein Leitfaden durch Kafkas Schriften, sie spielt jedoch eine bedeutend größere Rolle in den Briefen an Felice als in denen an Milena. Elias Canetti ist sogar so weit gegangen, den *Proceß* als Allegorie des Liebesverhältnisses zu Felice zu interpretieren (Canetti 1983). Diese Deutung ist zu einseitig, aber die Ähnlichkeiten zwischen den Schuldgefühlen Kafkas in den Briefen und denen Josef K.s im Roman sind nicht von der Hand zu weisen. Der oben zitierte Absatz aus einem Brief an Milena zeigt jedenfalls, dass es bestimmte wiederkehrende Figurationen in Kafkas Schreiben gibt, die alle Gattungsgrenzen überschreiten und an denen die literarische Qualität bzw. Literarizität der Briefe zu erkennen ist.

Kafka lernt die Journalistin Milena Pollak (geb. Jesenská) im Herbst 1919 in Prag kennen. Sie treffen sich zusammen mit gemeinsamen Bekannten im Kaffeehaus *Café Arco*. Milena knüpfte den Kontakt zuvor brieflich mit dem

Wunsch, seine Erzählungen ins Tschechische zu übersetzen. Es entwickelt sich eine Liebesbeziehung, bei der die Briefe ein wesentliches Medium der Verständigung und Leidenschaft darstellen. Der Briefwechsel beginnt im April 1920 und endet im Dezember 1923. Im Sommer 1920 treffen die beiden sich mehrmals heimlich, da die 24-jährige Milena noch mit Ernst Pollak verheiratet und der 37-jährige Kafka mit Julie Wohryzek verlobt ist. Im Juli löst er allerdings das Verlöbnis nach einer intimen Begegnung mit Milena in Wien.

Die Schreibweise der gleichzeitigen Werbung und Warnung, der Selbstanklage sowie die Hinhaltestrategien der Briefe an Felice sind zwar auch in dieser Briefkorrespondenz zu finden, der Tonfall ist jedoch freier und spielerischer geworden. Der Umgang mit den Metaphern ist weniger existenziell, teilweise trotz Ernsthaftigkeit des Gemeinten sogar komisch. Am 23. Juni 1920 schreibt er Milena von seiner Angst und seinem mangelnden Selbstvertrauen angesichts ihrer gemeinsamen Zukunft:

> Was ich fürchte und mit aufgerissenen Augen fürchte und in sinnloser Versunkenheit in Angst (wenn ich so schlafen könnte wie ich in Angst versinke, ich lebte nicht mehr) ist nur diese innere Verschwörung gegen mich [...] die sich etwa darauf gründet, daß ich, der ich im großen Schachspiel noch nicht einmal Bauer eines Bauern bin, weit davon entfernt, jetzt gegen die Spielregeln und zur Verwirrung alles Spiels auch noch den Platz der Königin besetzen will – ich der Bauer des Bauern, also eine Figur, die es gar nicht gibt, die gar nicht mitspielt – und dann vielleicht gleich auch noch den Platz des Königs selbst oder gar das ganze Brett und daß wenn ich das wirklich wollte, es auf andere unmenschlichere Weise geschehen müßte. (MB, 75 f.)

Kafka spricht von einer inneren Verschwörung gegen sich – eine gedankliche Figuration, die auch die Briefe an Felice, die Tagebücher, den *Brief an den Vater* und viele der Erzählungen in einen paranoiden Sog zieht –, veranschaulicht diese aber mit einer Metapher, die so übertrieben ist und gleichzeitig so konsequent ausbuchstabiert wird, dass sie humoristisch wirkt. Kafkas Freude am Schreiben tritt in den Briefen an Milena an Stellen hervor, die in den Briefen an Felice noch ein existenzielleres Pathos besaßen. Die übertriebene Selbstverkleinerung hat Kafka im Tagebuch schon vielfach eingeübt: Nur der Bauer zu sein genügt nicht, es muss der Bauer eines Bauern sein, so wie es im Tagebuch das Schaf sein musste, das dem verlorenen Schaf nachläuft (vgl. 10, 203). Eine Konstante in Kafkas Schreiben, egal in welcher Textsorte, ist die Selbstreflexion des Schreibens. Allerdings erfindet er dafür immer wieder neue originelle Metaphern, die er häufig sorgfältig ausführt. So gesteht er Milena in einem Brief, den er Ende März 1922 an sie verfasst, dass er das Briefeschreiben hasst, weil ihn Briefe oft betrogen hätten, und zwar nicht die der anderen, sondern seine eigenen. Die innere Verschwörung gegen ihn wird im Briefeschreiben offenbar besonders wirkmächtig. Das Briefeschreiben sei ein „Verkehr mit Gespenstern", wiederum nicht nur mit dem Gespenst der Briefpartner, sondern mit dem eigenen (MB, 302). Briefe schreiben heiße, „sich vor den Gespenstern entblößen", und weiter: „Geschriebene Küsse kommen nicht an ihren Ort, sondern werden von den Gespenstern auf dem Weg ausgetrunken." Diese Me-

Metaphern

tapher ist für sich genommen bereits pointiert genug, wird aber noch weiter entwickelt: „Durch diese reichliche Nahrung vermehren sie sich ja so unerhört. [...] Die Geister werden nicht verhungern, aber wir werden zugrundegehn." (MB, 302) Metaphern auf spielerische und einfallsreiche Weise ernst zu nehmen, ist ein mögliches literarisches Merkmal; Metaphern zu sehr zu strapazieren freilich nicht, aber Kafka stößt mit jeder neuen Akzentuierung der Metapher einen neuen Gedanken an und nicht selten treibt er es damit so weit, dass am Ende Widersprüchliches dasteht oder zumindest alles bisher Gesagte in der Luft schwebt. So sagt er von den Gespenstern:

> Man kann ‚sie' übrigens auch an den Ausnahmen erkennen, manchmal lassen sie nämlich einen Brief ungehindert durch und er kommt an wie eine freundliche Hand, leicht und gut legt sie sich in die eigene. Nun wahrscheinlich ist auch das nur scheinbar und solche Fälle sind vielleicht die gefährlichsten, vor denen man sich mehr hüten soll, als vor andern, aber, wenn es eine Täuschung ist, so ist es doch jedenfalls eine vollkommene. (MB, 303)

Diese wankelmütige Schreibbewegung von Aussage und Dementi mit dem Ergebnis einer Scheinbarkeit findet sich auch immer wieder in den literarischen Texten, beispielsweise in *Die Bäume* aus dem Band *Betrachtung*: „Denn wir sind wie Baumstämme im Schnee. Scheinbar liegen sie glatt auf, und mit kleinem Anstoß sollte man sie wegschieben können. Nein, das kann man nicht, denn sie sind fest mit dem Boden verbunden. Aber sieh, sogar das ist nur scheinbar." (1, 30) Der Gedanke, dass Briefeschreiber Gespenster sind oder von selbstproduzierten Gespenstern umgeben sind, ist bereits aus dem Briefwechsel mit Felice Bauer bekannt. Am 9. November 1912 bittet er sie in einem nicht abgeschickten Brief, ihm nicht mehr zu schreiben, weil er fürchtet, sie mit seinem Schreiben unglücklich zu machen; sie solle „das Gespenst", das er sei, schnell vergessen (FB, 84). Das Gespenst Kafka ist es, das heute auf den Gipfeln der Kulturgeschichte spukt; ohne es gäbe es Kafka für uns nicht, weil er nur textuell für uns existiert.

Ein verlorener Briefroman?

In einem Fall existiert aber nicht einmal der Text: Es hat wahrscheinlich einen Briefroman von Kafka aus seiner Zeit in Berlin-Steglitz im Winter 1923/1924 gegeben. (In dieser Zeit sind das Fragment *Der Bau* und die Erzählung *Eine kleine Frau* entstanden.) Damit hätte Kafka für die Mischung aus Brief und Erzählung, das heißt aus realer Korrespondenz und Fiktion, eine entsprechende Mischgattung gefunden – allerdings nicht mit der Absicht, einen Briefroman zu schreiben. Er schreibt einfach aus gegebenem Anlass und erfindet die nötigen Geschichten. Seine letzte Lebensgefährtin Dora Diamant berichtet davon, dass Kafka oft im Steglitzer Park spazieren ging, als sie gemeinsam in der Grunewaldstraße in Berlin wohnten. Sie habe ihn manchmal begleitet, und eines Tages hätten sie ein kleines Mädchen getroffen, das ganz verzweifelt war und weinte. Da diese Aufzeichnung von Dora Diamants Erinnerung alles ist, was wir heute von der Geschichte wissen, sei sie im Folgenden ausführlich wiedergegeben:

> Wir sprachen mit dem Mädchen. Franz fragte es nach seinem Kummer, und wir erfuhren, daß es seine Puppe verloren hatte. Sofort erfindet er eine plausible Geschichte, um dieses Verschwinden zu erklären: ‚Deine

Puppe macht nur gerade eine Reise, ich weiß es, sie hat mir einen Brief geschickt.' Das kleine Mädchen ist etwas mißtrauisch: ‚Hast du ihn bei dir?' ‚Nein, ich habe ihn zu Haus liegen lassen, aber ich werde ihn dir morgen mitbringen.' Das neugierig gewordene Mädchen hatte seinen Kummer schon halb vergessen, und Franz kehrte sofort nach Hause zurück, um den Brief zu schreiben.
Er machte sich mit all dem Ernst an die Arbeit, als handelte es sich darum, ein Werk zu schaffen. Er war in demselben gespannten Zustand, in dem er sich immer befand, sobald er an seinem Schreibtisch saß, ob er nun einen Brief oder eine Postkarte schrieb. Es war übrigens eine wirkliche Arbeit, die ebenso wesentlich war wie die anderen, weil das Kind um jeden Preis vor der Enttäuschung bewahrt und wirklich zufriedengestellt werden mußte. Die Lüge mußte also durch die Wahrheit der Fiktion in Wahrheit verwandelt werden. Am nächsten Tag trug er den Brief zu dem kleinen Mädchen, das ihn im Park erwartete. Da die Kleine nicht lesen konnte, las er ihr den Brief laut vor. Die Puppe erklärte darin, daß sie genug davon hätte, immer in derselben Familie zu leben, sie drückte den Wunsch nach einer Luftveränderung aus, mit einem Wort, sie wolle sich von dem kleinen Mädchen, das sie sehr gern hätte, für einige Zeit trennen. Sie versprach, jeden Tag zu schreiben – und Kafka schrieb tatsächlich jeden Tag einen Brief, in dem er immer wieder von neuen Abenteuern berichtete, die sich dem besonderen Lebensrhythmus der Puppen entsprechend sehr schnell entwickelten. Nach einigen Tagen hatte das Kind den wirklichen Verlust seines Spielzeugs vergessen und dachte nur noch an die Fiktion, die man ihm als Ersatz dafür angeboten hatte. Franz schrieb jeden Satz des Romans so ausführlich und so humorvoll genau, daß die Situation der Puppe völlig faßbar wurde: die Puppe war gewachsen, zur Schule gegangen, hatte andere Leute kennengelernt. Sie versicherte das Kind immer wieder ihrer Liebe, spielte dabei aber auf die Komplikationen ihres Lebens an, auf andere Pflichten und auf andere Interessen, die ihr im Augenblick nicht gestatteten, das gemeinsame Leben wieder aufzunehmen. Das kleine Mädchen wurde gebeten, darüber nachzudenken, und wurde so auf den unvermeidlichen Verzicht vorbereitet.
Das Spiel dauerte mindestens drei Wochen. Franz hatte eine furchtbare Angst bei dem Gedanken, wie er es zu Ende führen sollte. Denn dieses Ende mußte ein richtiges Ende sein, das heißt, es mußte der Ordnung ermöglichen, die durch den Verlust des Spielzeugs heraufbeschworene Unordnung abzulösen. Er suchte lange und entschied sich endlich dafür, die Puppe heiraten zu lassen. Er beschrieb zunächst den jungen Mann, die Verlobungsfeier, die Hochzeitsvorbereitungen, dann in allen Einzelheiten das Haus der Jungverheirateten: ‚Du wirst selbst einsehen, daß wir in Zukunft auf ein Wiedersehen verzichten müssen.' Franz hatte den kleinen Konflikt eines Kindes durch die Kunst gelöst, durch das wirksamste Mittel, über das er persönlich verfügte, um Ordnung in die Welt zu bringen. (Koch 1995, 176–178)

Auch Max Brod erzählt von dieser Puppenkorrespondenz. In seiner Version der Geschichte behauptet Kafka jedoch, die Puppe gesprochen zu haben. Sie habe ihm einen Brief für sie hinterlassen. Außerdem schenkt er dem

Mädchen am Ende eine Ersatzpuppe, die er für die verlorene Puppe ausgibt. Das veränderte Aussehen der Puppe führt er auf die vielen Reisen in ferne Länder zurück. Da Kafka seinen Wohnort wechseln muss – zunächst nach Zehlendorf, dann aber fort aus Berlin, über Prag (Elternhaus) und Wien ins Sanatorium in Kierling bei Wien –, kann er das Briefeschreiben, das immerhin einige Wochen lang andauerte, nicht weiterführen. Die Krankheit zwingt Kafka zu einer letzten Reise, die in Kierling endet. Da Brod die Geschichte nach der mündlichen Erzählung von Dora Diamant wiedergibt, ist es nicht wahrscheinlich, dass Kafka dem Kind wirklich eine Puppe zurückgelassen hat. Andererseits hat Brod auch keinen Grund, die Geschichte neu zu erfinden; es sei denn, er will das Bild, das er von seinem Dichterfreund hat, nämlich die an Hebels *Schatzkästlein* erinnernde „Sphäre der Güte und schalkhaften Erfindungslust", durch diese Episode festigen (Brod 1966, 339). Johann Peter Hebels *Schatzkästlein des rheinischen Hausfreundes* (1811) ist eine Sammlung von Kalendergeschichten; es handelt sich zumeist um Anekdoten, die eine moralische Pointe im Sinne der Menschlichkeit haben. Brod ist sehr bemüht, Kafkas Sphäre des Unheimlichen in einen Nimbus von Humanität und Frömmigkeit einzutauschen, ihn aus der Nähe Edgar Allan Poes herauszunehmen und neben Claudius, Stifter und Hebel zu stellen. Der Vergleich mit Hebel ist zutreffend, insofern die lakonische und pointierte Schreibweise, das Komische und Parabelhafte bei beiden Dichtern wesentlich sind; eine religiöse Motivierung ist jedoch bei Kafka kaum festzustellen. Vielmehr steht das Spielerische im Vordergrund. Dass er die Puppe heiraten lässt und sozusagen von den ‚Hochzeitsvorbereitungen auf dem Lande' detailliert berichtet, ist viel wahrscheinlicher und seinem Charakter eher entsprechend, als dass er das Mädchen mit einer Ersatzpuppe tröstet. Letztlich wissen wir nicht, was wahr ist, denn dieser Briefroman, sollte es ihn gegeben haben, ist ebenso verloren wie die Puppe; und die Episode mit dem Mädchen ist so wenig zu verifizieren, wie das Mädchen selbst aufzufinden ist. Es sind mehrere Versuche unternommen worden, zuerst 1959 in Steglitz, die Frau mithilfe von Zeitungsanzeigen zu finden. Sie blieben allerdings erfolglos.

3. ‚Kafkaeskes' Schreiben

Was ist ‚kafkaesk'?

Die Wortbildung ist in den alltäglichen Wortschatz eingegangen und bedeutet in diesem landläufigen Verständnis etwa Folgendes:

> Das Adjektiv kafkaesk (*nach dem Schriftsteller Franz Kafka*) bezeichnet ein unheimliches Gefühl dunkler Ungewissheit, einer rätselhaften unkonkreten Bedrohung, eines Ausgeliefertseins gegenüber schemenhaften dunklen Mächten. Das Eigenschaftswort leitet sich aus der Grundstimmung zahlreicher Werke Franz Kafkas ab, in denen die Protagonisten in undurchschaubaren, bedrohlichen Situationen von düsterer Komik bis Tragik agieren.
> Oft wird der Begriff verwendet, wenn menschenfremde Bürokratie dargestellt werden soll. Die Menschen können partout nicht begreifen, weshalb etwas so ist und nicht anders; und der Bürger erfährt oft völliges Un-

> verständnis und Hilflosigkeit. Einige Romane von Franz Kafka handeln von der kalten, zynischen Behördenbürokratie. (http://de.wikipedia.org/wiki/Kafkaesk, abgerufen am 6. Dezember 2008)

Das Wort ‚kafkaesk' ist eine Eindeutschung des englischen ‚Kafkaesque', das zum ersten Mal 1938 aufgetaucht ist (vgl. Binder 1979, 881). Ursprünglich wurde das Wort im literaturwissenschaftlichen Kontext gebraucht, um Kafkas Einfluss auf andere Schriftsteller zu kennzeichnen. Seine Anwendung auf Lebenssituationen aber hat es erst eigentlich berühmt gemacht. Dabei ist das Düstere und Bedrohliche keineswegs immer mit dem Kafkaesken assoziiert worden. Der argentinische Schriftsteller Jorge Luis Borges, der Kafka in den dreißiger Jahren im spanischen Sprachraum bekannt machte, hat den Begriff in anderer Weise geprägt. Unendliche Hierarchien und ein unendlicher Aufschub kennzeichnen ihm zufolge Kafkas Texte motivisch und stilistisch: „In fast all seinen Fiktionen gibt es Hierarchien, und diese Hierarchien sind unendlich." (Borges 1995, 132) In *Der Verschollene* gerät der Held im unermesslichen Amerika in zahlreiche Verstrickungen, um schließlich im unendlichen Theater von ‚Oklahama' aufgenommen zu werden; im *Proceß* geht es um ein auf rätselhafte Weise in die Länge gezogenes Verfahren, in dem die gerichtlichen Instanzen nicht greifbar sind, so wie im *Schloß* für K. das Schloss nicht erreichbar ist, nicht einmal in Gestalt von Schlossbeamten, die im Dorf verkehren. „Das Motiv der unendlichen Hintansetzung beherrscht auch seine Erzählungen." (Borges 1995, 132) Als Beispiel führt Borges *Beim Bau der chinesischen Mauer* sowie die sich darin befindliche Sage von der *Kaiserlichen Botschaft* an:

> Eine kaiserliche Botschaft
> Der Kaiser, so heißt es, hat gerade Dir, dem einzelnen, dem jämmerlichen Untertanen, dem winzig vor der kaiserlichen Sonne in die fernste Ferne geflüchteten Schatten, gerade Dir hat der Kaiser von seinem Sterbebett aus eine Botschaft gesendet. Den Boten hat er beim Bett niederknien lassen und ihm die Botschaft zugeflüstert; so sehr war ihm an ihr gelegen, daß er sich sie noch ins Ohr wiedersagen ließ. Durch Kopfnicken hat er die Richtigkeit des Gesagten bestätigt. Und vor der ganzen Zuschauerschaft seines Todes – alle hindernden Wände werden niedergebrochen und auf den weit und hoch sich schwingenden Freitreppen stehen im Ring die Großen des Reichs – vor allen diesen hat er den Boten abgefertigt. Der Bote hat sich gleich auf den Weg gemacht, ein kräftiger, ein unermüdlicher Mann, ein Schwimmer sondergleichen, einmal diesen einmal den andern Arm vorstreckend schafft er sich Bahn durch die Menge, findet er Widerstand, zeigt er auf die Brust, wo das Zeichen der Sonne ist er kommt auch leicht vorwärts, wie kein anderer. Aber die Menge ist so groß, ihre Wohnstätten nehmen kein Ende, öffnete sich freies Feld, wie würde er fliegen und bald wohl hörtest Du das herrliche Schlagen seiner Fäuste an Deiner Tür. Aber statt dessen wie nutzlos müht er sich ab, immer noch zwängt er sich durch die Gemächer des innersten Palastes, niemals wird er sie überwinden und gelänge ihm das, nichts wäre gewonnen, die Treppen hinab müßte er sich kämpfen und gelänge ihm das, nichts wäre gewonnen, die Höfe wären zu durchmessen, und nach den Höfen der zweite umschließende Palast, und wieder Treppen

> und Höfe und wieder ein Palast und so weiter durch Jahrtausende und stürzte er endlich aus dem äußersten Tor – aber niemals niemals kann es geschehn – liegt erst die Residenzstadt vor ihm, die Mitte der Welt, hochgeschüttet voll ihres Bodensatzes. Niemand dringt hier durch und gar mit der Botschaft eines Toten an einen Nichtigen. Du aber sitzt an Deinem Fenster und erträumst sie Dir wenn der Abend kommt. (6, 75 f.)

Die Botschaft kommt nie an. Dieser Umstand könnte mit einem Satz erfasst werden, Kafka zählt aber eine Reihe von Hindernissen auf, um zu verdeutlichen, wie der Bote sich mit aller Kraft einen Schritt vorwärts kämpft, der ihn scheinbar dem Ziel näher bringt, aber der Aufschub, den jedes Hindernis mit sich bringt, läuft ins Leere, da das Ziel unerreichbar ist. Ebenso erstreckt sich der Mauerbau in *Beim Bau der chinesischen Mauer* zeitlich über Generationen, räumlich unendlich lang und dient einem unendlichen Reich. Die Türhüterlegende im *Proceß* ist außerdem ein prominentes Beispiel für die Unendlichkeit der Widerstände und das entsprechend vergebliche Streben. Die Unendlichkeit hat aber nicht nur motivisch eine Bedeutung, sondern kennzeichnet auch Kafkas Schreiben, das auf eine unendliche Prozessualität angelegt ist. (So erklärt Borges auch den Fragmentcharakter der Romane.) Mit dem Ausdruck der „unendlichen Hintansetzung" ist ein unendlicher Aufschub, ein Hinauszögern, gemeint. Weitere Beispiele mögen dies verdeutlichen: In *Josefine, die Sängerin oder Das Volk der Mäuse* wird die Macht von Josefines Gesang behauptet und im Folgenden derart in Frage gestellt, dass ihr Gesang von einem Kindermauspiepsen kaum zu unterscheiden sei. Das Aufschieben der Wahrheit geschieht teilweise durch Perspektivierung wie im Falle von *Auf der Galerie*, wo die Kunstreiterin in der Manege in zweierlei Licht erscheint; in *Wunsch, Indianer zu werden* wird die Vorstellung eines Reiters erzeugt, dem erst die Sporen, dann die Zügel und schließlich Pferdehals und Pferdekopf abgesprochen werden. Kafka schreibt etwas und dementiert es sogleich wieder. Die Richtigstellung ist dann aber auch zumeist nur scheinbar, und die Wahrheit bleibt in der Schwebe, wie auch in dem bereits zitierten Text *Die Bäume*. Die Frage nach dem Kafkaesken ist also im literaturwissenschaftlichen Kontext vom Alltagssprachgebrauch zu entfernen und umzuwandeln in eine Frage nach der für Kafkas Werk charakteristischen Ästhetik. Im Folgenden werden entsprechend einige Merkmale skizziert, die Kafkas Schreiben kennzeichnen.

Traumähnliches Schreiben

Bereits Thomas Mann bezeichnet Kafka als einen Träumer. Seine Dichtungen seien „oft ganz und gar im Charakter des Traumes konzipiert und gestaltet; sie ahmen die alogische und beklommene Narretei der Träume, dieser wunderlichen Schattenspiele des Lebens, zum Lachen genau nach" (Wagenbach 1964, 144). Diese Einschätzung ist vielfach bestätigt worden. So stellt in jüngerer Zeit der Kafka-Biograf Peter-André Alt die zentrale Bedeutung der Traumgesetze für Kafkas Texte heraus:

> Allein vor dem Hintergrund der hier inszenierten Traumlogik wird verstehbar, warum Karl Roßmann ein Lügner und ein wehrloses Kind, Josef K. schuldig und nicht-schuldig, K. ein Betrüger und ein Opfer zugleich sein können. Von der Rhetorik und Erzählökonomie des Traums übernehmen Kafkas Texte die Techniken der Verschiebung, Überblendung und Vertauschung, die Kunst der Verzerrung objektiver Raum- und Zeit-

> koordinaten und die Lizenz zur Umgestaltung oder Verwandlung von Figuren, Gebäuden und Lokalitäten. Wer die formalen Prämissen dieser Traumpoetik verkennt und die Spielregeln mißachtet, die ihre Turbulenzen begründen, scheitert als Leser Kafkas: er wandert am Leitfaden der Vernunft durch eine Welt der verrückten Bedeutungen. (Alt 2002, 355)

Kafka nennt in einer Tagebuchnotiz vom 6. August 1914 seine Literatur die „Darstellung meines traumhaften inneren Lebens" (10, 167). Charakteristisch sowohl für Träume als auch für Kafkas Texte sind – abgesehen von den generellen Darstellungsverfahren der nach Freuds *Traumdeutung* (1900) so benannten ‚Verdichtung' und ‚Verschiebung' – vor allem Inkohärenzen in Gestalt von unkommentierten Widersprüchen sowie eine räumliche und zeitliche Desorientiertheit. Freud zufolge kann der Traum keine logischen Verknüpfungen darstellen. Das bildhafte Nebeneinander von Elementen könne jedoch in der Traumdeutung als Kausalzusammenhang rekonstruiert werden (vgl. Freud 1977, 261 ff.). In Kafkas *Auf der Galerie* finden sich zwei ‚Bilder' derselben Szene, einer Kunstreiterin in einer Manege, nebeneinander gestellt, zuerst als Horrorszenario im Irrealis und dann als anmutiges Kunststück im Indikativ:

> Auf der Galerie
> Wenn irgendeine hinfällige, lungensüchtige Kunstreiterin in der Manege auf schwankendem Pferd vor einem unermüdlichen Publikum vom peitschenschwingenden erbarmungslosen Chef monatelang ohne Unterbrechung im Kreise rundum getrieben würde, auf dem Pferde schwirrend, Küsse werfend, in der Taille sich wiegend, und wenn dieses Spiel unter dem nichtaussetzenden Brausen des Orchesters und der Ventilatoren in die immerfort weiter sich öffnende graue Zukunft sich fortsetzte, begleitet vom vergehenden und neu anschwellenden Beifallsklatschen der Hände, die eigentlich Dampfhämmer sind – vielleicht eilte dann ein junger Galeriebesucher die lange Treppe durch alle Ränge hinab, stürzte in die Manege, rief das – Halt! durch die Fanfaren des immer sich anpassenden Orchesters.
> Da es aber nicht so ist; eine schöne Dame, weiß und rot, hereinfliegt, zwischen den Vorhängen, welche die stolzen Livrierten vor ihr öffnen; der Direktor, hingebungsvoll ihre Augen suchend, in Tierhaltung ihr entgegenatmet; vorsorglich sie auf den Apfelschimmel hebt, als wäre sie seine über alles geliebte Enkelin, die sich auf gefährliche Fahrt begibt; sich nicht entschließen kann, das Peitschenzeichen zu geben; schließlich in Selbstüberwindung es knallend gibt; neben dem Pferde mit offenem Munde einherläuft; die Sprünge der Reiterin scharfen Blickes verfolgt; ihre Kunstfertigkeit kaum begreifen kann; mit englischen Ausrufen zu warnen versucht; die reifenhaltenden Reitknechte wütend zu peinlichster Achtsamkeit ermahnt; vor dem großen Salto mortale das Orchester mit aufgehobenen Händen beschwört, es möge schweigen; schließlich die Kleine vom zitternden Pferde hebt, auf beide Backen küßt und keine Huldigung des Publikums für genügend erachtet; während sie selbst, von ihm gestützt, hoch auf den Fußspitzen, vom Staub umweht, mit ausgebreiteten Armen, zurückgelehntem Köpfchen ihr Glück mit dem ganzen Zirkus teilen will – da dies so ist, legt der Galeriebesucher das Gesicht

> auf die Brüstung und, im Schlußmarsch wie in einem schweren Traum versinkend, weint er, ohne es zu wissen. (1, 207 f.)

Zwar wird hier eine logische Verknüpfung hergestellt, indem die erste Fassung dementiert wird, aber dieses Dementi ist unglaubwürdig, weil die in der Zirkusvorstellung erzeugte Illusion als Realität ausgegeben wird. Außerdem wird es am Schluss dadurch aufgehoben, dass der Galeriebesucher weint, denn diese Reaktion wäre die passende Antwort auf die traurige Wahrheit der ersten, nicht aber auf die Glanzvorstellung der zweiten Fassung. Das heißt, dass die Wertigkeit der Fassungen in der Schwebe und somit ein Widerspruch zwischen ihnen bestehen bleibt – so wie Traumbilder unvereinbar nebeneinander stehen, solange sie von der Traumdeutung nicht in einen sprachlich vermittelten logischen Zusammenhang gebracht worden sind. Gleichzeitig könnte die Gegenüberstellung der beiden Teile als Verhältnis von Traum zu Realität gelesen werden, wobei offen bleibt, was wahr und was vorgespiegelt ist. Angeblich ist der zweite Teil wahr, aber gerade der mündet in einen Schlussmarsch, in den der Galeriebesucher versinkt wie in einen schweren Traum. Es gibt viele andere Beispiele für Texte, die atmosphärisch einem Traum ähnlich sind. Auch dies hat mit bestimmten Schreibtechniken zu tun: In *Der Schlag ans Hoftor* lässt sich beispielsweise eine räumliche und zeitliche Unbestimmtheit, ja eine allgemeine Desorientierung ausmachen:

> Der Schlag ans Hoftor
> Es war im Sommer, ein heißer Tag. Ich kam auf dem Nachhauseweg mit meiner Schwester an einem Hoftor vorüber. Ich weiß nicht, schlug sie aus Mutwillen ans Tor oder aus Zerstreutheit oder drohte sie nur mit der Faust und schlug gar nicht. Hundert Schritte weiter an der nach links sich wendenden Landstraße begann das Dorf. Wir kannten es nicht, aber gleich nach dem ersten Haus kamen Leute hervor und winkten uns, freundschaftlich oder warnend, selbst erschrocken, gebückt vor Schrecken. Sie zeigten nach dem Hof, an dem wir vorübergekommen waren, und erinnerten uns an den Schlag ans Tor. Die Hofbesitzer werden uns verklagen, gleich werde die Untersuchung beginnen. Ich war sehr ruhig und beruhigte auch meine Schwester. Sie hatte den Schlag wahrscheinlich gar nicht getan, und hätte sie ihn getan, so wird deswegen nirgends auf der Welt ein Beweis geführt. Ich suchte das auch den Leuten um uns begreiflich zu machen, sie hörten mich an, enthielten sich aber eines Urteils. Später sagten sie, nicht nur meine Schwester, auch ich als Bruder werde angeklagt werden. Ich nickte lächelnd. Alle blickten wir zum Hofe zurück, wie man eine ferne Rauchwolke beobachtet und auf die Flamme wartet. Und wirklich, bald sahen wir Reiter ins weit offene Hoftor einreiten. Staub erhob sich, verhüllte alles, nur die Spitzen der hohen Lanzen blinkten. Und kaum war die Truppe im Hof verschwunden, schien sie gleich die Pferde gewendet zu haben und war auf dem Wege zu uns. Ich drängte meine Schwester fort, ich werde alles allein ins Reine bringen. Sie weigerte sich, mich allein zu lassen. Ich sagte, sie solle sich aber wenigstens umkleiden, um in einem besseren Kleid vor die Herren zu treten. Endlich folgte sie und machte sich auf den langen Weg nach Hause. Schon waren die Reiter bei uns, noch von den Pferden herab frag-

> ten sie nach meiner Schwester. Sie ist augenblicklich nicht hier, wurde ängstlich geantwortet, werde aber später kommen. Die Antwort wurde fast gleichgültig aufgenommen; wichtig schien vor allem, daß sie mich gefunden hatten. Es waren hauptsächlich zwei Herren, der Richter, ein junger, lebhafter Mann, und sein stiller Gehilfe, der Aßmann genannt wurde. Ich wurde aufgefordert in die Bauernstube einzutreten. Langsam, den Kopf wiegend, an den Hosenträgern rückend, setzte ich mich unter den scharfen Blicken der Herren in Gang. Noch glaubte ich fast, ein Wort werde genügen, um mich, den Städter, sogar noch unter Ehren, aus diesem Bauernvolk zu befreien. Aber als ich die Schwelle der Stube überschritten hatte, sagte der Richter, der vorgesprungen war und mich schon erwartete: ‚Dieser Mann tut mir leid.' Es war aber über allem Zweifel, daß er damit nicht meinen gegenwärtigen Zustand meinte, sondern das, was mit mir geschehen würde. Die Stube sah einer Gefängniszelle ähnlicher als einer Bauernstube. Große Steinfliesen, dunkel, ganz kahle Wand, irgendwo eingemauert ein eiserner Ring, in der Mitte etwas, das halb Pritsche, halb Operationstisch war.
> Könnte ich noch andere Luft schmecken als die des Gefängnisses? Das ist die große Frage oder vielmehr, sie wäre es, wenn ich noch Aussicht auf Entlassung hätte. (6, 83 f.)

Wie im Traum herrschen abstruse Gepflogenheiten und Gesetze. Außerdem entzieht sich dem Ich-Erzähler die Kontrolle über das Geschehen. Nicht einmal seiner eigenen Erinnerung darf er trauen. Typisch für Träume ist auch die Auflösung fester Einheiten: die Bauernstube wird schleichend zum Gefängnis. Die Geschichte ähnelt der Verhaftung im *Proceß*: Irgendwelche Herren besitzen die Autorität, als Richter aufzutreten und ein nicht begangenes oder zumindest belangloses Vergehen zu verurteilen. Der Traum produziert im allgemeinen Bilder für Erlebnisse, Wünsche und Ängste, die verborgen im Hintergrund stehen (nach Freud die so genannten ‚latenten Traumgedanken'); Kafkas Text provoziert die Suche nach solchen Hintergründen, also nach Deutungen, die der Traumdeutung ähneln, indem sie das äußere Geschehen als Sinnbilder psychischer Vorgänge auffassen, denn als eine realistische Erzählung kann der Text aufgrund der logischen Lücken und räumlichen Entrücktheit nicht gelesen werden. Ähnlich liegt der Fall bei der Erzählung *Ein Landarzt*. Ein Arzt wird im eisigen Winter von der Nachtglocke zu einem Patienten in einem meilenweit entfernten Dorf gerufen, hat zuerst keine Pferde und findet dann unvermutet doch welche, und zwar im jahrelang unbenutzten Schweinestall. Er lässt den Pferdeknecht zurück, der die Gelegenheit nutzt, das Dienstmädchen zu vergewaltigen, und trifft beim Patienten ein, wo er zunächst keine Krankheit feststellt, dann aber doch eine Wunde diagnostiziert, die er nicht heilen kann. Die Dorfbewohner legen den Arzt entkleidet zu dem kranken Jungen ins Bett. Er flieht aus dem Fenster, reitet nackt durch die einsame Schneelandschaft und fühlt sich betrogen. Abgesehen davon, dass diese Geschichte häufig mit den freudianischen Mitteln der Traumdeutung analysiert worden ist, insofern die Episode mit dem Pferdeknecht und die Ähnlichkeit zwischen Wunde und Vagina im Sinne der Verschiebung auf sexuelle Begierden zurückbeziehbar sind, gibt es auch Merkmale zerrütteter Logik im Text, die für den Traum typisch sind:

So bleibt unklar, warum zunächst kein Pferd da ist und dann ausgerechnet im verlotterten Schweinestall Pferde samt Pferdeknecht auftauchen, ferner, warum zunächst keine Krankheit festgestellt werden kann und dann sogar eine tödliche, „handtellergroße Wunde" (1, 204). Ebenso unerklärlich ändern sich die Verhaltensweisen der Personen gegenüber dem Landarzt. Der Patient und dessen Familie sind zunächst ganz erwartungsvoll und vertrauensselig, dann jedoch misstrauisch und grob. Aber auch das Verhalten des anscheinend fremden Pferdeknechts, der den Landarzt vertraut anredet und fortzureiten zwingt, sowie das der Dorfbewohner, die den Arzt entkleidet zu dem Jungen ins Bett legen, während der Schulchor singt, ist unrealistisch. Hierbei handelt es sich nicht um psychologisch motivierte Verhaltensauffälligkeiten, sondern um eine symbolträchtige surreale Verzerrung. Oft verschwinden auch die Grenzen zwischen Traum und Fantastik. Der in ein Ungeziefer verwandelte Gregor Samsa muss sich zu Beginn der Erzählung der Tatsache stellen, dass seine Verwandlung kein Traum ist. Zwar erwacht er aus unruhigen Träumen, aber das Unding jener Metamorphose ist innerhalb der Fiktion als Wirklichkeit zu lesen. Normalerweise wird das Wunderbare so gekennzeichnet, dass dem Leser das Genre der Fantastik klar wird. Bei Kafka hingegen tauchen fantastische Elemente auf, ohne dass ein Figuren- oder Erzählerkommentar diese ins rechte Licht rückt. Die dadurch entstehende Abgründigkeit lässt das Geschehen (alp-)traumhaft wirken.

Unzuverlässiges Erzählen

Kafkas Erzählstil zeichnet sich an wesentlichen Stellen durch eine bewusste Unbeständigkeit aus. In *Josefine, die Sängerin oder Das Volk der Mäuse* wird zunächst ein großartiger Gesang behauptet, der dann als kunstloses Pfeifen bloßgestellt wird, wobei letztlich nicht gesagt wird, was denn nun wahr ist. Es wird etwas gesagt und dann wird es dementiert. Eine Unstimmigkeit, wie sie durch eine Aussage und deren gleichzeitige Infragestellung zustande kommt, findet sich in ähnlicher Weise auch in anderen Erzählungen wie beispielsweise *Gemeinschaft von Schurken*, wo einmal Schurkenmäßiges behauptet wird und dann wieder, dass die Schurken „gewöhnliche Menschen" seien (6, 170), oder in *Wunsch, Indianer zu werden*, wo die Vorstellung eines Reiters erzeugt wird, dem erst die Sporen, dann die Zügel und schließlich Pferdehals und Pferdekopf abgesprochen werden (vgl. 1, 30). Auch die Erzählungen, in denen Kafka sich auf bekannte literarische bzw. mythische Stoffe bezieht, weisen eine Form der Unzuverlässigkeit auf, denn sie werden umgedichtet und die neue Fassung wird als Wahrheit deklariert: So wird Sancho Pansa zum listigen Drahtzieher der Abenteuer Don Quijotes (vgl. 6, 167), der große Meeresgott Poseidon zum kleinen Verwaltungsbeamten, der davon träumt, dass sich irgendwann „ein stiller Augenblick ergeben" werde, „wo er knapp vor dem Ende nach Durchsicht der letzten Rechnung noch schnell eine kleine Rundfahrt werde machen können" (7, 131), und von Odysseus heißt es, er sei von den Sirenen nicht mit Gesang, sondern mit Schweigen in Versuchung geführt worden (vgl. 6, 169). Außerdem wirkt das Erzählen von völlig abwegigen oder unrealistischen Begebenheiten unzuverlässig, wenn sie so berichtet werden, als seien sie ganz natürlich. Auf unerklärliche Weise abwegig ist zum Beispiel die Reaktion des Schutzmannes in *Gibs auf!* und unwirklich ist die nicht geträumte Verwandlung Gregor Samsas in ein Insekt. Von einem zuverlässigen Erzähler wäre zu erwarten, dass sein Erzählen die entsprechenden Erklärungen enthält. Wo Rätselhaftes geschieht, wird dies als solches eingeführt bzw. entsprechend kommentiert. Ein solcher, den gesunden Menschenverstand ansprechender Kommentar bleibt aber bei Kafka aus. Dies ungesicherte Erzählen wird in Abgrenzung zum Realismus häufig als spezifisch modern bezeichnet, weil die Wahrheit verbürgende Erzählinstanz ausbleibt. Das entscheidende Stilmittel Kafkas ist neben der Dialektik von Aussage und Widerruf die stark subjektivierte Erzählperspektive. (Zu den in der Forschung vertretenen Kriterien unzuverlässigen Erzählens siehe Nünning 1998, 3–39.) Die Einschränkung der Erzählperspektive auf die Hauptfigur, nach Franz Karl Stanzels Erzähltheorie als „personale Erzählsituation" bekannt, ist charakteristisch für Kafkas Erzählweise. Friedrich Beißner bezeichnet Kafkas spezifisch moderne Perspektivgestaltung als „einsinnig" (Beißner 1952, 28). Dadurch werde die erzählte Welt auf einheitliche Weise dargestellt und eher auf eine subjektive innere als auf eine äußere Wirklichkeit bezogen. Häufig fällt der interne Blickwinkel mit einer Ich-Erzählung zusammen. Im Falle von Kafkas Romanen wird jedoch in der dritten Person erzählt. Die Handschrift belegt, dass Kafka z. B. das *Schloß* zunächst in der Ich-Perspektive schrieb, dann aber das „Ich" durch ein „K." ersetzte. Das Erzählen in der dritten Person schafft eine größere Distanz zur Hauptfigur als das Erzählen in der ersten Person. Kafka ist sparsam mit Beschreibungen von Gefühlen und Reflexionen. Gleichzeitig begrenzt er den Fokus des Erzählens auf die Wahrnehmung der Protagonisten, was zur Folge hat, dass das dargestellte Geschehen keine objektive Gültigkeit besitzt und somit vom Leser nicht als verbürgte Wirklichkeit nach dem Modell eines realistischen Romans aufgefasst werden darf. Es kann sich letztlich sogar um Wahnvorstellungen oder Angstträume handeln. Der Leser wird dadurch zwar nicht zur Identifikation mit der Hauptfigur gezwungen, aber doch in die gleiche Hoffnungslosigkeit und Unwissenheit wie sie (vgl. Binder 1979, 44). Die Unentscheidbarkeit, was denn nun eigentlich wahr ist, kann vielfach auf die subjektivierte Perspektive zurückgeführt werden. Das unzuverlässige Erzählen erzeugt zumeist auch eine besondere Komik, denn es wirkt überraschend und wunderlich, wenn etwas zunächst behauptet und dann dementiert wird, und wenn zum Beispiel ein Handlungsreisender sich auf einmal in ein Ungeziefer verwandelt vorfindet. Das Zusammenbringen ungleichartiger Vorstellungsbereiche zeichnet Komik im Allgemeinen aus. Nach diesem Schema inkongruenten Erzählens wird bei Kafka eine Komik erzeugt, die nicht mit heiterer Leichtigkeit einhergeht, sondern mit einer Desorientierung, wie sie für das unzuverlässige Erzählen charakteristisch ist. Da sich die Komik des unzuverlässigen Erzählens aus dem Widersinnigen oder zumindest Abstrusen speist, ist es auch nicht verwunderlich, dass Thomas Mann zufolge ein Zusammenhang zwischen Komik und Traumlogik besteht: Kafkas Dichtungen seien „oft ganz und gar im Charakter des Traumes konzipiert und gestaltet; sie ahmen die alogische und beklommene Narretei der Träume, dieser wunderlichen Schattenspiele des Lebens, zum Lachen genau nach" (Wagenbach 1964, 144). Dies ist gleichzeitig eine Reformulierung einer Vorstellung von Komik, wie Kafka sie im *Schloß* präsentiert: „Das eigentlich Komische ist freilich das Minutiöse" (KKAS*, 424), insofern gerade die auf Einzelheiten gerichtete Peinlichkeit der Darstellung komisch wirkt. Die Sachlichkeit einer allzu genauen Beschreibung ist vor allem dann komisch, wenn

Erzählperspektive

Komisches Erzählen

der Gegenstand dazu nicht passt, weil er nicht ernst ist oder unlogisch erscheint wie ein Traum. Es gibt diverse Arten des Komischen und Traumhaften; in der Denkfigur des Paradoxen (d. h. der Erwartung Zuwiderlaufenden) überschneiden sich beide Komplexe jedoch und bringen ein neuartiges und eigenständiges Phänomen hervor. Ich nenne es ‚Traumkomik'. Traumhaft und komisch zugleich ist beispielsweise die Verabschiedung zwischen K. und dem Maler im *Proceß*:

> Und er beugte sich endlich über das Bett und sperrte die Tür auf. ‚Steigen Sie ohne Scheu auf das Bett', sagte der Maler, ‚das tut jeder, der hier hereinkommt.' K. hätte auch ohne diese Aufforderung keine Rücksicht genommen, er hatte sogar schon einen Fuß mitten auf das Federbett gesetzt, da sah er durch die offene Tür hinaus und zog den Fuß wieder zurück. ‚Was ist das?', fragte er den Maler. ‚Worüber staunen Sie?' fragte dieser, seinerseits staunend. ‚Es sind Gerichtskanzleien. Wußten Sie nicht, daß hier Gerichtskanzleien sind? Gerichtskanzleien sind doch fast auf jedem Dachboden [...]. (3, 172 f.)

Die Tür, durch die K. heraustritt, befindet sich aberwitzigerweise über dem Bett des Malers und ist nur durch ein Hinüberbeugen zu öffnen; und der befremdliche Umstand, dass sich hinter der Tür Kanzleien verbergen, wird noch dadurch gesteigert, dass er als Selbstverständlichkeit ausgegeben wird.

Parabolik

Viele Interpreten versuchen, Kafkas Texte allegorisch zu lesen, scheitern dann aber daran, die sprachlichen Bilder in eine einheitliche Sachebene zu übersetzen. Die Bilder weisen über sich hinaus, sie scheinen einen tieferen Sinn oder allgemeineren Gehalt zu implizieren, sofern sie sich im Vergleich mit der empirischen Realität nicht als sinnvoll erweisen. Aber sie lassen sich andererseits nicht auflösen; und zwar nicht nur nicht in eine spezielle Lehre, sondern nicht einmal in einen bestimmten anderen Vorstellungsbereich. Gewisse Konstellationen mögen Ähnlichkeit mit Kafkas Verlobungssituation oder Schreibsituation haben oder auch an allgemeine theologische Vorstellungen vom Gericht Gottes denken lassen, aber solche strukturellen Gemeinsamkeiten sind zumeist zu partiell, um als ein interpretatorisches Modell dienen zu können, das den Text in allen Facetten erfasst. Wenn Kafkas Texte, oder eine Reihe von Texten Kafkas, parabolisch sind, dann nicht dergestalt, dass sie ein Gleichnis für etwas benennbares Anderes sind, sondern in dem Sinne, dass sie mehr bedeuten, als sie sagen, nur dass der Schlüssel, mit dem das „mehr" zu erschließen wäre, nicht zu haben ist. Adorno zufolge gehen Kafkas Texte nicht symbolisch in eine bestimmte Bedeutung über. Sie seien parabolisch, aber dennoch nicht zu entschlüsseln: „Es ist eine Parabolik, zu der der Schlüssel entwendet ward." So entzögen sich die Texte einer Deutung, obwohl sie sie andererseits provozierten: „Jeder Satz spricht: deute mich, und keiner will es dulden." (Adorno 1976, 304) Das Gleichnishafte der Texte Kafkas ist auch mit den Parabeln der Bibel verglichen worden, mit dem Unterschied, dass Kafkas Gleichnisse vieldeutig seien. Heinz Politzer geht sogar so weit zu sagen, sie würden ebenso viele Deutungen wie Leser finden, da die Offenheit der Form dem Leser „eine totale Projektion seines eigenen Dilemmas auf die Seiten Franz Kafkas" erlaube. Die Parabeln seien somit „‚Rorschach tests' der Literatur und ihre Deutung sagt mehr über den Charakter ihrer Deuter als über das Wesen ihres Schöpfers."

(Politzer 1965, 43) Diese Beurteilung trifft aber wohl eher auf den Umgang mit Kafka zu als auf die Struktur seiner Texte, die zwar vieldeutig, aber nicht beliebig zu deuten sind, auch wenn die Literaturwissenschaft die Interpretation Kafkas als besonders problematisch einschätzt. In der neueren Forschung werden Kafkas Texte sogar als Gleichnisse eben jener Interpretationsschwierigkeit gesehen, welche die Leser mit seinen Texten haben. Oliver Jahraus deutet das Gleichnis *Gibs auf!* als Schilderung einer Situation, „die gekennzeichnet ist von einer zunächst einfach erscheinenden, aber dann sich als unauflösbar erweisenden Interpretationssituation". Die Schwierigkeiten des Ich-Erzählers, sich räumlich und zeitlich zu orientieren, seien zum einen existenziell als „metaphysische Orientierungslosigkeit" zu deuten, außerdem werde der Mann „zum Repräsentanten des Lesers" und die selbstreflexive Struktur des Gleichnisses werde zu einer „Autoreflexion von Literatur unter dem Vorzeichen der für sie konstitutiven Interpretationsschwierigkeit" (Jahraus 2008, 311 f.). Solche poetologischen Interpretationen, die in Kafkas Texten die hermeneutische Situation des Lesers oder eine Allegorie der Schrift und des Auslegungsproblems sehen, bestätigen Politzers polemische Diagnose von den Rohrschachtests, da sie die Situation der Deuter charakterisieren; die Texte als Selbstinterpretation zu lesen wird jedoch in einigen Fällen tatsächlich von Kafka nahe gelegt. Beispielsweise in *Die Sorge des Hausvaters*, wo ein unergründliches Wesen namens Odradek sein Unwesen treibt. Die vergeblichen Spekulationen, die der Hausvater über die wortgeschichtliche Herkunft des Namens anstellt, verweisen auf Textinterpretationen, die ins Leere führen, sowie auf Sprachgebilde oder literarische Figuren, die nicht zu begreifen sind. Die gegenständliche Beschreibung des „wie auf zwei Beinen" stehenden Zwirnspulenartigen (1, 222) hat sogar Anlass zu der Deutung gegeben, der Name Kafka könne aus jenem Wort-Ding herausgelesen werden (vgl. Hamacher 1998, 310f.). Ein weiteres Beispiel für die Selbstbezüglichkeit mancher Texte ist die Stelle im *Proceß*, wo der Geistliche mit Josef K. die Auslegung der Türhüterlegende erörtert. Er sagt dort: „Die Schrift ist unveränderlich und die Meinungen sind oft nur ein Ausdruck der Verzweiflung darüber." (3, 230) In diesem Ausspruch mag sich so mancher wiederfinden, der dabei ist, sich eine Meinung über einen Text Kafkas zu machen. In diesem Fall ist aber auch inhaltlich de facto von Schrift und Interpretation die Rede, so dass hier eine Selbstreflexion literarischer Interpretation wirklich gegeben ist, während sie mit Bezug auf viele andere Texte Kafkas nur als Deutungsmuster unterstellt wird. Es gibt einen Text Kafkas, von Max Brod mit *Von den Gleichnissen* betitelt, der sowohl ein Gleichnis ist als auch von Gleichnissen spricht:

> Viele beklagten sich, daß die Worte der Weisen immer wieder nur Gleichnisse seien, aber unverwendbar im täglichen Leben und nur dieses allein haben wir. Wenn der Weise sagt: ‚Gehe hinüber' so meint er nicht, daß man auf die andere Straßenseite hinüber gehn solle, was man immerhin noch leisten könnte, wenn das Ergebnis des Weges wert wäre, sondern er meint irgendein sagenhaftes Drüben, etwas was wir nicht kennen, was auch von ihm nicht näher zu bezeichnen ist und was uns also hier gar nichts helfen kann. Alle diese Gleichnisse wollen eigentlich nur sagen, daß das Unfaßbare unfaßbar ist und das haben wir gewußt. Aber das wo-

> mit wir uns eigentlich jeden Tag abmühen, sind andere Dinge.
> Darauf sagte einer: Warum wehrt Ihr Euch? Würdet Ihr den Gleichnissen folgen, dann wäret Ihr selbst Gleichnisse geworden und damit schon der täglichen Mühe frei.
> Ein anderer sagte: Ich wette daß auch das ein Gleichnis ist. Der erste sagte: Du hast gewonnen.
> Der zweite sagte: Aber leider nur im Gleichnis.
> Der erste sagte: Nein, in Wirklichkeit; im Gleichnis hast Du verloren.
> (8, 131 f.)

Das Parabelhafte ist bereits in der Form zu erkennen: Allgemein und repräsentativ für den Typus des Weisen und den des Durchschnittlichen sprechen Figuren, die nicht als Individuen charakterisiert und eingeführt werden. Inhaltlich scheint die kurze Erzählung ökonomisch auf eine bestimmte Moral hinauszulaufen. Das Besondere an diesem Gleichnis ist, dass es von Gleichnissen handelt und folglich auch von sich selbst handeln muss. Daraus wiederum folgt, dass das, was über das Wesen und Verstehen von Gleichnissen gesagt wird, auch für dieses Gleichnis gelten muss. Haben die „Vielen" Recht, dann sagt das Gleichnis, „daß das Unfaßbare unfaßbar ist"; hat der eine Recht, dann besteht die Möglichkeit, den Gleichnissen zu folgen, um selbst Gleichnis zu werden. Diese Überlegung klingt für den anderen gleichnishaft, weil er sie nicht versteht. Damit bestätigt sich die Auffassung von der Unfasslichkeit der Gleichnisse. Die Partei der Vielen bleibt damit in der Sphäre der Wirklichkeit, während die kleine Partei der Weisen in der Sphäre der unfasslichen Gleichnisse verweilt. Es gibt keine Vermittlung. Eigentlich sieht die Gattung der Parabel aber eine Analogie zwischen der erzählten Welt des Gleichnisses und der Wirklichkeit, zwischen dem bildlich Gesprochenen und der Sachhaltigkeit des Gemeinten vor.

Visuelles Erzählen

Beschreibungen von Sichtbarem finden sich natürlich in fast jeder Erzählung. Bei Kafka hat das Visuelle eine besondere Bedeutung, weil die Dinge häufig in einer auffälligen Weise beschrieben sind, die dazu zwingt, sich ein Bild zu machen beispielsweise von den Räumen, in denen sich die Figuren bewegen. Die Räume sind oft auf grotesk wirkende Weise zu klein wie im *Proceß* die Galerie im Gerichtssaal: „Manche hatten Pölster mitgebracht, die sie zwischen den Kopf und die Zimmerdecke gelegt hatten, um sich nicht wundzudrücken." (3, 49) Das Erzählen erzeugt hier einen visuellen Eindruck, der auf groteske Weise so einprägsam ist, dass er plastisch in Erinnerung bleibt. Ein anderes Beispiel ist das Zimmer des Angeklagten Block: ein niedriger, fensterloser Raum, „der von einem schmalen Bett vollständig ausgefüllt war. In dieses Bett mußte man über den Bettpfosten steigen. Am Kopfende des Bettes war eine Vertiefung in der Mauer, dort standen peinlich geordnet eine Kerze, ein Tintenfaß und Feder, sowie ein Bündel Papiere, wahrscheinlich Prozeßschriften" (3, 192). Die Räume wirken bedrückend und zwingen die Figuren vielfach sogar zu einer gebeugten Körperhaltung, so dass deren Position in der Machthierarchie bereits an dieser äußerlichen Beschreibung abzulesen ist. Ähnliches gilt für die endlosen Gänge des Gerichts, die Unerreichbarkeit und Unübersichtlichkeit versinnbildlichen, sowie die Undurchdringlichkeit der nächtlichen Schneelandschaft im *Schloß*. Ferner sei hier die Schilderung der Kabine des Heizers in *Der Verschollene* genannt: „Durch irgendeine Oberlichtluke fiel ein trübes oben im Schiff längst abgebrauchtes Licht in die klägliche Kabine, in welcher ein Bett, ein Schrank, ein Sessel und der Mann knapp nebeneinander wie eingelagert standen." (2, 10) Die niedrige soziale Stellung des Heizers wird so sinnfällig vor Augen geführt, dass es beinahe komisch wirkt. Zu Kafkas Art, visuell übertrieben eindrucksvoll zu erzählen, passt auch die überdimensional große Tür, die in Orson Welles' filmischer Darstellung der Türhüterlegende zu sehen ist. Die Beschreibung körperlicher Eigenarten und Gesten ist ebenfalls sehr anschaulich und einprägsam. So wird beispielsweise im *Proceß* der Bauch des Wächters, der an Josef K. stößt und zu dem ein „trockenes knochiges Gesicht, mit starker seitlich gedrehter Nase" (3, 12) gehört, auffällig detailliert und komisch beschrieben, wie auch die Geste der beiden Henker, die am Ende des Romans „Wange an Wange aneinandergelehnt" beobachten, wie der gerade von ihnen niedergestochene K. stirbt (3, 241). Die Beschreibungen der Räume und Körper erfolgen zumeist aus der Perspektive der Helden, sie geben somit deren Wahrnehmung und in mancher Hinsicht auch deren Befindlichkeit wieder. Sandra Poppe führt, angeregt durch die aktuelle Visualitätsforschung, diesen Gedanken aus:

> Eines der markantesten Merkmale der Kafkaschen Schreibweise ist sicherlich das Fokussieren auf eine personale Erzählsituation, die eine Kommentierung des Geschehens ausschließt und in Kafkas Fall zugleich fast nichts über die Emotionen und Reflexionen seiner Hauptfiguren mitteilt. Überlegungen oder Empfindungen der Protagonisten werden nicht direkt formuliert. Direkt formuliert nicht – aber visualisiert. Das, was der Text an Äußerlichkeit schildert, ist immer die Wahrnehmung der Hauptfiguren. Über diese visuellen Beschreibungen konstituiert sich demnach nicht nur die fiktionale Welt, sondern sie verweist auch auf das zurück, was Karl, Gregor und Josef K. sehen – hier visualisiert sich ihre subjektive, häufig verzerrte Sicht der Welt. (Poppe 2008, 176 f.)

Die bei Kafka größtenteils fehlende ausdrückliche Wiedergabe von Gedanken und Gemütszuständen der Figuren wird also häufig durch die Sprache der Visualität ersetzt. Es wird in diesem Zusammenhang auch wiederholt von Kafkas ‚filmischem Blick', also der Nähe seiner Beschreibungen zu Kinobildern gesprochen. Aus den Tagebüchern ist bekannt, dass Kafka ein begeisterter Kinogänger war (siehe Zischler 1996). Bereits Max Brod zieht in seinem Nachwort zu der Erstausgabe des Amerika-Romans den Vergleich zu Filmen Charlie Chaplins:

> Es gibt Szenen in diesem Buch (namentlich die in der Vorstadt spielenden Szenen, die ich ‚Ein Asyl' genannt habe), die unwiderstehlich an Chaplin-Filme erinnern, an so schöne Chaplin-Filme, wie sie freilich noch nicht geschrieben wurden – wobei man nicht vergessen möge, daß in der Zeit, in der dieser Roman entstand (vor dem Kriege!), Chaplin unbekannt oder vielleicht noch überhaupt nicht aufgetreten war. (BP, 262)

V. Einzelanalysen

1. *Der Verschollene*

Textentstehung und Edition

Der Roman *Der Verschollene* ist Fragment geblieben. Der größte Teil des Textes entsteht in der Zeit von September 1912 bis Januar 1913 (wenn man die nicht erhaltenen früheren Entwürfe für einen Amerika-Roman, die bis auf die Gymnasialzeit zurückgehen, außer Acht lässt). Das erste Kapitel, *Der Heizer*, wird von Kafka einzeln publiziert, es erscheint 1913 in Kurt Wolffs Buchreihe *Der jüngste Tag*. Max Brod veröffentlicht den Roman 1927, also drei Jahre nach Kafkas Tod, unter dem Titel *Amerika*. Kafka soll diesen Titel mündlich gegenüber Brod erwähnt haben, während er in einem Brief an Felice Bauer *Der Verschollene* schreibt. Die ersten sechs Kapitel hat er Mitte November 1912 so weit fertig, dass er die Kapitelüberschriften im selben Brief mitteilen kann:

> Die Geschichte, die ich schreibe, und die allerdings ins Endlose angelegt ist, heißt, um Ihnen einen vorläufigen Begriff zu geben ‚Der Verschollene' und handelt ausschließlich in den Vereinigten Staaten von Nordamerika. Vorläufig sind 5 Kapitel fertig, das 6te fast. Die einzelnen Kapitel heißen: I Der Heizer II Der Onkel III Ein Landhaus bei New York IV Der Marsch nach Ramses V Im Hotel Occidental VI Der Fall Robinson. (FB, 86)

Im November 1912 gerät die Arbeit an dem Roman ins Stocken, im Januar 1913 entstehen dann noch das siebente Kapitel, das Max Brod „Ein Asyl" genannt hat („Es mußte wohl eine entlegene ..."), und das Fragment des achten („‚Auf! Auf!' rief Robinson ..."). Erst im Herbst 1914 schreibt Kafka an dem Roman weiter. Diese Kapitelfragmente neun bis elf sind: „Ausreise Bruneldas" (der Titel stammt von Kafka), „Das Naturtheater von Oklahoma" (der Titel stammt von Brod, der Beginn lautet „Karl sah an einer Straßenecke ...") und „Sie fuhren zwei Tage ...". Kafka ist mit der Geschichte nicht zufrieden und kommt mit ihr an kein Ende. Zwar hat er sie „ins Endlose angelegt", aber schließlich läuft sie ihm derart auseinander, dass er sie „nicht mehr umfassen" kann, wie er Felice gegenüber bekennt: „Mein Roman! Ich erklärte mich vorgestern abend vollständig von ihm besiegt." (FB, 271) Selbstironisch berichtet er ihr in einem Brief vom 28. Februar/1. März 1913 davon, wie jemand auf der Straße neben ihm fragt: ‚Was macht Karl?'. Offenbar hat sich ein Passant im Selbstgespräch diese Frage gestellt und Kafka gar nicht angesprochen. Der aber denkt sofort an den liegen gebliebenen Helden aus seinem „unglücklichen Roman", Karl Roßmann, und deutet diese Begebenheit so, als habe jener „harmlose vorübergehende Mann [...] unbewußt die Aufgabe, mich auszulachen, denn für eine Aufmunterung kann ich das wohl nicht halten" (FB, 319). Kafkas durchgehender Schreibfluss zeigt, dass ihm aber immerhin die ersten fünf Kapitel leicht von der Hand gehen: Bis dahin hofft er noch, den Roman zu vollenden (vgl. FB, 86). Dann im sechsten verzettelt er sich. *Der Fall Robinson* sei „mit Gewalt, und deshalb roh und schlecht beendet" worden, schreibt er an Max Brod am 13. November 1912, „zwei Figuren, die noch darin hätten vorkommen sollen, habe ich unterdrückt. Die ganze Zeit, während der ich geschrieben habe, sind sie hinter mir her gelaufen, und da sie im Roman selbst die Arme hätten heben und die Fäuste ballen sollen, haben sie das gleiche gegen mich getan. Sie waren immerfort lebendiger als das, was ich schrieb." (BB, 111) Auch hier kommentiert Kafka selbstironisch das Scheitern an der Fertigstellung des Romans. Rückblickend lässt Kafka im März 1913 nur das erste Kapitel, *Der Heizer*, gelten, das er im selben Jahr mit Erfolg publiziert. Dieses Kapitel sei aus „innerer Wahrheit" hergekommen, während der Rest bis auf einige Stellen „zu verwerfen" sei, schreibt er an Felice (FB, 332). Dennoch arbeitet er 1914 weiter an seinem Werk, ohne es zu vollenden.

Quellen und Anregungen

Kafka ist selbst nie nach Amerika gereist. Als Quelle der Amerika-Beschreibung hat ihm unter anderem der Reiseerlebnisbericht *Amerika. Heute und morgen* von Arthur Holitscher (erschienen als Vorabdruck in der von Kafka bezogenen *Neuen Rundschau* 1911/1912) gedient. Motivische Einflüsse wie das allein gelassene Kind im Arbeitermilieu gehen auf Charles Dickens' *David Copperfield* zurück, wie Kafka am 8. Oktober 1917 in seinem Tagebuch notiert, nicht ohne sich zugleich sehr kritisch von Dickens zu distanzieren:

> ‚Der Heizer' glatte Dickensnachahmung, noch mehr der geplante Roman. Koffergeschichte, der Beglückende und Bezaubernde, die niedrigen Arbeiten, die Geliebte auf dem Landgut die schmutzigen Häuser u. a. vor allem aber die Methode. Meine Absicht war wie ich jetzt sehe einen Dickensroman zu schreiben, nur bereichert um die schärferen Lichter, die ich der Zeit entnommen und die mattern, die ich aus mir selbst aufgesteckt hätte. Dickens' Reichtum und bedenkenloses mächtiges Hinströmen, aber infolgedessen Stellen grauenhafter Kraftlosigkeit, wo er müde nur das bereits Erreichte durcheinanderrührt. Barbarisch der Eindruck des unsinnigen Ganzen, ein Barbarentum, das allerdings ich dank meiner Schwäche und belehrt durch mein Epigonentum vermieden habe. Herzlosigkeit hinter der von Gefühl überströmenden Manier. Diese Klötze roher Charakterisierung die künstlich bei jedem Menschen eingetrieben werden und ohne die Dickens nicht imstande wäre, seine Geschichte auch nur einmal flüchtig hinaufzuklettern. (11, 168f.)

Familiäre Vorbilder

Biografische Vorbilder für Karl Roßmann und seinen Onkel sind in der väterlichen Linie Kafkas gesehen worden, in der mehrere Cousins nach Amerika übergesiedelt waren. So nahm Otto Kafka im Sommer 1909 seinen vierzehn Jahre jüngeren Bruder Franz auf, der sich als Sechzehnjähriger zur Auswanderung in die Vereinigen Staaten entschieden hatte (vgl. Alt 2005, 355). Sowohl das Alter Karl Roßmanns als auch die familiäre Konstellation sind ähnlich, wenn man den Altersunterschied zum Bruder bedenkt, der ein Onkel sein könnte. Allerdings ist Franz nicht aufgrund einer sexuellen Affäre verstoßen worden. Für die Affäre findet sich jedoch auch ein Vorbild in der Familiengeschichte, nämlich Robert Kafka, „der aus Kolin stammende jüngere Bruder des Amerika-Abenteurers Otto": „Eine bei der Familie arbeitende Köchin hatte den vierzehnjährigen Robert [...] 1895 angeblich verführt und sich von ihm schwängern lassen" (Alt 2005, 356). Dem Motiv des Verstoßenseins hat indirekt Kafkas Verhältnis zum Vater als Modell gedient, das auch andernorts als Bestrafungsfantasie in seine Texte eingeht (vor allem in *Das Urteil*). Kafka schreibt in einem Brief vom 11. April 1913 an seinen Verleger Kurt Wolff, dass er den *Heizer* gern zusammen mit der *Verwandlung* und dem *Urteil* in einem Band mit dem Titel *Die Söhne* versammelt publizieren würde (vgl. Plachta 2008, 450). In allen drei Erzählungen werden die Söhne vom Vater verstoßen.

Übersicht der Kapitel

Der Verschollene ist in die folgenden Kapitel gegliedert:

Der Heizer

1. Das erste Kapitel schildert die Ankunft Karl Roßmanns im Hafen von New York. Der Siebzehnjährige ist von seinen Eltern mit dem Schiff nach Amerika geschickt worden, „weil ihn ein Dienstmädchen verführt und ein Kind von ihm bekommen hatte" (2, 9). Als er an Land gehen will, bemerkt er, dass er seinen Regenschirm vergessen hat, eilt ohne seinen Koffer zurück, verirrt sich auf dem Schiff und lernt den Heizer kennen, der angeblich von seinem Vorgesetzten ungerecht behandelt wird. Roßmann will ihn vor dem Kapitän verteidigen und trifft in dessen Kajüte auf seinen reichen Onkel Jakob, der gekommen ist, um ihn abzuholen.

Der Onkel

2. Karl wohnt für ein paar Monate bei seinem Onkel in New York in sehr wohlhabenden Verhältnissen. Er bekommt Englisch- und Reitunterricht. Der Onkel ist zufrieden mit ihm, schenkt ihm ein Klavier und macht ihn mit seinen Geschäftsfreunden Green und Pollunder bekannt. Von Pollunder erhält Karl die Einladung, ihn in seinem Landhaus zu besuchen. Gegen die Bedenken des Onkels nimmt er sie an und reist bereits am nächsten Tag dorthin.

Ein Landhaus bei New York

3. Im Landhaus des Herrn Pollunder angekommen, wird Karl von dessen Tochter Klara in Empfang genommen, die ihn nach dem Abendessen bedrängt, mit ihr mitzugehen. Da Karl lieber in seinem Schlafzimmer bleiben möchte, kommt es zu einer körperlichen Auseinandersetzung, bei der Klara ihn mit einer „fremdartigen Kampftechnik" (2, 73) überrascht. Karl begehrt, zu seinem Onkel zurückzufahren, wird aber davon abgehalten. Herr Green, der sich selbst zum Abendessen eingeladen hat, offenbart Karl, er habe ihm um Mitternacht etwas Wichtiges mitzuteilen. Es handelt sich um einen Brief des Onkels, in dem er mit dem Neffen bricht, weil dieser ohne sein Einvernehmen der Einladung gefolgt und von ihm fortgegangen sei. Karl bekommt von Herrn Green seinen Koffer und seinen Regenschirm überreicht und verlässt das Landhaus, ohne zu wissen, wohin er gehen soll.

Der Marsch nach Ramses

4. Er übernachtet in einem Wirtshaus, wo er Delamarche und Robinson kennen lernt, die auf dem Weg nach Butterford sind, weil sie hoffen, dort Arbeit zu finden. Sie geben vor, ihm bei der Arbeitssuche zu helfen, haben es aber nur auf sein Geld und seinen kleinen Besitz abgesehen. Am Abend besorgt Karl im Hotel Occidental in Ramses für alle drei etwas zu essen, während die Weggenossen seinen Koffer aufbrechen. Er trennt sich von ihnen und übernachtet im Hotel, weil die Oberköchin, die ihm das Essen gab, ihn dazu ermuntert hat.

Im Hotel occidental

5. Karl darf dank der Oberköchin Grete Mitzelbach im Hotel als Liftjunge arbeiten. Die Arbeits- und Schlafbedingungen sind schlecht, aber Karl erledigt seinen Dienst mit größter Sorgfalt. Er lernt die Mitarbeiterin der Oberköchin, Therese Berchtolt, kennen, die sich ihm sofort anvertraut. Etwa zwei Monate hat er im Hotel verbracht, als der Liftjunge Renell ihm eines Tages erzählt, er habe Delamarche getroffen.

Der Fall Robinson

6. Unangemeldet taucht Robinson um vier Uhr nachts betrunken im Hotel auf. Da sich dieser nicht anders zu helfen weiß, wird er von Karl aus Mitleid in den Schlafsaal gebracht. Vom Oberkellner wird er bereits zwei Stunden später entlassen, weil er für wenige Minuten seinen Posten verlassen hat. Die Oberköchin kann ihm nicht helfen und der Oberportier verleumdet ihn. Robinson wird von den Liftjungen verprügelt und drängt Karl, im Taxi mit ihm fortzufahren.

„Es mußte wohl eine entlegene …"

7. Max Brod hat dem Kapitel den Titel „Ein Asyl" gegeben. Das Taxi bringt die beiden zu Delamarche, der mit der ehemaligen Opernsängerin Brunelda in einem vollgestellten Zimmer haust. Dieser macht ihn bei der Polizei verdächtig und rettet ihn dann vor ihr. Karl soll in Bruneldas Dienst arbeiten, versucht zu fliehen und wird gewaltsam festgehalten. In der Nacht unterhält er sich mit einem Studenten, der auf dem Nachbarbalkon über seinen Büchern sitzt und ihm rät, in Anbetracht der schwierigen Zeiten die Stelle anzunehmen.

„‚Auf! Auf!' rief Robinson …"

8. Dieses Kapitel erzählt vom ersten Tag in Bruneldas Diensten. Karl und Robinson helfen Delamarche, sie auf umständliche Weise zu waschen, und besorgen anschließend bei der Vermieterin ein Frühstück, das aus Frühstücksresten der anderen Mieter zusammengestellt ist.

Fragment: „(1) Ausreise Bruneldas"

9. Karl bringt Brunelda zu Fuß in einem mit einem Tuch bedeckten Krankentransportwagen zu einem Bordell namens ‚Unternehmen Nr. 25'. Unterwegs wird er von einem Polizisten und einem Milchmann nach seiner Ladung befragt. (Von Robinson und Delamarche ist nicht mehr die Rede.)

Fragment: „(2) Karl sah an einer Straßenecke …"

10. Max Brod hat dem Kapitel den Titel „Das Naturtheater von Oklahoma" gegeben. Karl sieht ein Plakat, auf dem zu lesen ist, dass ein Theater noch Personal sucht. Er stellt sich vor und wird als technischer Arbeiter aufgenommen. Es gibt ein Empfangsessen, bei dem er Giacomo wiedertrifft, der ebenfalls als Liftjunge im Hotel Occidental gedient hat. Anschließend eilen alle Mitglieder des Theaters zum Bahnhof.

Fragment: „Sie fuhren zwei Tage …"

11. Das Fragment des letzten Kapitels ist nur eine Seite lang. Es handelt davon, dass Karl und Giacomo zusammen mit den anderen aus der Theatergruppe im Zug quer durch Amerika fahren und über die gebirgige Landschaft staunen. Der erste Satz verrät, dass die Reise zwei Tage und Nächte dauert. Damit endet das Romanfragment.

Spekulationen über das Ende

Ob die Geschichte gut oder schlecht ausgeht, darüber ist viel spekuliert worden. Der freundliche Empfang der Theatergruppe, das freudige Wiedersehen mit Giacomo und die sorglose Zugfahrt, während der die Landschaft genossen werden kann, sprechen für ein gutes Ende nach all dem Misstrauen und der Schikane, die Karl bis dahin erfahren musste. Im Nachwort zur ersten Ausgabe schreibt Max Brod, dass Kafka ihm im Gespräch gesagt habe, dieser Roman sei „lichter" als alles, was er sonst geschrieben habe. Das Kapitel über das Naturtheater in Oklahoma sei das Schlusskapitel und solle „versöhnlich ausklingen"; Kafka habe angedeutet, dass sein Held „sogar die Heimat und die Eltern wie durch einen paradiesischen Zauber wiederfinden werde" (Brod 1976, 260). Das passt jedoch nicht zu dem, was Kafka am 30. September 1915 im Tagebuch über seine Protagonisten notiert: „Roßmann und K., der Schuldlose und der Schuldige, schließlich beide unterschiedslos strafweise umgebracht, der Schuldlose mit leichterer Hand, mehr zur Seite geschoben als niedergeschlagen." (11, 101) Außerdem hat Kafka nicht den zu damaliger Zeit Glück verheißenden Titel *Amerika* gewählt, sondern *Der Verschollene*, so dass das Schicksal seines Helden unter negativem Vorzeichen steht und an ein unfreiwilliges Verschwinden, nicht an ein erfolgreiches Gründen einer neuen Existenz denken lässt. Der Titel kann jedoch auch einfach den Umstand bezeichnen, dass Karl Roßmann von seinen Eltern verstoßen wurde und für diese, wie auch für den Onkel, der ihn ebenfalls verstößt, verschollen ist. Das stimmt jedoch nicht mit der Perspektive überein, aus der die Geschichte erzählt wird und durch die Roßmann stets zugegen und gerade nicht verschollen ist. Roßmanns Geschichte ist ferner die eines sozialen Abstiegs: Er beginnt seinen Lebensweg durch Amerika mit Privatlehrern und einem eigenen Klavier in einem geräumigen Haus mitten in New York, rutscht von einem niedrigen Angestelltenverhältnis ab ins Arbeiter- und Dirnenmilieu einer Vorstadt und endet vorläufig auf der Straße. Es sind zwar auch Anklänge an eine Heilsutopie in der Struktur der Erzählung erkannt worden, diese seien allerdings nur in ironisierter Form zu entziffern:

> Das Ritual der Aufnahme in seinen Hauptphasen – Aufruf und Warnung (Plakate), Gericht (Schiedsrichtertribüne), Mahl der Armen (Massenspeisung) – lenkt unvermeidlich auf die neutestamentlichen Visionen von Auferstehung, Jüngstem Gericht und Erlösung. Durch den ironischen Anklang an eine speziell christliche Heilsutopie wird der eher alttestamentliche Strafgedanke, wie ihn der Roman verwirklicht, in subtiler Weise unterstrichen. (Binder 1979, 413)

Für einen unglücklichen Ausgang der Geschichte spricht zusätzlich ein äußerliches Indiz: Es ist vielfach angenommen worden, dass Kafka mit der falschen Schreibweise „Oklahama" (statt „Oklahoma") auf den Druckfehler in Arthur Holitschers Amerika-Buch anspielt, in dem ein Bild mit der Unterschrift „Idyll aus Oklahama" zu sehen ist, auf dem ein junger Farbiger anscheinend von weißen Amerikanern an einem Baum erhängt worden ist (vgl. Plachta 2008, 452 f.). Da Roßmann sich bei der Anmeldung im Theater den Namen „Negro" gibt (2, 306), liegt eine Identifikation mit dem Gelynchten auf der Fotografie nahe. Andererseits hat dieser Hinweis *innerhalb* des Textes keinen Halt. Und so bleiben darauf gegründete Spekulationen über das Ende des Romans ohne Beleg.

Freiheitsstatue mit Schwert

Kafka verändert ein Requisit der New Yorker Freiheitsstatue, das von symbolischer Tragweite für den Roman ist. Im ersten Satz des ersten Kapitels wird die Vorgeschichte Karl Roßmanns mitgeteilt und von dem Anblick der Freiheitsstatue abgelöst:

> Als der siebzehnjährige Karl Roßmann, der von seinen armen Eltern nach Amerika geschickt worden war, weil ihn ein Dienstmädchen verführt und ein Kind von ihm bekommen hatte, in dem schon langsam gewordenen Schiff in den Hafen von Newyork einfuhr, erblickte er die schon längst beobachtete Statue der Freiheitsgöttin wie in einem plötzlich stärker gewordenen Sonnenlicht. Ihr Arm mit dem Schwert ragte wie neuerdings empor, und um ihre Gestalt wehten die freien Lüfte. (2, 9)

Anstelle einer Fackel trägt die Statue of Liberty ein Schwert und erinnert damit an Iustitia, die Göttin der Gerechtigkeit, zumal sie auch Göttin genannt wird. (Eine Verwandlung von Göttinnen wird Kafka später auch im *Proceß* vornehmen. Dort wird die Iustitia vom Maler Titorelli mit Flügeln an den Füßen dargestellt (vgl. 3, 154). Der hochgestreckte Arm mit dem Schwert liest sich wie ein Motto für die Geschichte Karl Roßmanns, denn es kommt ihm vor, als sei der Arm „wie neuerdings" in die Lüfte gehoben, also eigens zu seiner Ankunft. Die Tatsache, dass ein Schwert die Fackel ersetzt, deutet weniger auf einen Sieg voraus als auf ein Gerichtetwerden. Es ließe sich einwenden, Kafka, der selbst nie in Amerika gewesen ist, habe Fackel und Schwert verwechselt. Aber das ist nicht der Fall, wie die folgende, von Kafka gestrichene Feststellung verrät. Es heißt von Karl Roßmann, der bei der Einfahrt in den Hafen die Freiheitsstatue erblickt: „Er sah zu ihr auf und verwarf das über sie Gelernte" (vgl. Plachta 2008, 446). Es gibt zwar auch Deutungen, die das Schwert im positiven Sinne als „Schwert der Gerechtigkeit" erläutern (Kraft 1968, 89), dagegen spricht jedoch die Ausübung von Gewalt, die mit der Waffe verbunden ist und selbst innerhalb der Allegorie der Gerechtigkeit nur den strafenden Aspekt repräsentiert.

Roßmanns Naivität

Bereits auf den ersten Seiten der Erzählung ist Wesentliches über Karl Roßmann zu erfahren: Es zeugt von Unerfahrenheit und Gutgläubigkeit, dass er seinen Koffer einem mehr oder weniger Fremden anvertraut, um noch einmal ins Schiffsinnere zurückzueilen, wo er seinen Schirm vergessen hat. Der Heizer, dem er unter Deck begegnet, bemerkt spöttisch, dass in Amerika andere Sitten herrschten als in Hamburg. Das Vergessen des Schirmes mag außerdem darauf hindeuten, dass Roßmann zögert, an Land zu gehen und sein neues Leben in Amerika zu beginnen. Er vermittelt den Eindruck, als ob er noch keine Lust habe auszusteigen (vgl. 2, 9). Die mangelnde Entschlossenheit zeigt sich auch darin, dass er sich vom Heizer auf dessen Bett drängen und in dessen Kabine aufhalten lässt, obwohl es seine erklärte Absicht ist, das Schiff samt Koffer und Schirm zu verlassen. Hinzu kommt eine Orientierungslosigkeit, die sich zugleich als räumliche Verirrung im labyrinthischen Schiffsbauch äußert, und als Unkenntnis dessen, wie die Dinge in Amerika laufen. Roßmann lässt sich treiben und gerät noch auf dem Schiff in die Geschichte des Heizers, anstatt seine eigene an Land neu zu beginnen. Und selbst diese eigene hat er nicht selbst gewählt, da er von den Eltern strafweise fortgeschickt worden ist. Karls Schicksal ist, wie gleich am Anfang zu erkennen, sich naiv zu bemühen, um dann von anderen zuerst bedrängt und schließlich verstoßen zu werden. Die Naivität durchkreuzt gleichzeitig sein Bestreben, für Gerechtigkeit zu sorgen, denn er setzt sich für den Heizer ein, ohne die Angelegenheit zu prüfen, und weiß der Gegendarstellung, derzufolge der Heizer für seine haltlosen Beschwerden bekannt ist, nichts mehr entgegenzusetzen. Bemerkenswert ist dabei, dass offen bleibt, wer Recht hat, so dass Roßmanns Naivität letztlich nur an der Autorität (hier des Onkels) scheitert und nicht durch ein besseres Wissen ironisiert wird, wie es oft in literarischen Erzählungen der Fall ist, in denen eine kindliche Perspektive eingenommen wird (wie etwa in Mark Twains *Adventures of Huckleberry Finn*). Unentscheidbarkeiten dieser Art sind typisch für Kafkas Erzählweise, sie erschweren zuweilen nicht nur die Deutung seiner Texte, sondern sabotieren bereits eine einfache Inhaltswiedergabe.

Roßmanns Gerechtigkeitssinn

Immer wieder gerät Karl Roßmann in Situationen, in denen die besten Absichten an der Autorität oder dem Misstrauen anderer scheitern. Der Fall des Heizers im ersten Kapitel ist insofern modellhaft für viele andere Konstellationen im Roman, als Karl wiederholt in Lagen geraten wird, die einem Gerichtsprozess ähneln. Allerdings spielt er in der Angelegenheit des Heizers die Rolle des Anklägers bzw. des Anwalts, nicht die des Verurteilten. Sein Scheitern an der höheren Instanz scheint aber, wie gesagt, nicht auf deren Ungerechtigkeit zurückzuführen sein, denn laut Schubal hat der Heizer die Sache nicht korrekt dargestellt. Nicht der Gerechtigkeitswille ist falsch, sondern die Naivität und Unhaltbarkeit, mit der er verfolgt wird. Wie unterlegen Karls Position ist, wird im Verhältnis zu seinem (in der Kapitänskajüte anwesenden) Onkel deutlich. Dieser belehrt ihn, dass Gerechtigkeit nicht das oberste Prinzip sei, da es sich hier „gleichzeitig um eine Sache der Disciplin" handele (2, 40). Die hier ausgesprochene Kritik richtet sich mehr gegen Karl als gegen den Heizer. Dem späteren Bruch des Onkels mit Karl wird ebenfalls eine Sache der Disziplin zugrunde liegen, die mit Begriffen der Gerechtigkeit nicht zu fassen ist. Hier tut Karl nichts Unrechtes, für das das Verstoßenwerden durch den Onkel als gerechte Strafe angesehen werden kann; er handelt nur ohne die ausdrückliche Zustimmung des Onkels und damit gegen dessen Autorität. Karl duldet, auch in der Verhörszene im Hotel, die Ungerechtigkeiten gegen ihn, weil er sich unterlegen fühlt. Sein Gerechtigkeitssinn zerschellt, wie auch seine Hoffnung auf ein bescheidenes, aber freies Leben, an den faktischen sozialen Verhältnissen. Dies ist schon früh in der Forschung festgestellt worden. So schreibt Wilhelm Emrich 1958 über Roßmann:

> Sein Kampf um das ‚Recht' des Menschen, um wahre Gerechtigkeit, macht ihn unbrauchbar für diese Welt trotz unermüdlicher Arbeit und redlichen Fleißes. Denn all sein gutes, selbstloses Handeln verkehrt sich in den Augen der Umwelt ins Böse, da dieser Umwelt ein gutes Handeln schlechterdings unfaßlich, undenkbar oder töricht erscheint. (Emrich 1958, 233)

Was in dieser etwas pathetischen Diagnose Emrichs jedoch nicht zum Ausdruck kommt, ist die Tatsache, dass es keinen Erzählerstandpunkt gibt, der über Roßmann hinausreicht: Es gibt die „Augen der Umwelt" erzähltechnisch nicht, und das ist bedeutsam, denn durch den beschränkten Blickwinkel der Darstellung wird der Eindruck einer Verschwörung der Ungerechten gegen den unschuldigen Roßmann erzeugt. Das liegt an der fehlenden Erklärung für die Ungerechtigkeit, da die Gründe beispielsweise für die Härte des Onkels und die Bosheit des Oberportiers letztlich schleierhaft bleiben. Gleichwohl ist die Feststellung von Karls vergeblichem Gerechtigkeitsgefühl richtig. (Der Name „Roßmann" macht ihn in dieser Hinsicht möglicherweise zu einem entfernten Nachkommen des Kleistschen Roßhändlers Michael Kohlhaas.)

Roßmanns Unfreiheit

Was wie ein plötzlicher sozialer Aufstieg aussieht, gleicht in Wahrheit eher einer Gefangenschaft. Karl lebt bei seinem Onkel, der ein großes Speditionsunternehmen leitet, wie der verwöhnte und gut behütete Sohn eines Millionärs, nicht wie der besitzlose Einwanderer, der er eigentlich ist. Er geht Beschäftigungen nach, die der gehobenen Schicht vorbehalten sind:

Klavierspielen auf einem Klavier, das ihm der Onkel schenkt, Reitstunden und Englischunterricht. Diese inselhafte Wohnsituation nährt seine Naivität: Er erhofft sich von seinem Klavierspiel, die „amerikanischen Verhältnisse" verändern zu können (2, 50), weiß aber nicht, wie diese in Wahrheit aussehen. Roßmann sitzt in einem goldenen Käfig, denn er genießt ungeheuerlichen Reichtum, besitzt aber nicht die Freiheit, New York zu erleben, obwohl er im Zentrum der Stadt wohnt. Selbst der Gang auf den Balkon wird vom Onkel missbilligt, da es nur Verwirrung stiften könne, untätig den New Yorker Arbeitsalltag von oben zu betrachten. Zwar verhält sich der Onkel Karl gegenüber großzügig und fürsorglich, wie sehr Karl zugleich aber dessen väterlicher Bevormundung unterstellt ist, wird sich erst später herausstellen, als der Onkel ihn (aufgrund der spontan angenommenen Einladung ins Landhaus des Herrn Pollunder) verstößt. Entweder Roßmann wird unterdrückt und lebt zwar nicht in Armut, jedoch in Unfreiheit, oder er wird zu Unrecht bestraft und ins Freie verstoßen. Obwohl er sich der Unfreiheit und der Ungerechtigkeiten gegen ihn bewusst ist – was er später auf Robinson überträgt, indem er ihm rät, sich aus der „Sklaverei" des Delamarche zu befreien (2, 242) – besteht die höchste Freiheit, zu der er sich aufraffen kann, darin, „zweifellose Arbeit" zu zeigen, durch welche allein auf die Herrschaft einzuwirken sei (2, 285).

Roßmanns Unschuld

Karl erhält vom Onkel die Erlaubnis, dessen Geschäftsfreund Pollunder und seine Tochter Klara auf seinem Landgut zu besuchen – allerdings nur „scheinbar freudig" und ohne einen genauen Zeitpunkt vereinbaren zu lassen. Pollunder erscheint aber schon am nächsten Abend, um Karl mit auf sein Landgut zu nehmen. Dieser Abschnitt (2, 57–59) hat innerhalb des Romans im Hinblick auf die Schuldfrage eine Schlüsselfunktion. Es wird deutlich, dass der Onkel ihn nicht gern gehen lassen möchte. Er ist aber nicht der Einzige, der auf Karl einwirkt, denn Herr Pollunder möchte ihn mitnehmen und räumt alle Einwände des Onkels aus. Der erste Einwand ist Karls Unvorbereitetsein, der zweite und dritte, dass er seine Reitstunde verpassen und Herr Mack vergeblich auf ihn warten werde. Ferner macht der Onkel Karls Rückkehr am nächsten Morgen zur Bedingung, damit er den Englischunterricht nicht versäume. Als Herr Pollunder einwendet, es lohne sich für so kurze Zeit kaum, stimmt der Onkel ihm zu: „‚Für einen Abend und eine Nacht steht es aber wirklich fast nicht dafür.' ‚Das war auch meine Meinung', sagte der Onkel." (2, 59) An dieser ironischerweise wie eine Zustimmung klingenden Antwort wird deutlich, dass die Möglichkeit, Karl für längere Zeit gehen zu lassen, nicht in Betracht kommt, und dass er ihn eigentlich gar nicht gehen lassen möchte. Herr Pollunder ist eine Parallelfigur zum Onkel, weil er Karl ebenfalls bevormundet. Er fordert ihn auf, seine Sachen zu holen und mitzufahren. Der Unterschied ist aber, dass der Onkel ihn gegen seine Neigung lenkt und mit Pflichtbewusstsein erfüllt, während Pollunder sorglos meint, ihm Gutes zu tun. Karl sitzt nun mit einem schlechten Gewissen im Auto und fragt sich, warum der Onkel so ungern die Erlaubnis gegeben hat. Später, wenn der Onkel Karl brieflich mitteilt, dass er für immer von ihm fortbleiben solle, nachdem er sich entschieden habe, für diesen Abend fortzugehen, fragt man sich: Hatte der Onkel es seinem Neffen nicht erlaubt, die Einladung anzunehmen? An einer Stelle sagt er: „Also lauf schon in Dein Zimmer" (2, 58), und veranlasst Karl damit, seine Sachen für den Ausflug zu packen. Das kann als Erlaubnis gedeutet werden, zumal er ausdrücklich verbietet, länger als einen Abend zu bleiben und den Englischunterricht zu versäumen. Der künftige Abschiedsbrief stellt angesichts dieser impliziten Einwilligung eine überraschende Ungerechtigkeit dar. Die Beschuldigung durch den Onkel kommt auch deshalb unerwartet, weil dieser ihn auf dem Schiff gleich mit einer öffentlichen Entschuldigung willkommen heißt, indem er im Anschluss an die Verführungsgeschichte erklärt, sein Verschulden sei „von der Art daß dessen einfaches Nennen schon genug Entschuldigung enthält" (2, 33). Karl wird in dem Roman immer wieder beschuldigt, ohne die Chance sich zu rechtfertigen. Dies ist andererseits nicht eindeutig, denn es ist gerade kennzeichnend für Kafkas Stil, das Dargestellte zu relativieren. Der Onkel hat weder eine deutliche Erlaubnis erteilt noch ein Verbot ausgesprochen. Daher hat Karl keine Möglichkeit, richtig zu handeln. Kommunikationstheoretisch kann dies als ‚double bind' (nach Gregory Bateson) bezeichnet werden, da paradoxe Signale vom Onkel ausgehen, die den Neffen in eine ausweglose Abhängigkeitssituation zwingen, in der er den Anforderungen nicht gerecht werden kann. Die Einladung auszuschlagen würde insofern einen Affront gegen den Onkel und die in dessen Kreisen gebotene Höflichkeit bedeutet haben, als Pollunder der Geschäftsfreund des Onkels ist und dessen Tochter schicklicherweise „Vorzug" vor den anderen Verpflichtungen zu geben ist (2, 58), sie anzunehmen bedeutet aber eine narzisstische Kränkung des Onkels, dessen (wenn auch nur subtil signalisierter) Wille aus Prinzip höchste Priorität haben muss. Roßmann wird zwangsläufig schuldig: Da er aus Sicht des Onkels fehlt, indem er dessen Aussagen und Verhalten zu naiv deutet, besteht seine Schuld paradoxerweise in seiner Unschuld.

Doppelbindung

Karl Roßmann wird außerdem fortlaufend überrumpelt. Pollunders Tochter Klara bestimmt das Abendprogramm für ihn, der sie nach dem Nachtmahl in ihre Zimmer begleiten und ihr auf dem Klavier vorspielen soll (vgl. 2, 64). Auch gestisch wird die Beeinflussung Karls durch Klara und die anderen deutlich gemacht. Klaras Lächeln ist „kein teilnehmendes Lächeln sondern eines, das ihn irgendwie beeinflussen sollte" (2, 66). Ferner lässt er sich von ihr fast aus dem Zimmer „schleppen" (2, 71). Als Karl angeekelt davon, wie der ungebetene Gast Herr Green die Speisen verschlingt, aufstehen will, wird er von Herrn Pollunder und seiner Tochter festgehalten (sie greifen beide nach seinen Händen). Diese Szenen, in denen Karl gegen seinen Willen festgehalten wird, wirken alarmierend und gleichzeitig komisch: „Herr Green hatte sich inzwischen ruhig mit seinem Essen beschäftigt, als sei es Herrn Pollunders und Klaras natürliche Aufgabe, Karl zu beruhigen, wenn er ihm Übelkeiten verursachte." (2, 67) Die Unfreiheit, in die Karl immer wieder gerät, wird kontrastiert mit Bildern der Freiheit, die zugleich ein Ausgesetztsein bedeuten. So sehnt Karl sich danach, zu Fuß nach New York zurückzuspazieren: „Die klare Nacht mit dem ihm zugeneigten vollen Mond stand frei für jedermann und draußen im Freien vielleicht Furcht zu haben, schien Karl sinnlos." (2, 69) Die Furcht hat ihren Ort in den geschlossenen Räumen, in denen Karl festgehalten wird, sei es mit der körperlichen Gewalt Klaras, mit der beengenden Güte Pollunders oder mit der Erpressung durch Green. Im Falle des Landhauses sind die Gänge zudem dunkel und unüberschaubar. Klara führt ihn durchs Haus und zeigt ihm sein Zimmer, hält ihn aber „ungeduldig und fast schreiend" (2, 71) zunächst davon ab einzutreten. Als er den-

Irrationale Überraschungen im Landhaus

noch eintritt, kommt es zu einer aberwitzigen Kampfszene: Klara stößt Karl vor Wut beinahe aus dem Fenster, legt ihn nach einigem Gerangel auf ein Kanapee und droht ihm mit einer Ohrfeige, die ihn als Ehrenmann so kränken werde, dass er sich „aus der Welt schaffen müsse" (2, 74). Diese Episode ähnelt dem, was Karl in Europa passiert ist und zu einem ‚Verschollenen' gemacht hat: dass er von dem Dienstmädchen „verführt" (2, 9) worden ist und aus der Welt geschafft werden musste. Er scheint immer der Leidende zu sein: der Verführte, zu einem Fehler gezwungene, Bestrafte und Verstoßene. Seine Absichten bleiben zumeist im Dunkeln, selbst an den Stellen, die Aufschluss über seine Gedanken geben. So ist beispielsweise unklar, ob von Klara eine Verführung ausgeht oder ob er von ihr nur widerwillig überrascht wird. Einerseits heißt es, sie gefalle ihm nicht, andererseits, er sei überrascht von ihrer Schönheit (die dazu genauer beschrieben wird), dann wiederum, er wolle nicht mit ihr mitgehen – aber auch das wird relativiert, denn es gilt nur für den Fall, dass er stattdessen nach Hause fahren kann (vgl. 2, 69). Das Überrumpeltwerden gegen seinen Willen ist vorherrschend. Es geschieht Karl auch immer wieder, dass er etwas Naheliegendes tut und dafür unverhältnismäßig hart bestraft wird. Vor allem die Strafe des Onkels ist auf merkwürdige Weise überzogen. Der Abschiedsbrief bekommt auch dadurch etwas Irrationales, dass er um Mitternacht übergeben werden soll, was denn auch mit zwölf Glockenschlägen überzogen dramatisch dargestellt wird: „In diesem Augenblick erklangen zwölf Glockenschläge, rasch hintereinander, einer in den Lärm des anderen dreinschlagend, Karl fühlte das Wehen der großen Bewegung dieser Glocken an den Wangen." (2, 95) Die Übertreibung klingt ironisch, zugleich ist Karl, dessen Perspektive der Erzähler weitgehend einnimmt, aber der Unterlegene, so dass dieser Moment zwar komisch, aber nicht befreiend wirkt. Karl befindet sich in diesem Augenblick in Klaras Schlafzimmer, in dem er zu seinem Erstaunen einige Minuten zuvor den Herrn Mack in einem Baldachin liegend angetroffen hat – eine weitere irrationale Überraschung –, und eilt sofort auf den Gang hinaus, wo ihm Herr Green bereits mit dem Brief in der Hand entgegenkommt: „Green nahm in diesem Gang eine schon lächerliche Größe an und Karl stellte sich zum Spaß die Frage, ob er nicht etwa den guten Herrn Pollunder aufgefressen habe." (2, 96) Wieder sind Komik und Unheimlichkeit in der Beschreibung vereint. (Immerhin wird das Befremdliche durch den erklärenden Zusatz „zum Spaß" abgemildert – eine Abmilderung, die in späteren Texten Kafkas zumeist entfällt.) Nicht weniger komisch und unerwartet ist das Hervorziehen des Koffers, den Green hinter seinem Rücken versteckt gehalten hat, und das Hervorziehen des Regenschirms, „den er in einer Hosentasche hängen hatte" (2, 98). Dies ist komisch im doppelten Sinne, denn es ist auf traumhafte Weise wunderlich und zugleich witzig: Diese Art zu schreiben ist für Kafka charakteristisch und kann als ‚Traumkomik' bezeichnet werden. Roßmanns Koffer und Schirm sind auf dem Schiff verloren gegangen und tauchen hier plötzlich und unerwartet wieder auf. Ähnlich überraschend und unwahrscheinlich wirkt die „an das Haus angebaute Treppe ohne Geländer" (2, 100), auf die er von Green durch eine Tür geschoben wird: Karl steht erstaunt mitten in der Nacht im Freien und zugleich wieder am Anfang seiner Reise mit Koffer und Schirm. Aus dem goldenen Käfig befreit ist er nun mit geringem Besitz und niedrigem Status ein fremder Einwanderer.

Beklemmende Komik

Das Hotelgericht

Im Hotel Occidental in Ramses (ein fiktiver Ortsname) wendet sich seine Geschichte, denn er erhält einen Posten als Liftjunge und wird die ihn bestehlenden Gefährten Delamarche und Robinson vorläufig los. Gleichwohl ist Karl wieder in eine Art goldenen Käfig geraten. Die Liftjungenuniform symbolisiert dies durch ihre prächtigen Goldknöpfe und Goldschnüre, denn sie ist so beengend, dass sie „immer wieder zu Athemübungen verlockte, da man sehen wollte, ob das Athmen noch immer möglich war". Zwar hat Karl eine Stelle, aber die Arbeitsbedingungen erlauben keine Erholung: Auch dies wird symbolisiert durch die Livree, die vom Schweiß der Liftjungen „unaustrockbar naß" unter den Achseln ist (2, 144). (Ein Spiegelbild gnadenloser sozialer Verhältnisse in Amerika ist die Geschichte von Therese, der Sekretärin der Oberköchin, mit der Karl sich anfreundet; sie erzählt davon, wie ihre Mutter bei der Arbeitssuche ums Leben kam, als sie noch klein war.) Bedeutsam an der in einer Art Gericht mündenden Hotelepisode ist aber nicht die Sozialkritik, sondern die Wiederkehr überzogener, wenn nicht gar grundloser Strafrituale. Es ist vielfach darauf hingewiesen worden, dass Kafkas Straffantasien, die um ungerechte, mächtige Vaterfiguren kreisen, biografisch gegründet sind. So zieht beispielsweise Michael Müller den Vater-Brief Kafkas für die Deutung der Schlüsselszene des Romans (die Aburteilung Karls im Kapitel *Der Fall Robinson*) heran: „Als einen Mann, der in seiner Wut ein Urteil faßt und entsprechende Strafen verhängt, hat Kafka immer wieder seinen eigenen Vater gesehen." (Müller 1997, 311) In dem *Brief an den Vater* berichtet Kafka von „der quälenden Vorstellung, daß der riesige Mann, mein Vater, die letzte Instanz, fast ohne Grund kommen und mich in der Nacht aus dem Bett auf die Pawlatsche tragen konnte und daß ich also ein solches Nichts für ihn war" (7, 15). Strafe, wo kein Vergehen vorliegt, ist ein Leitmotiv dieses Romans wie vieler anderer Texte Kafkas. Wieder ist es die für Kafkas Stil so charakteristische unbehagliche Komik, mit der die Szenen beschrieben werden, in denen Karl unter Druck gerät und schließlich entlassen wird. Allein die Tatsache, dass ein Oberkellner und ein Oberportier unter Einbeziehung einer Oberköchin über Karl zu Gericht sitzen, so als wäre das Hotel ein eigener Staat mit einem Gericht, ist von vornherein auf groteske Weise komisch. Es muss anscheinend nur eine Hierarchie bzw. Autorität vorhanden sein (die sich im Präfix „Ober-" ausdrückt), um eine Gerichtssituation zu legitimieren, in der ein Kellner Richter, ein Portier Ankläger und eine Köchin Verteidigerin ist. Entsprechend willkürlich geht auch die einem Verhör ähnliche Befragung vonstatten, in der Roßmanns Befürchtungen sich bewahrheiten, dass niemand danach fragt, wie gut er seine Arbeit zwei Monate lang gemacht hat, „sondern es wird so entschieden, wie einem in der ersten Wut das Urteil aus dem Munde fährt" (2, 178). Da er seinen Posten für wenige Minuten verlassen hat, um den betrunkenen Robinson im Schlafsaal abzulegen, wird er, angespornt durch den Oberportier Feodor, der ihn zu Unrecht weiterer Nachlässigkeiten bezichtigt, vom Oberkellner Isbary gescholten und entlassen. Die Oberköchin, die ihm eigentlich wohlgesonnen ist, kann ihm gegen die schweren Anschuldigungen ebenso wenig helfen wie Karl sich selbst, der resigniert erkennt: „Es ist unmöglich sich zu verteidigen, wenn nicht guter Wille da ist." (2, 190)

In Roßmanns Amerika wimmelt es von unausdrücklichen Verboten, die er ohne böse Absicht, jedoch mit der dunklen Ahnung einer Schuld übertritt.

Das trifft vor allem auf die Reise ins Landhaus und die Lagerung Robinsons im Schlafsaal der Liftjungen zu. Selbstironisch gesteht Karl sich seine Schuld ein: „Es bestand wohl kein ausdrückliches Verbot, nach dem fremde Leute in den Schlafsaal nicht mitgenommen werden durften, aber dies bestand nur deshalb nicht, weil eben unausdenkbare Dinge nicht verboten werden." (2, 171) Wie so oft bei Kafka wird auch in dieser ernsten Angelegenheit, die mit einer erneuten Verstoßung Roßmanns endet, nicht auf Beschreibungen verzichtet, die in ihrer körperlichen Anschaulichkeit komisch wirken, so etwa wenn es vom Oberkellner heißt, er habe Karl so laut angeschrieen, „daß dieser erschrocken vorerst nur in das große schwarze Mundloch starrte" (2, 174). Der weitere Verlauf der Geschichte ist von schlechten Aussichten überschattet, denn Roßmann landet auf der Straße und stellt entmutigt fest: „Und wenn er sein Recht nicht von der Güte der Oberköchin und von der Einsicht des Oberkellners erhalten hatte, von der Gesellschaft hier auf der Straße hatte er es gewiß nicht zu erwarten." (2, 215)

Roßmanns „Hilfsbedürftigkeit" gegenüber Frauen

Die Opferrolle Roßmanns wird besonders deutlich im Verhältnis zu den Frauen. Hier ist einerseits das jugendliche Alter des Protagonisten zu bedenken, durch das eine gewisse Scheu vor sexuell aktiven Frauen erklärlich ist, andererseits wird die Unlust so überzogen und zwiespältig dargestellt, dass der Eindruck entsteht, es handele sich um eine mit aller Kraft bekämpfte, verleugnete oder verkannte Lust.

Johanna Brummer

Karls Erinnerung an die Verführung durch das Dienstmädchen Johanna Brummer wird im ersten Kapitel ausführlich wiedergegeben:

> Einmal aber sagte sie ‚Karl!' und führte ihn, der noch über die unerwartete Ansprache staunte, unter Grimassen seufzend in ihr Zimmerchen, das sie zusperrte. Würgend umarmte sie seinen Hals und während sie ihn bat sie zu entkleiden, entkleidete sie in Wirklichkeit ihn und legte ihn in ihr Bett, als wolle sie ihn von jetzt niemandem mehr lassen und ihn streicheln und pflegen bis zum Ende der Welt. ‚Karl, o Du mein Karl', rief sie als sehe sie ihn und bestätigte sich seinen Besitz, während er nicht das geringste sah und sich unbehaglich in dem vielen warmen Bettzeug fühlte, das sie eigens für ihn aufgehäuft zu haben schien. Dann legte sie sich auch zu ihm und wollte irgendwelche Geheimnisse von ihm erfahren, aber er konnte ihr keine sagen und sie ärgerte sich im Scherz oder Ernst, schüttelte ihn, horchte sein Herz ab, bot ihre Brust zum gleichen Abhorchen hin, wozu sie Karl aber nicht bringen konnte, drückte ihren nackten Bauch an seinen Leib, suchte mit der Hand, so widerlich daß Karl Kopf und Hals aus den Kissen herausschüttelte, zwischen seinen Beinen, stieß dann den Bauch einige Male gegen ihn, ihm war als sei sie ein Teil seiner selbst und vielleicht aus diesem Grunde hatte ihn eine entsetzliche Hilfsbedürftigkeit ergriffen. (2, 35 f.)

Winfried Menninghaus konstatiert, die „abstoßenden Frauen-Szenen" seien „positiv und libidinös besetzt" (Menninghaus 2006, 210), nur dass dies hinter der „Simulation vollendeter männlicher Unwissenheit" so verborgen bleibt, dass Karl in seiner Unschuld selbst nicht weiß, wie ihm geschieht: „Um sich von der Köchin auf ihr Zimmer führen, dort einsperren und ins Bett legen lassen und gleichwohl die Rolle kindlicher Unschuld weiterspielen zu können, muß Karl eine Perspektive völliger Unwissenheit insinuieren, die jedes Detail systematisch mißversteht, dem Leser aber zugleich eine andere Übersetzung des Geschehens erlaubt." (Menninghaus 2006, 213) Das ist nicht so zu verstehen, dass Karl den Unschuldigen spielt; er weiß es nicht besser. Diese Beschränktheit seines Wissens macht seine Sicht auf die Dinge jedoch nicht sehr verlässlich. Menninghaus bietet eine andere Version des Verführungsgeschehens an, wenn er die ‚Grimassen', unter denen die Köchin Karl in ihr Zimmer führt (vgl. 2, 35), als „[v]erliebte Gebärden" und das ‚widerliche Suchen' zwischen den Beinen als „Stimulation des männlichen Gliedes" deutet. „Selbst die sexuelle Vereinigung scheint Karl entgangen zu sein: sie begegnet nur in der sprachlichen Zurücknahme in eine unerhörte Täuschung (‚ihm war als sei sie ein Teil seiner selbst') und in der Inversion herkömmlicher Beschreibungsmuster, wonach der Mann ein Teil der Frau wird." (Menninghaus 2006, 213) Es ist nicht deutlich zu erkennen, ob Roßmann nur Ekel empfindet oder eine Lust, die er sich nicht eingesteht, oder ob er das sexuelle Geschehen aus knabenhafter Unreife verzerrt wahrnimmt. Eines ist jedoch unzweifelhaft: die „entsetzliche Hilfsbedürftigkeit", von der Roßmann sich angesichts dieses Vorfalls ergriffen fühlt (2, 35). Da die 35-jährige Frau viel älter und körperlich mächtiger ist als er, erscheint die im ersten Satz des Romans so benannte Verführung wie eine Vergewaltigung. Kafka stellt offenbar alles auf den Kopf: zu den verkehrten Welten, die seinen Texten oft eine Ähnlichkeit mit Traumprotokollen verleihen, gehört hier der Umstand, dass sich die Frauen über den hilflosen Mann hermachen. Der in einer narrativen Rückwendung mitgeteilte Grund für Karls Ausreise nach Amerika ist nicht nebensächlich, denn er stellt eine Art Urszene für seine Hilfsbedürftigkeit gegenüber den Frauen (und nicht nur gegenüber Frauen) dar.

Klara Pollunder

In der Begegnung mit Klara Pollunder wiederholt sich die Konstellation, wenngleich es sich um eine junge Frau mit einem „vom Sport gestählten Körper" (2, 72) handelt. Wieder wird Karl körperlich bezwungen und gegen seinen Willen auf ein Kanapee gedrängt. Diese Episode ist ebenfalls erotisch gefärbt, allerdings auf sadistische Weise, da es Klara offenbar große Lust bereitet, ihn anzugreifen und ihm weh zu tun („es verlockt mich geradezu riesig Dich zu ohrfeigen so wie du jetzt daliegst" (2, 73f.)). Ihre Angriffslust steigert sich mit seiner sie kränkenden ablehnenden Haltung. Wieder begreift Karl die sexuelle Dimension des Geschehens nicht, das er mit Abscheu, „Wut und Scham" (2, 73) über sich ergehen lässt. Für ihn ist es ein „Ringkampf", der mit einer „Niederlage" endet (2, 76). Er sinnt sogar insgeheim auf Rache (vgl. 2, 76). Sexuelle Begierden gehen von ihm nicht aus, im Gegenteil, er hat seine Angreiferin „unaussprechlich satt" (2, 75). Sättigung und Ekel kennzeichnen seine Befindlichkeit im Landhaus, das gilt sowohl für das Abendessen als auch für den auf dem Sofa endenden Kampf im dunklen Zimmer. Diese Empfindungen sind zugleich Ausdruck seiner Hilfsbedürfigkeit, denn er ist der Situation nicht gewachsen und erscheint ohnmächtig und beklagenswert wie ein Opfer.

Brunelda

In gesteigerter Hilfsbedürftigkeit befindet er sich, als er in den Dienst Bruneldas gezwungen wird. Roßmanns Beziehungen zu Frauen sind (mit Ausnahme von Therese) generell asymmetrisch: Die Frauen sind mächtiger als er und verlangen etwas von ihm. Brunelda ist durch ihre unmenschliche Körperfülle und ihre launischen Herrschaftsallüren geradezu eine Inkarnation des Mächtigen. Ihre Macht äußert sich einesteils in ihrer Rolle als eine

Diva, die von Delamarche und Robinson umworben wird und sich schamlos bedienen lässt, anderenteils in ihrem Leibesumfang. Diesen bekommt auch Roßmann zu spüren: Als er vom Balkon aus die politischen Vorgänge auf der Straße beobachten will, klemmt sie ihn zwischen sich und das Geländer und fummelt schwer seufzend an seinem Hemd, während er versucht, „diese kleinen, fetten Händchen wegzuschieben" (2, 250f.). Eine sexuelle Komponente hat das Bedrängtwerden von seiten Bruneldas nicht dadurch, dass sie Karl begehrt oder nötigt, sondern vor allem durch die sexuellen Handlungen und Phantasien, durch die die Figur (vor allem aus der Perspektive von Robinsons Berichten über sie) eingeführt und charakterisiert wird. Karl ist hier wieder der unfreiwillig in Beschlag Genommene. Die Beschreibung von Bruneldas Herrschsucht ist aufgrund der beinahe unvermeidlichen physischen Aufdringlichkeit komisch:

> ‚Willst du nicht durch den Gucker schauen?' fragte Brunelda und klopfte auf Karls Brust, um zu zeigen, daß sie ihn meine.
> ‚Ich sehe genug', sagte Karl.
> ‚Versuch es doch', sagte sie, ‚du wirst besser sehen.'
> ‚Ich habe gute Augen', antwortete Karl, ‚ich sehe alles.' Er empfand es nicht als Liebenswürdigkeit, sondern als Störung, als sie den Gucker seinen Augen näherte und tatsächlich sagte sie nun nichts als das eine Wort ‚du!' melodisch, aber drohend. Und schon hatte Karl den Gucker an seinen Augen und sah nun tatsächlich nichts.
> ‚Ich sehe ja nichts', sagte er und wollte den Gucker loswerden, aber den Gucker hielt sie fest und den auf ihrer Brust eingebetteten Kopf konnte er weder zurück noch seitwärts schieben.
> ‚Jetzt siehst du aber schon', sagte sie und drehte an der Schraube des Guckers.
> ‚Nein, ich sehe noch immer nichts', sagte Karl und dachte daran, daß er Robinson ohne seinen Willen nun tatsächlich entlastet habe, denn Bruneldas unerträgliche Launen wurden nun an ihm ausgelassen.
> ‚Wann wirst du denn endlich sehen?' sagte sie und drehte – Karl hatte nun sein ganzes Gesicht in ihrem schweren Atem – weiter an der Schraube. (2, 253)

Karl wird hier zwar nicht verführt oder sexuell missbraucht, er wird jedoch wieder einmal auf eine ihm Ekel erregende Weise von einer Frau körperlich bedrängt und seiner Freiheit beraubt. Menninghaus vergleicht die Position und Funktion Bruneldas mit der „Instanz des unverfügbaren Gerichts und des sich entziehenden Schlosses" in den Romanen *Der Proceß* und *Das Schloß*: die „ekelhafte Prostituierte" sei „Kafkas unschuldig-perverse Variation des Absoluten" (Menninghaus 2006, 220f.). Für diese Deutung spricht der Umstand, dass Brunelda im Unterschied zu den anderen Frauenfiguren für Karl unerreichbar ist und auf willkürliche Weise Macht ausübt; dagegen spricht allerdings die fehlende Anziehungskraft, denn das Gericht und das Schloss sind (anders als Brunelda) von den Protagonisten gesuchte Instanzen.

Das „allermodernste New Jork"

In einem Brief an seinen Verleger Kurt Wolff spricht Kafka am 25. Mai 1913 davon, „das allermodernste New Jork" in seinem Roman darzustellen (BB, 117). Dazu gehören vor allem die kapitalistische Mentalität der Gewinnmaximierung (angedeutet in der Karriere des Onkels und vorgeführt am Beispiel des Hotelbetriebs), das großstädtische Verkehrsszenario, die Menschenmassen, die Arbeitssuche, das politische Geschehen auf den Straßen (Demonstrationen, Streiks, Wahlkampfumzüge), die geschäftliche Betriebsamkeit und die Telekommunikation. Viel bekommt Roßmann nicht zu sehen von New York und Amerika, weil er beim Onkel nur vom Balkon aus auf die Straße blicken kann, später im Hotel Occidental arbeitet, das er nur selten verlässt, bei Brunelda geradezu gefangen gehalten wird (wo er auch nur vom Balkon aus das politische Ereignis auf der Straße verfolgen kann) und schließlich mit dem Zug die Ostküste verlässt und die gewaltige Landschaft beschauen kann. Auf dem Weg zum Landhaus Pollunders erhält er jedoch Einblick in das Straßenbild:

> Aus den Straßen, wo das Publikum in großer unverhüllter Furcht vor Verspätung in fliegendem Schritt und in Fahrzeugen, die zu möglichster Eile gebracht waren, zu den Teatern drängte, kamen sie durch Übergangsbezirke in die Vorstädte, wo ihr Automobil durch Polizeileute zu Pferd immer wieder in Seitenstraßen gewiesen wurde, da die großen Straßen von den demonstrierenden Metallarbeitern, die im Streik standen besetzt waren und nur der notwendigste Wagenverkehr an den Kreuzungsstellen gestattet werden konnte. Durchquerte dann das Automobil, aus dunkleren, dumpf hallenden Gassen kommend, eine dieser ganzen Plätzen gleichenden großen Straßen, dann erschienen nach beiden Seiten hin in Perspektiven, denen niemand bis zum Ende folgen konnte, die Trottoire angefüllt mit einer in winzigen Schritten sich bewegenden Masse, deren Gesang einheitlicher war, als der einer einzigen Menschenstimme. (2, 60)

Kafkas Amerikabild ist nicht nur von Arthur Holitschers bereits erwähntem Reisebericht geprägt, sondern auch von dem Lichtbildvortrag František Soukups, eines sozialdemokratischen Abgeordneten, „der im Herbst 1911 auf Einladung der Arbeiterverbände durch die Vereinigten Staaten gereist war und am 2. Juni 1912 im Prager Repräsentationshaus kritisch über seine Eindrücke berichtete" (Alt 2005, 351). Auch gastronomische Eigentümlichkeiten Amerikas werden in *Der Verschollene* beschrieben, wie das fast rohe Fleisch, das dort gegessen wird, und die im Hals brennende „schwarze Flüssigkeit", die man sich reicht (2, 115). Damit sind wahrscheinlich medium gebratene Steaks und Coca-Cola gemeint, die zu den Amerika-Stereotypen gehören, in Europa um 1913 jedoch noch nicht verbreitet sind. Hinzu kommt die Vorstellung eines technisch fortgeschrittenen Amerikas, das beispielsweise in der folgenden Beschreibung des Telegrafensaals im Hotel zum Ausdruck kommt:

> Es waren dies jene neuesten Telephone, für die keine Telephonzellen nötig waren, denn das Glockenläuten war nicht lauter als ein Zirpen, man konnte in das Telephon mit Flüstern hineinsprechen und doch kamen die Worte dank besonderer elektrischer Verstärkungen mit Donnerstimmen an ihrem Ziele an. Deshalb hörte man die drei Sprecher an ihren Telephonen kaum und hätte glauben können, sie beobachteten murmelnd irgendeinen Vorgang in der Telephonmuschel, während die drei anderen wie betäubt von dem auf sie herandringenden, für die Umgebung im übrigen unhörbaren Lärm die Köpfe auf das Papier sinken ließen, das zu beschreiben ihre Aufgabe war. (2, 202)

Bedeutsam ist dabei jedoch, dass Kafka nicht einfach Amerika-Klischees wiedergibt. Der Text bietet keine naturalistische, sozialkritische Dokumentation der sozialen Verhältnisse eines durchtechnisierten, beschleunigten, gnadenlosen Amerika, sondern greift solche Stereotypen auf, um sie zu karikieren und die Orientierungslosigkeit Roßmanns im Kontrast darzustellen. Detlef Kremer spricht in diesem Zusammenhang von einer „Groteske“:

> In einem Land, das Hotels mit 30 Aufzügen, 40 Liftboys und 5000 Gästen zu bieten hat, muß auch der Körper der Frau riesenhafte Ausmaße annehmen. In diesem phantastischen Land mit Namen ‚Amerika‘ kommt der hyperbolisch aufgeblähte Leib aus der Tradition der Groteske zu seinem vollen Recht. (Kremer 1994, 241)

Kremer betont die „groteske Überformung“ in Kafkas Beschreibung der durchrationalisierten Arbeitsprozesse (Kremer 1994, 242), wenn von den Liftjungen gesagt wird, dass sie kurzfristig im Stehen schlafen müssen, um ihre zwölfstündigen Schichten zu überstehen. Ähnliches gilt für die telefonierenden Körper, die wie rotierende Teile einer großen Maschine wirken, während Karl Roßmann einen Menschen bräuchte, der ihn aus der Gewalt des Oberportiers befreien kann.

Gegenentwurf zum Bildungsroman

Der Verschollene weist Ähnlichkeiten mit dem Genre des klassischen Bildungsromans auf, dessen Modellbeispiel Goethes *Wilhelm Meisters Lehrjahre* (1795/96) ist. Die Entwicklung und der Ausbildungsweg einer zentralen Figur werden darin nachgezeichnet. Zumeist spielt auch das Theater als Zufluchtsort eine entscheidende Rolle. Im Unterschied zu der idealistischen Linie einer solchen Lebensreise gerät Roßmann jedoch in Verstrickungen, durch die er weder zu wesentlichen Erkenntnissen über die Welt noch über sich selbst gelangt. Der Prozess des Lernens, des Entscheidens und der Selbststeigerung, wie er für den Bildungsroman charakteristisch ist, wird ins Negative verkehrt: in ein Sich-treiben-Lassen oder Fliehen oder Verstoßenwerden. Georg Lukács bestimmt die Struktur des Romans im Allgemeinen als eine „Wanderung des problematischen Individuums zu sich selbst, der Weg von der trüben Befangenheit in der einfach daseienden, in sich heterogenen, für das Individuum sinnlosen Wirklichkeit zur klaren Selbsterkenntnis“ (Lukács 1994, 70). Roßmann lebt in einer Welt, die heterogen bleibt; er sucht nicht nach seiner Identität und erreicht auch keine höhere Daseinsstufe. Zwar träumt er davon, die Welt durch sein Klavierspiel verbessern zu können, merkt aber nicht, dass seine Fähigkeiten davon weit entfernt sind. Später besteht sein Ziel nur noch darin, überhaupt irgendwo eine Stelle zu bekommen und sich unauffällig in die Arbeitswelt einzufügen. Das Theater wird dabei nicht zu einem Ort der Selbstverwirklichung in der Kunst, es ist vielmehr eine ‚große Organisation‘ (so nennt Josef K. im *Proceß* das Gericht), in der Roßmann unter Auflösung seiner Identität und Individualität als Techniker ohne Ausweispapiere mit dem erfundenen Namen „Negro“ untertaucht. Einerseits ist er eine Figur, die nicht nachahmenswert erscheint, andererseits setzt der Erzähler seinem Lebensweg auch kein Idealbild entgegen. Denn es fällt ihm im Unterschied zu Erzählern eines Bildungsromans nicht ein, an eine Seele zu glauben, „die da auszieht, um sich kennenzulernen, die Abenteuer aufsucht, um an ihnen geprüft zu werden, um an ihnen sich bewährend ihre eigene Wesenheit zu finden“, wie in Lukács' Romantheorie weiter ausgeführt wird (Lukács 1994, 78). Das „allermodernste New Jork" ist also nicht nur in der Beschreibung moderner Technik und Beschleunigung zu suchen, sondern vor allem im anti-idealistischen Charakter Karl Roßmanns.

2. *Der Proceß*

Biografischer Anlass

Elias Canetti führt in seinem berühmten Kafka-Essay *Der andere Prozeß* (1958) zwei Ereignisse aus Kafkas Leben an, die seines Erachtens Eingang in den *Proceß* gefunden haben: die Verlobung mit Felice Bauer am 1. Juni 1914 und deren Auflösung nach sechs Wochen im Hotel *Askanischer Hof* in Berlin. Canetti stützt sich dabei auf entsprechende Formulierungen in den Tagebüchern, denn Kafka beschreibt die Verlobung wie eine Verhaftung, bei der er sich „gebunden wie ein Verbrecher" fühlte, und nennt das Trennungsgespräch ein „Gericht". Kafka fühlte sich also gefangen, obwohl er sich frei bewegen konnte, so wie sein Protagonist Josef K. im ersten Kapitel zwar verhaftet wird, aber dennoch zur Arbeit gehen kann. Und so widerstandslos, wie K. sich hinrichten lässt, muss Kafka bei der Aussprache im *Askanischen Hof* dagesessen und alle Anschuldigungen über sich ergehen lassen haben. Zu der Demütigung, dass Felice Bauer in Begleitung von ihrer Schwester Erna und ihrer Freundin Grete Bloch erschien und ihn damit öffentlich beschämte, passt der Schluss des *Proceß*, wo es von K. heißt, es komme ihm so vor, „als sollte die Scham ihn überleben" (3, 241; vgl. Canetti 1983, 52 ff.). Diese Analogien sind hinsichtlich des Gerichtetwerdens erhellend für den Zusammenhang zwischen Leben und Werk Kafkas, eine erschöpfende Interpretation des Romans stellen sie freilich nicht dar.

Textentstehung und Edition

Im August 1914, einen Monat nach der Entlobung von Felice Bauer, beginnt Kafka, den *Proceß* zu schreiben. Innerhalb von knapp zwei Monaten, bis Anfang Oktober, entstehen gut zweihundert Seiten, das sind zwei Drittel des Romans, der dann kurzzeitig liegen bleibt. Bis Januar 1915 kommen in weniger rasantem Schreibfluss fast hundert Seiten hinzu. Der Roman ist nicht fertig geworden, Kafka ist nicht zufrieden mit ihm und hört auf, weiter daran zu arbeiten. Nur die Türhütergeschichte aus dem Kapitel *Im Dom* hat er für gut genug befunden, um sie 1915 unter dem Titel *Vor dem Gesetz* zu veröffentlichen. Zuerst entstanden sind das erste und das letzte Kapitel. Anders als bei der Arbeit an *Der Verschollene* legt Kafka das Ende bereits zu Beginn des Schreibprozesses fest, um zu verhindern, dass das Erzählen wieder ins Unendliche davonläuft. In kleinen Prosaformen hatte er sich bis 1914 ja schon meisterlich bewährt (beispielsweise durch *Das Urteil* und *Die Verwandlung*), aber einen Roman brachte er bis dato außer dem einen Fragment nicht zustande. Das Kapitel *Verhaftung* ist also um den 11. August herum etwa zeitgleich mit dem Kapitel *Das Ende* geschrieben worden. Die Abgerundetheit der Romankonzeption zeigt sich in der analogen Figurenkonstellation: Im ersten Kapitel wird K. von zwei Wächtern im Schlafzimmer überrascht, im letzten wird er von zwei Henkern zur bereits erwarteten Hinrichtung abgeholt. (Eine detaillierte tabellarische Übersicht der einzelnen Textpartien und ihrer mutmaßlichen Datierung, wie sie in der Kritischen Kafka-Ausgabe aufgrund der Handschriften und einiger Hinweise aus dem

Das erste und letzte Kapitel zuerst

Fragmente

Tagebuch vorgenommen wurde, findet sich bei Müller 1996, 71.) Sie sind zum Teil unfertig geblieben und werden in der Kritischen Ausgabe als Fragmente bezeichnet und gesondert aufgeführt. Ein äußerlicher Hinweis darauf, dass ein Konvolut als Fragment anzusehen ist, besteht in der zweifachen Methode, wie Kafka die Kapitel aufbewahrt hat, denn er hat für die fertigen Kapitel (z. B. *Erste Untersuchung*) ein Deckblatt und für die noch in Arbeit befindlichen Textstücke (z. B. *Fahrt zur Mutter*) ein Einschlagblatt verwendet (vgl. Pasley 1990, 5). Max Brod, der bei seiner Edition den Eindruck eines geschlossenen und vollendeten Romans vermitteln wollte, obwohl er nur eine lose Kapitelsammlung vorfand, legte die Abfolge selbst fest und baute die fragmentarischen Episoden so ein, als wären sie abgeschlossene Kapitel. Die Textteile, die er für unfertig und zum Verständnis der Handlung nicht unbedingt nötig hielt, ließ er draußen (sie sollten im Schlussband der Nachlassausgabe abgedruckt werden). 1925 gibt Max Brod den *Prozeß* im Berliner Verlag Die Schmiede als ersten Band der ersten Kafka-Ausgabe heraus. 1935 und 1946 kommt es zu einer zweiten und dritten Ausgabe, in denen Brod editorisch etwas originalgetreuer arbeitet und einen Anhang mit unvollendeten und gestrichenen Kapiteln bietet. Sprachliche Eingriffe, die nicht nur Flüchtigkeitsfehler betreffen, sondern stilistisch und gedanklich bedeutsam sind, bleiben gleichwohl erhalten. Brod ist daher vielfach angefochten worden. In der Kritischen Ausgabe (herausgegeben von Malcolm Pasley) versucht man dagegen, eine möglichst große Nähe zum Manuskript zu wahren, auch wenn die Zeichensetzung (z. B. wenige Kommata) und einige sprachliche Eigenheiten die Lektüre erschweren.

Erstausgabe von Max Brod

Die Schreibweise des Titels

Über ein halbes Jahrhundert lang gilt die Schreibweise *Prozeß*, entsprechend der Erstausgabe von Max Brod. 1990 erscheint dann die Kritische Kafka-Ausgabe mit der Schreibweise *Proceß*, weil in Kafkas Handschrift *Process* steht und das *ß* der derzeit gültigen deutschen Rechtschreibung entspricht. (Die hier zitierte Ausgabe von Hans-Gerd Koch ist an der Kritischen Ausgabe orientiert.)

Kapitelüberschriften

Die Kapitelüberschriften stammen von Kafka, wobei er zum Teil sicher nur zu seiner eigenen Orientierung die Kapitel mit einem Stichwort zur Inhaltsangabe auf dem Deckblatt versehen hat. Zwar trägt das gesamte Manuskript keinen Titel, aber Kafka erwähnt ihn in Tagebuchaufzeichnungen und auch mündlich, wie Brod im Nachwort zur ersten Ausgabe berichtet. Kafka soll noch weitere Kapitel vor dem Schlusskapitel geplant und den Roman als unvollendet betrachtet haben (vgl. BP, 228). Es war keineswegs Kafkas Absicht, Geschichten ins Unendliche anzulegen mit dem Ziel, Fragmente hervorzubringen. Zwar erhalten sie dadurch eine Rätselhaftigkeit, die zu einer Flut von Interpretationen geführt hat, aber die Tagebuchaufzeichnungen verraten, dass Kafka bemüht war, seine Geschichten zu Ende zu schreiben, und darunter litt, dass es ihm häufig nicht gelang. Am 30. November 1914 verzweifelt er an der Arbeit am *Proceß*: „Ich kann nicht mehr weiterschreiben. Ich bin an der endgiltigen Grenze, vor der ich vielleicht wieder Jahre lang sitzen soll, um dann vielleicht wieder eine neue, wieder unfertig bleibende Geschichte anzufangen. Diese Bestimmung verfolgt mich.“ (11, 59)

Kein Fragmentkult

Inhaltsübersicht der Kapitel

Der Gang der Handlung ist nach der Anordnung der Kritischen Kafka-Ausgabe in die folgenden Kapitel gegliedert. (Die Fragmente werden nicht angeführt, da sie für das Nachvollziehen der Geschichte nicht wesentlich sind.)

1. Am Morgen seines dreißigsten Geburtstags wird Josef K., der als Prokurist bei einer Bank beschäftigt ist, von zwei Wächtern im Schlafzimmer überrumpelt und verhaftet. K., der nach der Köchin geläutet hatte, die ihm jeden Morgen das Frühstück bringt, ist irritiert und versucht vergeblich, etwas über die Gründe und Hintergründe der Verhaftung herauszubekommen. Er wird zu einem Aufseher gerufen, der nebenan in dem Zimmer von Fräulein Bürstner an deren Nachttisch wie an einem Verhandlungstisch sitzt. Es wird K. trotz Verhaftung gewährt, in Begleitung dreier Arbeitskollegen, die ihn ebenfalls im Nebenzimmer empfangen, zur Bank zu fahren. *Verhaftung*
2. K. kommt von der Arbeit nach Hause und spricht mit seiner Vermieterin Frau Grubach über den Vorfall am Morgen. Sie beruhigt ihn damit, zu sagen, dass die Verhaftung nicht so schlimm sei, da er nicht wie ein gewöhnlicher Dieb verhaftet worden sei. Andererseits tröstet sie ihn mit kummervoller Stimme, so dass sie K. weiterhin in Unruhe belässt. Als Fräulein Bürstner am späten Abend heimkehrt, sucht K. sie auf, um sich bei ihr für die Unordnung zu entschuldigen. Er erzählt ihr von den Ereignissen am Morgen und stellt sie lautstark szenisch nach. Bevor er das Zimmer wieder verlässt und schlafen geht, bedrängt er sie mit Küssen. *Gespräch mit Frau Grubach / Dann Fräulein Bürstner*
3. Ein paar Tage später wird K. telefonisch zu einer ersten Untersuchung bestellt, die am folgenden Sonntag in einem entlegenen Vorstadtviertel stattfinden soll. Er geht am frühen Morgen dorthin und findet einen unübersichtlichen Gebäudekomplex vor, in dem er das Gericht erst suchen muss. Er gerät in ein mit Menschen überfülltes Zimmer, tritt vor den Untersuchungsrichter und übt öffentlich Kritik an der unprofessionellen Verfahrensweise des Gerichts. Als er wieder davoneilen will, wird er vom Untersuchungsrichter abgefangen mit der strafenden Auskunft, K. habe sich durch sein Betragen des Vorteils eines Verhörs beraubt. *Erste Untersuchung*
4. Am darauf folgenden Sonntag erscheint K. unaufgefordert wieder im Sitzungssaal, findet ihn allerdings leer vor. Er nutzt mithilfe einer Frau (Elsa), deren Ehemann Gerichtsdiener ist, die Gelegenheit, Einblick in die auf dem Tisch des Richters liegenden Gesetzesbücher zu bekommen und erblickt beim ersten Aufblättern eine pornografische Zeichnung. Ein Student erscheint, es kommt zu einem Streit zwischen ihm und K. und er trägt die Frau davon. K. erzählt dem Gerichtsdiener, den er zufällig auf der Treppe trifft, davon. Dieser nimmt ihn mit, um ihm die Kanzleien auf dem Dachboden zu zeigen. Dort spricht K. mit einem der Angeklagten und einem Büromädchen. Da ihm wegen der schlechten Luft schwindelig wird, lässt er sich wieder nach draußen begleiten. *Im leeren Sitzungssaal / Der Student / Die Kanzleien*
5. Eines Abends entdeckt K. in der Bank in einer Rumpelkammer die beiden Wächter, die ihn verhaftet hatten. Sie werden von einem in Leder gekleideten ‚Prügler' ausgepeitscht, weil K. sich angeblich beim Untersuchungsrichter über sie beschwert habe. Dies bestreitet K. jedoch und versucht vergeblich, den Prügler von der vermeintlich gerechten Strafe abzuhalten. Als einer der Wächter laut schreit, schließt K. die Tür und verheimlicht den Vorfall gegenüber den Bankdienern. Am folgenden Tag schaut K. erneut in die Rumpelkammer. Als er dieselbe Szene vorfindet, wirft er die Tür sofort wieder zu und ordnet den Bankdienern an, die Rumpelkammer auszuräumen, was diese allerdings erst für den nächsten Tag zu tun versprechen. *Der Prügler*

Der Onkel / Leni

6. Sein Onkel hört von K.s Verstrickung in einen Prozess und bietet ihm seine Hilfe an. Er überrascht K. mit einem Besuch in der Bank und fährt von dort mit ihm zu einem alten Bekannten, dem Advokaten Huld, dessen Kanzlei sich im selben Vorstadtviertel befindet wie der Gerichtskomplex. Der krank im Bett liegende Advokat gibt zu erkennen, dass er über den Prozess gegen K. aus Gerichtskreisen bereits informiert sei. Es kommt zu einer Unterredung, in die auch der bis dahin unbemerkt in einer Zimmerecke gesessen habende Kanzleidirektor einbezogen wird. K. wird von Leni, der Pflegerin des Advokaten, aus dem Raum gelockt. Sie rät ihm, ein Geständnis abzulegen, bietet ihm ihre Hilfe an und wird sexuell aufdringlich. Der Onkel bezichtigt K., sich mit dem Mädchen herumgetrieben zu haben, anstatt durch sein Verhalten günstig auf seinen Prozess einzuwirken.

Advokat / Fabrikant / Maler

7. K. möchte seinen seit Monaten dauernden Prozess positiv beeinflussen, sein Advokat rät ihm jedoch davon ab, eine Verteidigungsschrift beim Gericht vorzulegen. Es sei auch nicht möglich, Einblick in die Anklageschrift zu bekommen, wie überhaupt die Rechtsbehörde ziemlich undurchsichtig sei. Da ihm der Advokat Huld anscheinend nicht sehr behilflich ist, beschließt K., selbst eine Eingabe beim Gericht zu machen. Während er in seinem Büro über den Prozess nachdenkt, wartet ein Kunde auf ihn. K. spricht mit dem Fabrikanten, ist aber nicht bei der Sache, so dass der Direktor-Stellvertreter das Kundengespräch übernimmt. Der Fabrikant gibt K. den Hinweis, sich an den Maler Titorelli zu wenden, der gute Beziehungen zu den Richtern und ihm auch von K.s Prozess erzählt habe. K. sucht den Maler auf, der von drei Möglichkeiten der Befreiung im Prozess spricht: dem Freispruch, der nur Legende sei, einem scheinbaren Freispruch und einer Verschleppung. Beim Verlassen des Ateliers sieht K. dieses von Gerichtskanzleien umgeben.

Kaufmann Block / Kündigung des Advokaten

8. K. geht zu seinem Advokaten, um ihm zu kündigen, weil er in seiner Sache bislang nichts unternommen habe. In dessen Wohnung findet er einen anderen Angeklagten, den Kaufmann Block, vor, dessen Prozess bereits mehr als fünf Jahre dauert. Der Advokat hält K. entgegen, dass er bevorzugt behandelt werde. Um ihm zu demonstrieren, wie mit Angeklagten sonst umgegangen wird, ruft er Block zu sich und demütigt ihn in K.s Anwesenheit. Dieser Vorfall bestärkt K. in dem Vorhaben, sich von dem Advokaten zu trennen.

Im Dom

9. K. soll einem italienischen Geschäftsfreund der Bank den Dom zeigen und findet sich zur verabredeten Zeit dort ein. Der Italiener kommt nicht und als K. wieder gehen will, wird er von einem Geistlichen beim Namen gerufen. Dieser gibt sich als Gefängniskaplan des Gerichts zu erkennen und hält K. vor, zu viel fremde Hilfe, vor allem bei Frauen, zu suchen und sich im Gericht, das seine Schuld für erwiesen halte, zu täuschen. Er erzählt ihm eine Geschichte (*Vor dem Gesetz*), die ihm das Wesen des Gerichts begreiflicher machen soll. Über deren Auslegung ist K. mit dem Geistlichen uneinig.

Ende

10. Ein Jahr nach seiner Verhaftung wird K. abends in seiner Wohnung von zwei Herren in schwarzen Gehröcken und Zylindern abgeholt. Er leistet keinen Widerstand und lässt sich in einen Steinbruch führen, wo er mit einem ins Herz gestoßenen Messer hingerichtet wird.

Erzählweise

Der Erzähler weiß nicht mehr als Josef K. Diese Perspektive wird im Wesentlichen auch nicht verlassen. Eine solche Erzählsituation wird in der Erzähltheorie als „interne Fokalisierung" (Genette 1998, 134) bezeichnet und von Erzählweisen unterschieden, in denen der Erzähler allwissend ist („Nullfokalisierung") oder die äußere Handlung ohne Einblick in die Gedanken der Figuren berichtet („externe Fokalisierung"). Die interne Fokalisierung ist bereits am ersten Satz des Romans nachzuweisen: „Jemand mußte Josef K. verleumdet haben, denn ohne daß er etwas Böses getan hätte, wurde er eines Morgens verhaftet." (3, 9) Ein allwissender Erzähler stellt keine Mutmaßungen an. Die Verleumdungshypothese ist auf das beschränkte Wissen K.s zurückzuführen, dessen Blickwinkel der Erzähler dauerhaft teilt. Die interne Fokalisierung ist jedoch nicht so radikal, dass die vermittelnde Instanz des Erzählers vollkommen wegfällt, wie es bei inneren Monologen oder beim Bewusstseinsstrom der Fall ist, wo die Gedanken in direkter Rede oder im Nacheinander des Wahrnehmens wiedergegeben werden. Im *Proceß* erfährt demnach K. von der Verhaftung erst nachdem er läutet, während der Erzähler vorher bereits die Verhaftung erwähnt. Ebenfalls auf die Vermittlungsfunktion eines Erzählers, der zwar aus K.s Perspektive schreibt, jedoch nicht hinter der Wiedergabe seiner Gedanken verschwindet, deutet die Information, Frau Grubach sei K.s Zimmervermieterin. Die Distanz zwischen Erzähler und Figur wird an einigen Stellen durch erlebte Rede aufgehoben, wenn es heißt: „Was waren denn das für Menschen? Wovon sprachen sie? Welcher Behörde gehörten sie an?" (3, 12) Insgesamt ist also ein beschränkter Blickwinkel auf K.s Sicht des Geschehens gegeben. Die innerfiktionale Realität ist nicht objektiv gegeben und durch einen auktorialen Erzähler verbürgt. Zwar gibt es einige wenige Stellen, die über K.s Gesichtskreis hinausreichen (vgl. Robertson 2003, 121 ff.). Dennoch bietet der Erzähler keinerlei Hilfe bei der Deutung des Erzählten. Orientierung gebende Kommentare bleiben nämlich ebenfalls aus, stattdessen wird der Leser mit den Irritationen und Vermutungen K.s allein gelassen. Es ist aber nicht klar, ob K.s Auffassung der Dinge verlässlich ist, denn einige andere Figuren weisen ihn dahingehend zurecht, dass er seine Situation verkenne, wie der Advokat und der Geistliche, oder nehmen die Ereignisse anders wahr als er, wie zum Beispiel Frau Grubach, deren tränenreiche Stimme Schlimmes für K. vermuten lässt (vgl. 3, 30). Was innerhalb der Erzählung der Fall ist, bleibt somit letztlich unentscheidbar. Aus diesem Grund kann das Erzählen als ‚unzuverlässiges Erzählen' bezeichnet werden.

Raummetaphorik und Traumlogik

Diese Unzuverlässigkeit des Erzählens geht mit einer Verkehrtheit der erzählten Welt einher. Das Geschehen erscheint oft irreal, sinnwidrig und gespenstisch wie ein Traum. Der Eindruck liegt nahe, dass die erzählerische Gestaltung vieler Episoden Ausdruck der Befindlichkeit K.s ist, anders gesagt, das äußere Geschehen stellt einen Seelenzustand dar. So sind auch die Räume im *Proceß* in diesem Sinne metaphorisch. Sie sind vielfach dunkel, einige sogar fensterlos, und wirken beengend. Der Gerichtsraum, in dem die erste Untersuchung stattfinden soll, ist ein „mittelgroßes zweifenstriges Zimmer, das knapp an der Decke von einer Galerie umgeben war, die gleichfalls vollständig besetzt war und wo die Leute nur gebückt stehen konnten und mit Kopf und Rücken an die Decke stießen" (3, 47). Auch die Luft wird entsprechend erdrückend dargestellt. Die durch den Raum erzwungene gebückte Körperhaltung verweist auf die Untertänigkeit gegenüber dem Gericht. Die Repräsentanten des Gerichts, die K. begegnen, stehen in der Hierarchie weit unten. Noch in der Todesminute fragt sich K., wo das hohe Gericht und der Richter seien, die er nie zu Gesicht bekommen habe (vgl. 3, 241). Der Angeklagte Kaufmann Block bewohnt im Haus des Advokaten eine fensterlose Kammer, die seine düstere Lage und Aussichtslosigkeit versinnbildlicht (vgl. Robertson 2003, 129). Auch Hulds Haus selbst wird als dunkel und teilweise beengend beschrieben. Ebenso der Dom, in dem der Gefängniskaplan sich bücken muss, weil „die Überdachung der Kanzel ihn niederzudrücken“ scheint (3, 224). Der Kaplan ist von dem Licht seiner kleinen Lampe feierlich umgeben und steht viel höher als der unten im Dunkeln lauschende K., gleichwohl in demutsvoll gebeugter Haltung. Die Enge der Räume geht zumeist auch mit einer Auflösung der Privatsphäre einher, was sich zum Beispiel in der Zweckentfremdung der Schlafzimmer durch die Gerichtsrepräsentanten zeigt. In der Wohnung der Frau Grubach liegen die Räume mit dünnen Wänden eng aneinander und sind umgeben von Wohnungen, die auf der anderen Straßenseite so nah anliegen, dass K. sich ständig beobachtet weiß. Auch während der Hinrichtung im Steinbruch wird er aus einem an diesen angrenzenden Haus beobachtet (vgl. 3, 241). Er kann sich nicht verstecken, da alle Welt um seinen Prozess zu wissen scheint. Den Gerichtskanzleien entkommt er nicht, denn diese „sind doch fast auf jedem Dachboden“ zu finden, wie K. vom Maler Titorelli erfährt (3, 173). Viele Räume verwandeln oder erweisen sich als Gerichtsräume: So wird das Zimmer Fräulein Bürstners vorübergehend enteignet, der Sitzungssaal muss lange gesucht werden, das Atelier des Malers Titorelli gehört dem Gericht an und enthält Richterportraits. Sogar in die Bank dringt das Gericht ein: Wo K. eine Rumpelkammer vermutet, werden die Wächter seinetwegen von einem ‚Prügler‘ bestraft. K. verliert die Kontrolle: Die gewohnte Umgebung wird plötzlich von einer fremden Instanz beherrscht, die üblichen Vorstellungen, etwa davon, wie ein Gerichtsgebäude aussieht, erweisen sich als unbrauchbar. Dieses Entgleiten der räumlichen Orientierung stellt zugleich eine Struktur dar, die für Träume charakteristisch ist. Peter-André Alt zufolge machen Kafkas Texte den Traum zum Modell des Erzählens. Als ein aussagekräftiges Beispiel für „die Dominanz des Traums durch die Darstellung von Raumbildern“ führt er das Atelier Titorellis an, das im Fortgang des Gesprächs eine bedrohliche Enge annehme: „Daß seine rückwärtige Tür den Zugang zu einer neuen Flucht von Gerichtskanzleien öffnet, gehört zu den eigentümlichen Metamorphosen der Raumordnung, die Kafkas Romane immer wieder präsentieren.“ (Alt 2002, 360) So überzeugend die Traumhaftigkeit von Kafkas Erzählen an dessen Raumdarstellung aufgewiesen werden kann, so bestreitbar ist es gleichwohl, die gesamte Romanhandlung als Traum auszulegen, wie Friedrich Beißner es befürwortet, wenn er behauptet: „[A]lle Personen und alle Vorgänge, die mit dem Prozeß zu tun haben, sind nur in K.s Träumen und Halbträumen vorhanden“ (zitiert nach Müller 1996, 154; vgl. auch Alt 2002, 354). Zwar ist es richtig, dass die Figuren und Ereignisse unwirklich und traumähnlich erscheinen, der Text bietet jedoch keinen triftigen Grund, einen Träumer namens Josef K. zu unterstellen, der, bevor er aufwacht, seine Verhaftung und den fortlaufenden Prozess träumt. Die Perspektive der ‚Einsinnigkeit‘, die Beißner als Argument anführt, beweist nur die Eingeschränktheit der Erzählsituation, indiziert das Erzählte damit aber nicht zugleich als Trauminhalt.

Gericht

Die Verhaftung wirft zwei Fragen auf, erstens, wer ein Verfahren gegen K. führt, und zweitens, wessen er angeklagt wird. Zur ersten Frage: Es irritiert K., dass die beiden Wächter keine Uniform tragen, keinen Haftbefehl vorweisen können, sich unangemessen flegelhaft verhalten und keine Auskunft über die Gründe der Verhaftung geben können. Sie sehen aus wie „Dienstmänner von der Straßenecke" (3, 12), verzehren K.s Frühstück, drohen ihm mit den „hohen Behörden" (3, 14), die angeblich seine Verhaftung verfügt haben, und sie geben ihm entsprechende Befehle, tun ihm aber keine körperliche Gewalt an. Gewalt wird nur angedroht: Mit einem militärischen Schreien bestellt einer der Wächter K. zum Aufseher ins Nebenzimmer; er solle aber nicht im Nachthemd erscheinen, sonst werde der Aufseher ihn durchprügeln lassen (vgl. 3, 17). Wer eigentlich im Dienste des Gerichts handelt und was es mit dem Gericht auf sich hat, ist für den ganzen Roman entscheidend, denn K. hat es offenbar nicht mit einem Gericht zu tun, wie es für einen Rechtsstaat charakteristisch ist. Im ersten Kapitel ist von einem „Gericht" noch nicht direkt die Rede, sondern nur von „hohen Behörden" und dem „Gesetz" (3, 14). (Im Manuskript ist zu erkennen, dass Kafka die Berufung auf das „Gesetz" nachträglich eingefügt hat – möglicherweise um auf die Türhüterlegende *Vor dem Gesetz* hinzuweisen.) Des Weiteren wird mehrfach von Verhaftung, Verhandlung, Verfahren, Gefangenschaft, Wächtern und einem Aufseher gesprochen. Außerdem erwähnt einer der Wächter an einer Stelle den „großen verfluchten Proceß" (3, 14), der gegen K. geführt werde. K.s Versuche, etwas über die Hintergründe zu erfahren, bleiben erfolglos. „Das Verfahren ist nun einmal eingeleitet und Sie werden alles zur richtigen Zeit erfahren", bekommt er zu hören (3, 11). Er habe sich in seine Lage zu fügen, könne keine Auskunft von niedrigen Angestellten erwarten und müsse davon ausgehen, dass die Behörde ihre Gründe habe. Ein Irrtum sei ausgeschlossen, da die Behörde, „wie es im Gesetz heißt von der Schuld angezogen" werde (3, 14). K. erhofft sich eine Klärung und Beilegung der Angelegenheit von dem im Nebenzimmer wartenden Aufseher, doch bereits die Tatsache, dass das Zimmer seiner Nachbarin Fräulein Bürstner als Verhandlungszimmer benutzt wird und der Aufseher ihn an deren Nachttischchen erwartet, macht die ungewöhnliche Verhaftung noch befremdlicher. Der Aufseher steht zwar in der Hierarchie der ‚Behörde' höher, gibt K. jedoch ebenso wenig Auskunft darüber, wer eigentlich das Verfahren führt. Er solle danach nicht fragen, sondern über sein eigenes Verhalten nachdenken, anstatt auf seine Unschuld zu bestehen (vgl. 3, 20). Als ein Hinweis für die Ungnade, in die K. gefallen ist, kann die Geste gelten, dass der Aufseher die von K. zur Versöhnung ausgestreckte Hand ausschlägt (vgl. 3, 22). Worin aber besteht eigentlich seine vermeintliche Schuld? Damit sind wir bei der zweiten Frage, die die Verhaftung aufwirft. Darüber, wessen K. angeklagt wird, ist von den Angestellten nichts zu erfahren. Alles, was man ihm antwortet, ist, dass er zweifellos schuldig sei, über sich nachdenken solle und alles zur rechten Zeit erfahren werde. K. muss also den Eindruck gewinnen, verleumdet worden zu sein, da er davon ausgeht, nichts Böses getan zu haben (vgl. 3, 9). Diese Annahme gründet sich auf sein Verständnis von einem friedlichen Rechtsstaat (vgl. 3, 12). Die Behörde folgt mit der Verhaftung

Eine metaphysische Verhaftung?

aber offenbar einem Gesetz, das er nicht kennt (vgl. 3, 14), wird von einer Schuld angezogen, von der sein Gewissen nichts weiß und stört damit einen Frieden, den es für ihn fortan nicht mehr geben wird. Zwar werden ihm keine Handschellen angelegt und er wird nicht abgeführt, aber daraus folgt nicht, dass Verhaftung und Prozess fiktiv sind oder nur in der Rede der Figuren existieren, denn nicht allein die Worte, sondern auch die körperliche Präsenz der drei Männer entscheidet darüber, wann er sich wohin bewegt. Einmal steht der Wächter namens Willem („er überragte K. bedeutend") auf, um ihn daran zu hindern, das Zimmer zu verlassen (3, 11). Dass die Verhaftung wirklich stattgefunden hat, wird K. auch durch seine Zimmervermieterin Frau Grubach bestätigt: K. sei zwar verhaftet, „aber nicht so, wie ein Dieb verhaftet wird", es komme ihr vielmehr „wie etwas Gelehrtes vor", das sie nicht verstehe (3, 28). K.s subjektiver Eindruck des Vorfalls objektiviert sich damit. Wenn Frau Grubach die Verhaftung „wie etwas Gelehrtes" erscheint, heißt das, dass sie nicht dem sinnlichen Eindruck einer Verhaftung entspricht, sondern etwas gewissermaßen Übersinnliches, Metaphysisches hat, zumindest aber etwas Abstruses und Unfassbares. Das Erzählte ist also offenbar nicht auf Wahnvorstellungen K.s zurückzuführen. Es sei denn, die Wahnvorstellung schließt auch die anderen Figuren und deren Aktionen ein. Aber eine solche Hypothese lässt sich am Text nicht hinreichend belegen. Bemerkenswert ist gleichwohl die Unzuverlässigkeit des Erzählens, die sich etwa darin zeigt, dass wiederholt von einer Untersuchungskommission die Rede ist (vgl. 3, 43 und 46), obwohl K. im Gespräch mit Fräulein Bürstner sagt: „denn es war gar keine Untersuchungskommission, ich nenne es so weil ich keinen anderen Namen dafür weiß" (3, 36). Ebenso spricht Frau Grubach von Verhaftung und relativiert diese Bezeichnung sogleich wieder. Das Gericht erweist sich darin nicht als Wahnvorstellung, aber es entzieht sich einer Bestimmung und erscheint dadurch geheimnisvoll und bizarr.

Befremdliche Gerichtsfunktionäre

Im weiteren Verlauf des Romans konkretisiert sich das Bild, das K. vom Gericht bekommt. Es normalisiert sich jedoch nicht. K. wird zur ersten Untersuchung telefonisch in ein Haus bestellt, das nicht als Gerichtsgebäude zu erkennen ist (kein Prachtbau in der Innenstadt, sondern eine entlegene Kammer in der entlegenen Vorstadt), noch dazu an einem Sonntagmorgen. Nicht weniger ungewöhnlich sind die Figuren, die im Dienste des Gerichts stehen. Sie sind zumeist schwarz, jedoch nicht amtlich, sondern zivil und nachlässig gekleidet, scheinen in der Regel mehr über K.s Prozess zu wissen als er selbst und geben ihm Anweisungen oder Ratschläge. Das betrifft nicht nur offensichtliche Beamte wie den Untersuchungsrichter, sondern auch die von K. als „demoralisiertes Gesindel" bezeichneten Wächter (3, 53) und zunächst unscheinbare Gestalten wie die Waschfrau, die K. unbeirrt den Weg in das überfüllte Untersuchungszimmer weist, obwohl er sie nach einem Tischler Lanz fragt, den er sich für sein Täuschungsmanöver ausgedacht hat. Es stellt sich heraus, dass es ihre Aufgabe war, ihn einzulassen und nach ihm die Türe zu schließen (vgl. 3, 47).

Das Gericht als „große Organisation"

Das Gericht wird außerdem durch Vertreter repräsentiert, die K. zumeist herablassend, einschüchternd und despotisch gegenübertreten. So wird er vom Untersuchungsrichter zu Beginn gerügt, weil er angeblich zu spät gekommen sei, obwohl man ihm keine Uhrzeit genannt hat, und am Ende drohend darauf aufmerksam gemacht, dass er sich mit seinem Verhalten „des Vorteils beraubt" habe, „den ein Verhör für den Verhafteten in jedem Fall" bedeute (3, 58f.). Aus K.s Sicht ist das Gericht nichts als „eine große Organisation" (3, 56), die grobe Anschläge gegen Unschuldige ausübt und aus unübersehbar vielen korrupten Dienern besteht. K. kriminalisiert es, als handle es sich um eine Mafia, und stellt dessen Legitimation in Frage. Damit versucht er aber vergeblich, sich vom Angeklagten in einen Ankläger umzuwandeln, denn seine Überlegenheit gegenüber dem Gericht besteht nur verbal, während er sich durch sein Erscheinen vor dem angeblichen Untersuchungsrichter längst in seinen Prozess gefügt hat. Trotz seiner Einsicht, dass das Verfahren gegen ihn nur ein Verfahren ist, wenn er es als solches anerkennt (vgl. 3, 51), bestätigt er es durch sein Verhalten. Auf diese Weise wirken seine Redegewandtheit und sein Hochmut gegenüber dem Gericht demaskierend und kehren sich gegen ihn selbst.

Obszöne Gesetze

Während das Gericht über weite Strecken des Romans vor allem durch eine undurchschaubare Machtausübung charakterisiert ist, enthüllt sich an einigen Stellen seine sittliche Verkommenheit und ästhetische Geschmacklosigkeit. Letztere deutet sich bereits in dem rohen Benehmen der Wächter und den muffigen, verlotterten Räumlichkeiten des Gerichts an: Kanzleien werden in Dachkammern untergebracht, „wo die Mietparteien, die schon selbst zu den Ärmsten gehörten, ihren unnützen Kram hinwarfen" (3, 71). Dabei wirkt die Beschreibung des Gerichts eher komisch als abstoßend, beispielsweise angesichts des kleinen Zettels, der mit einer „kindlichen, ungeübten Schrift" (anstelle einer zu erwartenden prächtigen Beschilderung) die Gerichtskanzleien ausweist (3, 71). Das Abwegige, Lächerliche und Überraschende erzeugt die Komik auch im Falle der von K. in Augenschein genommenen Gesetzesbücher des Untersuchungsrichters:

> K. schlug das oberste Buch auf, es erschien ein unanständiges Bild. Ein Mann und eine Frau saßen nackt auf einem Kanapee, die gemeine Absicht des Zeichners war deutlich zu erkennen, aber seine Ungeschicklichkeit war so groß gewesen, daß schließlich doch nur ein Mann und eine Frau zu sehen waren, die allzu körperlich aus dem Bilde hervorragten, übermäßig aufrecht dasaßen und infolge falscher Perspektive nur mühsam sich einander zuwendeten. (3, 62f.)

K. wird also zu seiner Empörung von einer Instanz verurteilt, deren moralische Qualifikation zweifelhaft ist. Die angeblichen Gesetze existieren nicht und damit nichts, worauf er seine Schuld gründen könnte, stattdessen beinhalten die Gesetzesbücher obszöne Bilder. Diese Bilder sind auch ästhetisch misslungen: Die so genannten hohen Behörden sind also nicht nur Sittenstrolche, sondern auch Kunstbanausen, weil sie sich mit unanständigen Bildern abgeben, die nicht einmal anständig gezeichnet sind. Insgesamt hat das Gericht sehr facettenreiche groteske Züge. Dabei besteht eine Strukturähnlichkeit zwischen dem Traumhaft-Surrealen und dem Komischen: das Zusammenfügen normalerweise nicht zusammenpassender Elemente, in diesem Fall das Gericht, von dem Professionalität und moralische Vorbildhaftigkeit zu erwarten ist, gepaart mit linkisch gekritzelten, anstößigen Bildern anstelle von Gesetzestexten, die die Maßstäbe ethischer Vollkommenheit vorgeben sollten.

Gerechtigkeit

Wie es um die Gerechtigkeit des Gerichts steht, soll hier anhand von zwei Beispielen erfasst werden. Das eine ist die Prügler-Szenerie in der Rumpelkammer der Bank, das andere die Abwandlung der Iustitia auf dem Gemälde des Malers Titorelli. Allein dieser Umstand, dass das Gericht eine Behörde ist, zu der hauptamtliche ‚Prügler' gehören (dessen Komik bereits in dem nicht gerade amtlich klingenden Wort steckt), ist im Widerspruch zu einer auf Gerechtigkeit ausgerichteten Justizbehörde zu sehen. Legalisierte und institutionalisierte Folter wird mit außergesetzlicher bzw. rechtswidriger Gewaltherrschaft konnotiert. K. findet die Wächter mit einem in eine Lederkluft gekleideten Prügler gebückt in der zu niedrigen Kammer stehend vor. (Auch Kleidung und Räumlichkeit widersprechen dem, was für Repräsentanten des Rechts üblich ist.) Sie werden bestraft, weil K. sie angeblich angezeigt hat, was er bestreitet. Der Prügler äußert apodiktisch und kaltblütig: „die Strafe ist ebenso gerecht als unvermeidlich" (3, 88). Dabei hat er kein Wissen über den Fall. Die Gerechtigkeit ergibt sich aus dem Gericht, das anscheinend per definitionem gerecht handelt, ebenso wie die Unvermeidlichkeit der Strafe, die durch keine Prüfung der Sachlage verhindert werden kann. Hier zeigt sich eine Willkürherrschaft, die sich auf Macht gründet und diese an die Stelle der Gerechtigkeit setzt. Mit den Wächtern wird kurzer Prozess gemacht, mit K. jedoch nicht: Dessen Prozess zieht sich in die Länge und er scheint die Möglichkeit zu bekommen, mithilfe des Malers Titorelli über den weiteren Verlauf selbst entscheiden zu können. Dieser legt ihm drei Möglichkeiten der Befreiung auseinander und suggeriert ihm damit geordnete Verhältnisse und einen positiven Ausgang des Verfahrens. In Wahrheit aber sind diese Möglichkeiten keine alternativen Wahlmöglichkeiten. Die erste, die „wirkliche Freisprechung" (3, 160), scheint niemals vorzukommen, könne jedenfalls nicht nachgewiesen werden (vgl. 3, 162). Die beiden anderen, die „scheinbare Freisprechung" (3, 164) und die „Verschleppung" (3, 168) basieren auf einer außergerichtlichen Beeinflussung der Richter und verhindern nur vorläufig eine Verurteilung des Angeklagten. Der Gerichtsmaler Titorelli, der als Funktionär des Gerichts anzusehen ist, bietet also scheinbar seine Hilfe mit der Aussicht auf Befreiung an, ist im Grunde aber nur eine der aussichtslosen Stationen in K.s Prozess. Die Möglichkeit der Befreiung gibt es nicht, so wie es keine Möglichkeit der Verteidigung gibt. Anwälte sind beim Gericht nicht erwünscht: „Man will die Verteidigung möglichst ausschalten", sagt auch der Advokat Huld (3, 121). Die Unmöglichkeit, im Gericht über Schuld und Unschuld zu verhandeln, zeigt der Vergleich des Malers mit seinen Gemälden: „Wenn ich hier alle Richter neben einander auf eine Leinwand male und Sie werden sich vor dieser Leinwand verteidigen, so werden Sie mehr Erfolg haben als vor dem wirklichen Gericht." (3, 157) Ein Gericht, das für Verteidigung unzugänglich ist und in diesem Sinne keine Gerichtsverhandlung zulässt, könnte auch durch einen einzigen Henker ersetzt werden, wie K. resigniert bemerkt (vgl. 3, 162). Nicht die Göttin der Gerechtigkeit ist daher das passende Emblem für dieses Gericht, sondern die Göttin der Jagd. Daher erkennt K. in dem Gemälde, das auftragsgemäß eine Mischung aus Iustitia und der Siegesgöttin sein soll (den Attributen der Augenbinde und der Waage werden Flügel an den Fersen beigefügt, die das unparteiische und ausgewogene Urteil entsprechend ins Wanken zu bringen drohen), die Jagdgöttin (vgl. 3, 153f.). Dies entspricht seiner Wahrnehmung des Prozesses, in dem er sich bedroht und verfolgt fühlt. Auch Leni sagt über den Prozess: „Sie hetzen Dich" (3,

215). Ziel einer Jagd ist (außer der Verfolgung selbst) das Töten. An die Stelle einer gerechten Untersuchung und Verhandlung der Sachlage, bei der alle Seiten gehört werden, tritt eine schleichende Verfolgung, die mit K.s Tod endet. Offen bleibt allerdings, in welchem Maße er seine Jäger anzieht, denn von der Behörde heißt es, sie werde laut Gesetz von Schuld angezogen (vgl. 3, 14) und das Schlusskapitel zeigt einen K., der seine Henker „mit Macht" zum Richtplatz vorwärts ziehen muss (3, 239).

Schuld

K. wird wiederholt darauf hingewiesen, dass er schuldig sein müsse, da andernfalls das Gesetz nicht von ihm angezogen worden wäre. Ähnlich wie der von Gott gestrafte Hiob kann K. aber keine Schuld bei sich finden und bekommt auch keine genannt. Er genießt außerdem hohes Ansehen bei der Bank und ist laut Frau Grubach ihr „bester und liebster Mieter" (3, 27). Es gleicht der Logik einer göttlichen Gerechtigkeit, wenn von der Strafe auf die Schuld geschlossen wird: Die Behörde werde von der Schuld angezogen, sagt einer der Wächter (vgl. 3, 14), und daraus folgt, dass K. sich etwas zu schulden kommen lassen haben muss, weil er ja nun verhaftet wird. Da hier kein Irrtum möglich sei (vgl. 3, 14), scheint das Gesetz, von dem K. polemisch sagt, es existiere wohl nur in den Köpfen der Wächter (vgl. 3, 15), einem metaphysischen Prinzip zu gehorchen, das dem Talionsprinzip ähnelt, demzufolge jeder bekommt, was er verdient, weil Gott gerecht ist. Die Möglichkeit einer theologischen Interpretation des Romans ist seit Max Brod immer wieder bekräftigt worden. (Brod nennt den Roman „das Standard-Werk der Gewissenszweifel" und sieht ein „unsichtbares Himmelsgewölbe" darüber schweben (zitiert nach Müller 1996, 96f.).) Mehr als ein paar Strukturähnlichkeiten lassen sich jedoch nicht nachweisen. Im *Proceß* ist von göttlicher Gerechtigkeit jedenfalls nicht ausdrücklich die Rede. Da eine Schuld K.s nicht benannt wird, bleibt der ganze Prozess rätselhaft und könnte auf den abstrakten theologischen Gedanken der Erbsünde verweisen. Die entscheidende Frage ist, wie K. auf die Verhaftung reagiert und ob er den Prozess anerkennt, indem er (sich) eine Schuld eingesteht. Von den Wächtern wird er verspottet, weil er behauptet, schuldlos zu sein, obwohl er gleichzeitig zugibt, das Gesetz nicht zu kennen (vgl. 3, 15). Das heißt, er ist gar nicht befähigt und berechtigt, über seine Schuld oder Unschuld zu urteilen, da er das Gesetz nicht kennt. Und weiter: Da er keine Chance hat, das Gesetz kennen zu lernen – er bekommt ja keine Auskünfte darüber –, kann er sich nicht gegen Anschuldigungen – erst recht nicht gegen namenlose – verteidigen. Das Hauptmerkmal von K.s Reaktion auf die Verhaftung ist, dass er sich verbal zwar gewandt zur Wehr setzt, in seinen Gesten und Handlungsweisen jedoch den Prozess anerkennt, das heißt, er lässt es sich gefallen, überrumpelt und belehrt zu werden, und tut, was ihm die Wächter und der Aufseher sagen, anstatt sein Zimmer zu verlassen, um unbeirrt zur Arbeit zu gehen. Der Grund dafür ist aber nicht ein Schuldeingeständnis, sondern die Angst davor, niedergeworfen und damit gedemütigt zu werden (vgl. 3, 16). Die Sorge darum, wie er vor anderen dasteht, beherrscht K. so sehr, dass er sich immer wieder des Urteils anderer über ihn vergewissert. So versucht er Frau Grubach und Fräulein Bürstner auf seine Seite zu bringen. Die eine übergeht jedoch seine zum Handschlag gereichte Hand (wie der Aufseher zuvor) und die andere wird mit Zudringlichkeiten überrumpelt und ist bemüht ihn loszuwerden. K.s Zuflucht zu den Frauen wird ihm später im Dom-Kapitel vom Gefängniskaplan zum Vorwurf gemacht und damit als Teil seiner Schuld ausgelegt.

Scham

An die Stelle eines mit Inhalt gefüllten Schuldbewusstseins tritt von Anfang an eine abstrakte Scham, die im bloßen Angeblicktwerden bereits erzeugt werden kann. Leitmotivisch zieht sich durchs erste Kapitel die häufige Erwähnung eines Umstands, der – für den Gang der Handlung scheinbar bedeutungslos – K.s Aufmerksamkeit sehr beansprucht: An sechs Stellen wird beschrieben, wie im gegenüberliegenden Haus zuerst eine alte Frau, später zwei weitere Personen am Fenster stehen, begierig zu erfahren, was mit K. passiert. K. fühlt sich davon so gestört, als würden allein diese Blicke ihn zu einem Kriminellen machen, er versucht sie zu verscheuchen und ist gedanklich davon so gefangen genommen, dass der Aufseher ihn beim Namen nennt, um seine Aufmerksamkeit auf sich zu lenken (vgl. 3, 19). Wie bedeutsam diese Scham ist, die nicht durch ein konkretes Schuldgefühl gedeckt ist, erweist sich im Schlusssatz des Romans, in dem es K. vorkommt, „als sollte die Scham ihn überleben" (3, 241). Im Angeblicktwerden wird K.s Identität fixiert, im Gerichtetwerden am Ende des Prozesses wird sie besiegelt. Die Scham ist die Befindlichkeitsform dieses Bewusstseinsprozesses und droht insofern K. zu überleben, als er zwar sein Leben, nicht aber seine mutmaßlich von Schuld behaftete Lebensgeschichte verlieren kann. Ferner rührt die Scham von der Kränkung der Würde, die K. empfindet, da man anscheinend auf billige Weise mit ihm fertig zu werden suche (vgl. 3, 236): Nicht von einem hohen Gericht mit Anstand und professioneller Vorgehensweise wird er gerichtet, sondern von einem Rumpelkammern behausenden, sittlich verkommenen Gesindel.

Fremde Hilfe

Ein wesentlicher Hinweis auf K.s Schuld ist der Vorwurf des Gefängniskaplans, K. suche zu viel fremde Hilfe (vgl. 3, 223). Zwar ist das Hilfesuchen keine Antwort auf die Frage, wessen K. angeklagt wird, denn es ist ja nicht die Ursache, sondern nur eine Folge der Verhaftung. Gleichwohl ist dieser Tadel ein Schlüssel zum Verständnis des Romans, denn die Vertreter des Gerichts verweisen K. wiederholt darauf, dass er bei sich selbst die Lösung für sein Problem zu suchen habe, anstatt die Verfahrensweisen des Gerichts ergründen und bekämpfen zu wollen. Bereits die Verhaftung wird von den mahnenden Worten des Aufsehers begleitet, K. möge weniger an das Gericht denken, sondern lieber mehr an sich selbst und nicht so einen Lärm mit dem Gefühl seiner Unschuld machen (vgl. 3, 20). Im Folgenden geht K. jedoch mit den Gerichtsvertretern um wie jemand, der in einem Rechtsstaat zu sein glaubt und entsprechend eine einwandfreie juristische Behandlung seines Falls erwarten darf. Das heißt, er tritt fordernd auf und wehrt sich dagegen, missbilligend wie ein Verurteilter behandelt zu werden. Gleichzeitig zeigt sich, dass K. jede Gelegenheit nutzt, Personen für sich zu gewinnen, die mit dem Gericht in Kontakt stehen. Sogar Frau Grubach, die nur Zeugin der Verhaftung ist, wird von K. ins Vertrauen gezogen. Er versucht, ihr vernünftige und beschwichtigende Kommentare zu dem Vorfall zu entlocken, so als ließe sich die Sache damit aus der Welt schaffen. „Nur mit einer alten Frau kann ich davon sprechen", sagt er sich (3, 28), spricht dann aber, als sie ihn durch ihr keineswegs beschwichtigendes Unverständnis enttäuscht, zuerst mit einer jungen Frau, Fräulein Bürstner, und im weiteren Verlauf des Prozesses noch mit anderen Frauen und Mittelspersonen des Gerichts über seinen Fall. Die Frauen stehen nur entfernt mit dem Gericht in Verbindung, Fräulein Bürstner sogar nur durch die Bemerkung, sie wolle bald „als Kanzleikraft in ein Advokatenbureau" eintreten (3, 35). Dennoch wird K. bewusst, dass er bei den Frauen Hilfe sucht: „Ich werbe Helferinnen, dachte er fast verwundert, zuerst Fräulein Bürstner, dann die Frau des Gerichtsdieners und endlich diese kleine Pflegerin, die ein unbegreifliches Bedürfnis nach mir zu haben scheint." (3, 114) Gemeint ist hier Leni, die den kranken Advokaten Huld pflegt und K. Ratschläge gibt, wie er sich in seinem Verfahren verhalten solle. Vor dem Hintergrund der pornografischen Gesetzbücher erscheint der Zusammenhang zwischen dem Gericht und den Frauen wie der zwischen moralischen Normen und deren faktischer Verfehlung: K.s Schuld hinge demnach mit seinem Verhältnis zu Frauen zusammen. Dies wird ihm etwa von Seiten des Onkels suggeriert: „Du hast Deiner Sache, die auf gutem Wege war, schrecklich geschadet. Verkriechst Dich mit einem kleinen schmutzigen Ding." (3, 116) Aus K.s Sicht ist es das Gericht, das „fast nur aus Frauenjägern besteht", weshalb er die „große Macht" der Frauen für sich zu nutzen suche (3, 224). Er sucht bei Frauen Hilfe, aber ebenso bei Männern, wie dem Advokaten Huld und dem Maler Titorelli. Das Hilfesuchen verstellt ihm den Blick auf die Schuld, die das Gericht für erwiesen hält. Die Krux dabei ist, dass K. keine Chance hat, seine Unschuld zu beweisen, da er erstens nicht weiß, was ihm vorgeworfen wird, zweitens jede Verteidigung als Selbstanklage ausgelegt wird und er drittens auf die Schuld des Hilfesuchens verwiesen wird, die ja nur auf sein Verhalten *nach* der Verhaftung bezogen sein kann. Daher werden auch die Versuche einer Interpretation der Schuld ad absurdum geführt, denn sie bleibt unbenannt und dennoch verhält sich K. mit seinen vergeblichen Rechtfertigungen und Hilfewerbungen wie ein Schuldiger. Es wird ihm auch beispielsweise vom Gefängniskaplan vorgehalten, wie ein Schuldiger zu reden (vgl. 3, 223). Selbst eine verinnerlichende Auslegung des Prozesses als Gewissen, als Gericht im Kopf, löst diese Paradoxie nicht, denn die Suche nach fremder Hilfe impliziert eine Flucht K.s vor der Auseinandersetzung mit sich selbst, die gleichzeitig unwiderruflich im Gange ist. Das heißt, die Schuld wird zugleich abgewehrt und anerkannt. Am Ende äußert sich die abwehrende Anerkennung der Schuld in K.s Lebensmüdigkeit: Während er hingerichtet wird und die Henker damit beschäftigt sind, das Messer höflich einander hin- und herzureichen, öffnet sich in einem Haus ein Fensterflügel und K. überlegt: „War noch Hilfe? Gab es Einwände, die man vergessen hatte?" (3, 241) Die Antwort, die er sich gibt, verrät, dass kein Gericht existiert, das ihn aufgrund einer Verleumdung hinrichtet: „Gewiß gab es solche. Die Logik ist zwar unerschütterlich, aber einem Menschen der leben will, widersteht sie nicht." (3, 241) Er selbst ist es also, der die anscheinend doch nicht unausweichliche Hinrichtung vorantreibt, weil er sich nicht mehr rechtfertigen will. Er will gleichsam aus der Kampflinie herausspringen. Die Frage nach der Schuld wird damit obsolet, denn über den Ausgang des Prozesses entscheidet allein die Kraft, die noch zum Kämpfen da ist: und das ist der bloße Lebenswille.

Vor dem Gesetz

Es gibt also einerseits die unerschütterliche Logik des ominösen Gesetzes und einen damit zusammenhängenden Sog vermeintlicher Schuld, in den K. gezogen wird; andererseits ist diese Logik schwächer als der Selbsterhaltungstrieb, außerdem werden Anklage und Urteil nicht verlautbart. Der ganze Prozess ist demnach ein Gespenst in K.s Kopf? Das lässt sich nicht belegen, weil die Erzählperspektive auf eine Figur beschränkt ist, die, wenn sie denn wahnhaft wahrnimmt, nicht weiß, dass sie es tut. Was der Text jedoch unzweifelhaft präsentiert, ist eine innere Schranke, an die K. wiederholt stößt: Er könnte zur Arbeit gehen, anstatt sich verhaften zu lassen, er könnte die Vorladung zur ersten Untersuchung ignorieren, niemand zwingt ihn, den Maler aufzusuchen, dem Gefängniskaplan zuzuhören und sich von zwei alten untergeordneten Schauspielern (vgl. 3, 236) erstechen zu lassen. Wodurch wird der Prozess also in Gang gehalten? Durch Scham und Angst: K. scheut die Blicke der Nachbarn im ersten und die Aufmerksamkeit der Polizisten im letzten Kapitel, er fürchtet, die Wächter könnten handgreiflich werden, und die Henker erwartet er schon in vorauseilendem Gehorsam. Der ganze Prozess ist ein Betrug: Dabei ist K. nicht das unschuldige Opfer einer großen Organisation, wie er glaubt, sondern zugleich das Subjekt und das Objekt des Betrugs. Dies deutet der Geistliche an, wenn er ihm sagt, er täusche sich in dem Gericht (vgl. 3, 225f.). Um ihm die Selbsttäuschung vor Augen zu führen, erzählt er ihm eine Geschichte, die „in den einleitenden Schriften zum Gesetz" stehe und von eben „dieser Täuschung" handele (3, 226). Es ist die so genannte Türhüterlegende, die so beginnt:

> Vor dem Gesetz steht ein Türhüter. Zu diesem Türhüter kommt ein Mann vom Lande und bittet um Eintritt in das Gesetz. Aber der Türhüter sagt, daß er ihm jetzt den Eintritt nicht gewähren könne. Der Mann überlegt und fragt dann, ob er also später werde eintreten dürfen. ‚Es ist möglich', sagt der Türhüter, ‚jetzt aber nicht.' Da das Tor zum Gesetz offensteht wie immer und der Türhüter beiseite tritt, bückt sich der Mann, um durch das Tor in das Innere zu sehen. Als der Türhüter das merkt, lacht er und sagt: ‚Wenn es dich so lockt, versuche es doch, trotz meinem Verbot hineinzugehen. Merke aber: Ich bin mächtig. Und ich bin nur der unterste Türhüter. Von Saal zu Saal stehn aber Türhüter einer mächtiger als der andere. Schon den Anblick des dritten kann nicht einmal ich mehr vertragen.' Solche Schwierigkeiten hat der Mann vom Lande nicht erwartet, das Gesetz soll doch jedem und immer zugänglich sein denkt er, aber als er jetzt den Türhüter in seinem Pelzmantel genauer ansieht, seine große Spitznase, den langen dünnen schwarzen tartarischen Bart, entschließt er sich doch lieber zu warten bis er die Erlaubnis zum Eintritt bekommt. Der Türhüter gibt ihm einen Schemel und läßt ihn seitwärts von der Tür sich niedersetzen. Dort sitzt er Tage und Jahre. (3, 226)

Das Tor zum Gesetz steht offen. Der Mann vom Lande tritt aber nicht ein, weil er das Verbot einzutreten, das der Türhüter ausspricht, akzeptiert. Respektierte er es nicht, hätte es nicht die Kraft eines Hindernisses. Seine Angst vor dem fremden, mächtigen Türhüter ist so groß, dass er lieber sein Leben lang auf Erlaubnis wartet, anstatt einzutreten. Übertragen auf K. hieße das, dass sein Prozess nicht als Wahnvorstellung gedeutet werden muss, aber als ein Verfahren, das seine Kraft aus K.s angsterfüllter Anerkennung bezieht und nicht mit unaufhaltsamer Faktizität über ihn hereinbricht. (Hier besteht eine Analogie zu dem vom Vater ausgesprochenen Todesurteil über Georg Bendemann in *Das Urteil*.) Wenn die Geschichte, die der Geistliche erzählt, ein Gleichnis sein soll, das die Situation K.s spiegelt, dann ist das Gericht, von dem K.s Prozess ausgeht, nicht nur kein empirisch rechtsstaatliches, sondern auch kein moralisches, denn K. respektiert es nicht, mit Kant gesprochen, aus Achtung vor dem Sittengesetz, sondern um Unannehmlichkeiten zu vermeiden und aus Furcht. Entlarvend ist in diesem Zusammenhang die Entscheidung K.s, sein Zimmer nicht zu verlassen, als er von den Wächtern verhaftet wird:

> Vielleicht würden ihn die Beiden, wenn er die Tür des folgenden Zimmers oder gar die Tür des Vorzimmers öffnen würde, gar nicht zu hindern wagen, vielleicht wäre es die einfachste Lösung des Ganzen, daß er es auf die Spitze trieb. Aber vielleicht würden sie ihn doch packen und, war er einmal niedergeworfen, so war auch alle Überlegenheit verloren, die er jetzt ihnen gegenüber in gewisser Hinsicht doch wahrte. Deshalb zog er die Sicherheit der Lösung vor, wie sie der natürliche Verlauf bringen mußte, und ging in sein Zimmer zurück, ohne daß von seiner Seite oder von Seite der Wächter ein weiteres Wort gefallen wäre. (3, 16)

Bedeutsam für die Beziehung zwischen der Geschichte und der Romanhandlung ist also die von K. selbst verkannte oder verleugnete Freiheit. Das Gesetz tut ihm keine Gewalt an und knebelt ihn nicht. Da es nicht als fremde Macht existiert, könnte es auch als psychische Instanz ausgelegt werden: im Sinne einer Anforderung, die K. an sich selbst stellt, allerdings ohne es zu wissen. K. ist mit seinem Prozess ‚nicht Herr in seinem Haus', um die Freudsche Formulierung aufzugreifen, die hier insofern passend ist, als die Bemerkungen des Geistlichen eine psychologisierende Interpretation des Gerichts nahe legt: „Wenn er sich auf den Schemel seitwärts vom Tor niedersetzt und dort sein Leben lang bleibt, so geschieht dies freiwillig, die Geschichte erzählt von keinem Zwang." (3, 231) Und schließlich: „Das Gericht will nichts von Dir. Es nimmt Dich auf, wenn Du kommst und es entläßt Dich wenn Du gehst." (3, 235) K. ist also einerseits frei in seinen Entscheidungen und Handlungen, andererseits aber beherrscht von der Vorstellung einer Autorität, die letztlich sein Todesurteil aussprechen kann. Der ontologische Status des Gesetzes (d. h. um welche Art Gesetz es sich eigentlich handelt, ob es etwa physische oder psychische Realität besitzt) bleibt in der Schwebe, sein autoritärer Charakter ist jedoch unzweifelhaft. Alt bringt diesen Gedanken auf den Punkt: „Während das Gesetz keine nähere Erklärung findet, läßt sich seine Autorität über die Sprechakte des Verbots und der Zurückweisung konkret erfahren" (Alt 2005, 410), ähnlich Robertson, der die Legende eine „Parabel der Autoritätsgläubigkeit" nennt (Robertson 2003, 116). Im Unterschied zu einer autoritären Instanz, von der klare Anweisungen ausgehen, ist K. mit widersprüchlichen Ermahnungen und Verboten konfrontiert. Solche Inkohärenzen erhärten die Position der Macht, da weder Freispruch noch Verteidigung möglich sind: K. kennt nicht einmal das Gesetz, von dem aus seine Schuld definiert wird. Gesetz und Macht fallen dadurch zusammen, dass das Gesetz eine absolute und unerreichbare Stellung einnimmt. Dies wird in der Türhüterlegende durch die Paradoxie zum Ausdruck gebracht, derzufolge der Mann vom Lande vor seinem eigenen Eingang ins Gesetz steht, aber nicht bzw. noch nicht eintreten darf. Der Türhüter verweigert ihm den Eintritt und droht ihm mit der Mächtigkeit der vielen Türhüter, die auf ihn noch folgen, und erklärt ihm erst, als der Mann im

Doppelbindung

Sterben liegt, dass der Eingang nur für ihn bestimmt sei: ein zynisch vorgetragenes Paradox, wie es für Machtverhältnisse charakteristisch ist. Kafka beschreibt in ähnlicher Weise das Verhalten seines Vaters, der ihn fest- und niederhalte, während er Selbstständigkeit von ihm verlange: wie in dem „Kinderspiel, wo einer die Hand des anderen hält und sogar presst und dabei ruft: ‚Ach geh doch, geh doch, warum gehst Du nicht?'" (7, 58) In der psychologischen Kommunikationstheorie werden derart paradoxe Aufforderungen als Doppelbindung (‚double bind' nach Gregory Bateson) bezeichnet: eine Konfiguration, die bei Kafka immer wieder zu finden ist und bereits im Kapitel über den *Verschollenen* erwähnt wurde, wo widersprechende Signale vom Onkel ausgehen, die Karl Roßmann in eine Situation der Unfreiheit und Schuld zwingen, insofern er den an ihn gestellten paradoxen Ansprüchen nicht gerecht werden kann.

Jüdischer Deutungshintergrund

Derrida liest die Legende vor dem Hintergrund eines Ausspruchs von Lyotard, der vom Judentum sagt, es gehe ihm einzig um eine Art „Meta-Gesetz", demzufolge gerecht zu handeln sei, ohne dass eigentlich klar sei, was ‚gerecht sein' überhaupt bedeute (Derrida 2006, 48). Ähnlichkeiten zwischen Kafkas Texten und der jüdischen Glaubenskultur sind vielfach herausgestellt worden (z. B. Grözinger 1987). So weist Robertson darauf hin, dass die Kabbala himmlische Gerichte kenne, „die ständig tagen und von dem Einzelnen – manchmal ganz unerwartet – Rechenschaft über sein Tun und Lassen fordern"; der Angeklagte nehme „Zuflucht zu Zeugen und Fürsprechern", um den Drohungen des Scharfrichters zu entgehen; und das Leben werde insgesamt als fortdauernder „Aufstieg durch die himmlischen Hallen" beschrieben, mit dem Ziel, „das göttliche Licht der Tora (des Gesetzes) zu erreichen" (Robertson 2003, 108f.). Alt zieht außerdem das exegetische Gespräch zwischen K. und dem Gefängniskaplan im Hinblick auf die jüdische Denktradition in Betracht:

> Die im jüdischen Religionsgesetz hervortretende Textkonfiguration wiederholt Kafka auf mehreren Ebenen. Korrespondiert die Legende selbst den erzählerischen Darstellungsformen des Talmud, wie sie in der Aggada überliefert sind, so gemahnt das nachfolgende Streitgespräch an die Kommentierungsarbeit der Gemara. Es gehört zur Tradition, daß diese nicht frei von Widersprüchen bleibt, sondern unterschiedliche Meinungen festhält [...]. Den argumentativen Gestus solcher Erläuterungen, welche die Macht des religiösen Gesetzes bekräftigen, indem sie es durch Deutungen in Praxis überführen, ahmt das im Roman gelieferte Gespräch über die Legende offenkundig nach. (Alt 2005, 412f.)

Parabel des Verstehensprozesses

Ausschlaggebend ist, dass es überhaupt zu einer Auslegung der Legende kommt, zu einem Streitgespräch ohne eindeutiges Ergebnis. Dadurch wird diese Stelle zu einer hermeneutischen Kreuzung des gesamten Romans, denn es wird der Eindruck erzeugt, dass, wer den Roman verstehen will, hier haltmachen muss. In der Legende geht es um ein Streben nach Einsicht bzw. Eintritt (ins Gesetz) und in der Deutungskontroverse gibt K. sich so viel Mühe, die Geschichte zu verstehen, als hinge sein Schicksal davon ab. Die Legende und deren Auslegung scheinen richtungweisend für die Interpretation des Romans zu sein, so als spiegelten sie die hermeneutische Situation des Lesers im Hinblick auf Josef K. Der Leser kommt ebenso wenig vorwärts wie der Mann vom Lande, weil er sich vom Text im Text irre führen lässt. Dieser ist nämlich aufgrund der im übertragenen Sinne zu verstehenden allgemeinen Bedeutung des Erzählten eine Parabel, und zwar eine Parabel des Verstehensprozesses selbst, zugleich aber die Parodie dieser Parabel, denn sie füllt die symbolische Form der Parabel mit einem paradoxen Inhalt, aus dem keine Einsicht zu gewinnen ist, außer der Vergeblichkeit des Strebens nach Einsicht. Die Parabel ist daher eine blinde Parabel und kein Wegweiser zum Verständnis des Romans. Sie erweist sich als „leere Nische" (Bogdal 1993, 45). Gleichwohl lässt sich die selbstreferentielle Dimension der Geschichte in der Geschichte nicht von der Hand weisen. Der Ausspruch des Gefängniskaplans über die Unveränderlichkeit der Schrift und die Meinungen, die „oft nur ein Ausdruck der Verzweiflung darüber" seien (3, 230), ist vielfach selbstreferentiell gedeutet worden, das heißt die Schrift verweist auf Kafkas Roman und die Meinungen auf die Interpretationen des Romans. Jahraus zufolge besteht die Besonderheit der selbstreferentiellen Interpretation darin, keine inhaltlich bestimmende Auskunft zu geben. Damit entgehe die Interpretation dem Dilemma, das Unbestimmte bestimmen zu wollen, „aber nur um den Preis, Unbestimmbarkeit selbst als Bestimmungsmoment anzugeben" (Jahraus 2008, 315). Das bedeutet, dass diejenigen, die sich auf eine bestimmte Deutung des *Proceß*-Romans festlegen, der fortlaufenden Relativierung von Bedeutungen nicht gerecht werden, während diejenigen, die sich der Deutung enthalten, nur auf die Interpretationsproblematik verweisen können, ohne den Text zu erklären. Tatsächlich sind viele Interpretationen einseitig, während andere an jedem Kafka-Text immer nur denselben formalen Mechanismus der Selbstreferentialität herausarbeiten. Andererseits geht die selbstreferentielle Deutung selbst häufig über eine Strukturanalyse hinaus und gründet sich auf Motive wie etwa die Drucksorten und Tintenflaschen in der Prüglerszene, die als Schreibrequisiten angeblich auf den Schreiber Franz Kafka hinzeigen (vgl. Kremer, zitiert nach Müller 1996, 194). Außerdem erschöpfen Deutungen nie alle Aspekte eines Textes und bleiben somit zwangsläufig einseitig. Da hilft nur, die Bedeutung, die eine gleitende Metapher enthält, jeweils an Ort und Stelle und zugleich in ihrer Wandelbarkeit zu erfassen.

3. *Die Verwandlung*

Textentstehung und Publikation

Kafka hätte *Die Verwandlung* gern wie zuvor *Das Urteil* im „Feuer zusammenhängender Stunden" niedergeschrieben (FB, 153). Zwar gelingt es ihm diesmal nicht, der Geschichte ihren „natürlichen Zug und Sturm" (FB, 125) zu geben, wie sie ein fließender Schreibprozess ermöglicht, da er gezwungen ist, Ende November eine zweitägige Geschäftsreise anzutreten. Sie entsteht jedoch immerhin innerhalb von weniger als drei Wochen und wird ohne größere Korrekturen chronologisch niedergeschrieben und abgeschlossen, so dass Kafka sie 1915 publizieren kann. *Die Verwandlung* ist seine längste vollendete und meistinterpretierte Erzählung. Über ihre Entstehungszeit wissen wir aus Kafkas Briefen an Felice Bauer. Am 17. November 1912 wird sie begonnen: „Ich werde Dir übrigens heute wohl noch schreiben, wenn ich auch noch heute viel herumlaufen muß und eine kleine Geschichte niederschreiben werde, die mir in dem Jammer im Bett eingefallen ist und mich innerlichst bedrängt." (FB, 102) Am nächsten Tag heißt es, „die angekündigte Geschichte" sei „bei weitem noch nicht fertig" (FB, 102). In den folgenden Tagen nimmt er immer wieder Bezug darauf und nennt am 23. November auch ihren Titel: „Verwandlung" (FB, 116). Die wiederholt als „kleine Geschichte" bezeichnete Erzählung habe begonnen, „sich in der Stille zu einer größeren Geschichte auszuwachsen" und sei „ein wenig fürchterlich" (FB, 116). Bereits im November scheint der Text schon fast fertig zu sein, denn es heißt im selben Brief: „Dem Helden meiner kleinen Geschichte ist es aber auch heute gar zu schlecht gegangen und dabei ist es nur die letzte Staffel seines jetzt dauernd werdenden Unglücks." (FB, 116) Am 6. Dezember beendet Kafka die Erzählung (vgl. FB, 163), ist aber nicht sehr zufrieden mit dem Schluss. Während er zu Beginn des Schreibens „nicht unzufrieden" mit ihr ist, sie zugleich aber „grenzenlos" „ekelhaft" nennt (FB, 117), findet er am Ende, sie hätte „reiner gearbeitet werden können", deutet Felice gegenüber gleichwohl einen tröstlichen Schluss an, insofern der Held „friedlich und mit allen ausgesöhnt gestorben" sei (FB, 160). Kafka ist unzufrieden mit seiner Schreib- bzw. Lebenssituation, die es ihm nicht erlaubt, die Nächte durchzuschreiben; gleichwohl ist die Erzählung in seinen Augen vollendet, das heißt abgeschlossen und publikationswürdig. Kürzen wollte er den Text jedenfalls nicht, wie es der S. Fischer Verlag ihm für eine Publikation in der *Neuen Rundschau* zur Auflage machte. Kafkas ursprüngliche Idee war es, *Die Verwandlung* gemeinsam mit den Prosatexten *Der Heizer* und *Das Urteil* in einem Band unter dem Titel *Die Söhne* zu veröffentlichen, da zwischen diesen Geschichten „eine offenbare und noch mehr eine geheime Verbindung" bestehe, wie er in einem Brief vom 11. April 1913 an den Kurt Wolff Verlag schreibt (BB, 116). Wolff ist zwar einverstanden, aber da das Manuskript der *Verwandlung* im Unterschied zu den beiden anderen Texten noch nicht vorliegt, stockt die Planung der Publikation. Schließlich erscheint die Erzählung erst Ende 1915, und zwar zuvor im Oktober in der Monatsschrift *Die weißen Blätter* (unter der Redaktion von René Schickele) und dann im November als Buchdruck in Kurt Wolffs Reihe *Der jüngste Tag*.

Biografische Parallelen

In der *Verwandlung* wird wie auch im *Urteil* und in *Der Verschollene* ein innerfamiliärer Konflikt beschrieben. Der Protagonist, dessen Perspektive hauptsächlich eingenommen wird, ist der von der Familie, insbesondere vom Vater, verstoßene Sohn. Möglicherweise wird das biografische Material sogar in Varianten weitergesponnen: in der *Verwandlung* mit der Frage: ‚Was wäre, wenn ich meinen Brotberuf von heute auf morgen einfach nicht mehr ausübte?', im *Urteil* nach dem Muster: ‚Was wäre, wenn ich dem Vater meine Heiratsabsichten mitteilte und sein Geschäft übernähme?', in *Der Verschollene* nach dem Muster: ‚Was wäre, wenn ich (wie schon andere in der Familie) nach Amerika auswanderte?' Ob Kafka tatsächlich die Literatur dazu gebraucht hat, seine Lebensentscheidungen fiktiv durchzuspielen, um die damit verbundenen Konsequenzen nicht am eigenen Leibe erdulden zu müssen und um auf intuitive Weise komplexe Situationen zu erfassen (vgl. Binder 2004, 142f.), bleibt spekulativ. Nachweisbar sind allein die Parallelen zwischen Kafkas Lebensumständen und denen Gregor Samsas, sofern die Verwandlungsmetapher entsprechend aufgelöst wird. Zu der Zeit, in der die Erzählung entsteht, fürchtet Kafka, er müsse finanziell für die Familie aufkommen und den Vater im Geschäft ersetzen (vgl. Binder 2004, 78f.), während ihm die Arbeit im Büro schon schwer genug zu schaffen macht, da sie ihn vom Schreiben, seiner eigentlichen Berufung, abhält. Gregor Samsa, der an die Stelle des Familienoberhaupts tritt, könnte somit als Verkörperung von Kafkas eigenen Befürchtungen gesehen werden, zugleich aber auch als Ausgestaltung eines Streiks, denn durch die Verwandlung in ein Ungeziefer wird diese Funktionalisierung des Sohnes ja rückgängig gemacht und sogar ins Gegenteil verkehrt, wenn das Insekt als Schmarotzertier oder Schädling betrachtet wird. Diese Deutung lässt sich stützen durch einen konkreten biografischen Hinweis, den Binder gibt: Am 7. Oktober 1912 mache Kafka die Erfahrung, dass sich seine Lieblingsschwester Ottla, die sonst immer zu ihm hielt, auf die Seite der Eltern schlage. Anlass sei ein Streit wegen der Asbestfabrik gewesen, die im Besitz der Kafkas war. Im Verlauf dieser Auseinandersetzung sei Ottla mit ihren Eltern zu der Auffassung gekommen, „der Bruder müsse in seinem Unternehmen nachmittags Überwachungsfunktionen wahrnehmen" (Binder 2004, 94). Kafka fühlt sich in seiner Bestimmung als Schriftsteller verraten und von seiner Familie verstoßen. In der Erzählung wird Gregor von seiner Schwester als „Untier" bezeichnet, was zur Folge hat, dass er nicht mehr wie ein Bruder zur Familie gehört (1, 149).

Mögliche Vorbilder für das Verwandlungsmotiv

Nikolai Gogols Erzählung *Die Nase* (1836) wird in der Forschung als mögliches Modell für Kafkas *Verwandlung* angeführt. Es ist nicht nachweisbar, dass Kafka diese Erzählung kannte, aber einige Texte von Gogol hatte er zumindest im Bücherregal (vgl. Binder 2004, 77). Der russische Schriftsteller lässt seinen Protagonisten Kowalew eines Morgens ohne Nase erwachen. Diese steckt im Frühstücksbrot von Kowalews Barbier, der sie vor Schreck in den Fluss wirft. Als Kowalew sich auf die Suche nach seiner Nase macht, trifft er sie an, wie sie in der Uniform eines Staatsrats durch St. Petersburg spaziert. Ein Polizist nimmt die Nase fest und bringt sie ihrem Eigentümer zurück, in dessen Gesicht sie aber nicht mehr zu befestigen ist. Eines Tages wacht Kowalew auf und findet seine Nase wieder an ihrem Ort, so als wäre nichts geschehen. Die surreale Vermischung von fantastischen Begebenheiten im Rahmen einer ansonsten realistisch erzählten Geschichte eint *Die Verwandlung* und *Die Nase*. Bei Kafka erzeugt der Erzählstil jedoch einen höheren Grad an Absurdität, da er die Verwandlung in ein Ungeziefer wie ein beschwerliches, aber selbstverständliches Ereignis beschreibt, während Gogol den Ausflug der Nase von Kowalew ausdrücklich kommentieren lässt: Derartiges komme in der Welt vor. Das Stilmittel des Kommentars beweist den Erklärungsbedarf angesichts der Unmöglichkeit des Nasenausflugs. Kafkas Stil kennzeichnet hingegen das Fehlen von Erklärungen. Ein weiteres mögliches Vorbild für die *Verwandlung* wird außerdem in Dostojewskis *Doppelgänger* (1846) gesehen. Die Erfahrung der (Selbst-)Entfremdung beim morgendlichen Erwachen, verbunden mit dem Ungeziefermotiv, liegt beiden Texten zugrunde. Hartmut Binder schreibt dazu:

> An einer Stelle im Roman nämlich kommt sich Dostojewskis Hauptfigur angesichts eines jungen, stattlichen Offiziers wie ein Käfer vor. Dieses Detail greift Kafka direkt auf, wenn er den verwandelten Gregor im elterlichen Wohnzimmer mit dem Photo konfrontiert, das ihn als sorglos lächelnden Leutnant zeigt, der Respekt für seine Haltung und Uniform verlangt. (Binder 2004, 85)

Auch hier geht Kafka über sein mutmaßliches Vorbild hinaus, indem er Gregor Samsas Verwandlung – die nicht nur ein sprachlicher Vergleich ist – als real gelten lässt, während Dostojewski (beispielsweise durch die Perspektive des Dieners) Indizien dafür gibt, dass Goljadkin sich seinen Doppelgänger einbildet, obwohl auch dieser davon ausgeht, es sei kein Traum.

Metaphorik des Ungeziefers

Die Metaphorik des Ungeziefers wird im *Brief an den Vater* dazu gebraucht, das parasitäre Wesen des Sohnes aus Sicht des Vaters zu beschreiben. Jener führe den „Kampf des Ungeziefers, welches nicht nur sticht, sondern gleich auch zu seiner Lebenserhaltung das Blut saugt" (7, 64). Der vom Vater lebende Sohn als lästiger Schmarotzer: Eine solche Auslegung der Ungeziefermetapher würde erklären, warum auf die Verwandlung, die mit einer Arbeitsunfähigkeit des Sohnes einhergeht, die Verstoßung aus der Familie erfolgt. Kafka war sehr daran gelegen, die Gestalt des Ungeziefers nicht auf einen konkreten Käfer, eine Wanze oder dergleichen festzulegen. An den Kurt Wolff Verlag schreibt er am 25. Oktober 1915, dass er kein derartiges Titelblatt zur *Verwandlung* wünscht: „Das Insekt selbst kann nicht gezeichnet werden, Es kann aber nicht einmal von der Ferne aus gezeigt werden." Stattdessen schlägt er vor, die Familie im beleuchteten Zimmer zu zeigen, „während die Tür zum ganz finsteren Nebenzimmer offensteht" (BB, 136). Das Insekt soll also durch den Verweis auf das andere, das dunkle Zimmer dargestellt werden, damit sich die Ungeziefermetaphorik frei entfalten kann, während der Status des Andersseins und des Ausgestoßenseins feststeht. Kafkas nächtliche Schreibsituation inmitten der Familienwohnung ließe sich ähnlich illustrieren. In der Forschung ist vielfach für eine poetologische Auslegung der Metapher plädiert worden: die Verwandlung als Loslösung des Dichters von der bürgerlichen Existenz (z.B. von Corngold; vgl. Pfeiffer 1998, 20). Wenn der Vaterbrief als biografisches Zeugnis gelesen werden kann, wäre es eine aussichtsreiche Deutungsmöglichkeit, die *Verwandlung* als Ausgestaltung der Parasitenmetapher zu verstehen. Kafka hätte dann den Vorwurf, ein Schmarotzer der Familie zu sein, wörtlich genommen und in eine Geschichte übersetzt, innerhalb derer das Insekt keine Metapher mehr ist.

Gattung

Wie die *Verwandlung* gattungsmäßig einzuordnen ist, lässt sich nicht eindeutig beantworten. Da eine ‚unerhörte Begebenheit' erzählt wird und der Text nicht die Länge eines Romans hat, ließe sich an eine Novelle denken. Im Unterschied zum traditionellen Novellenverlauf stellt die ungeheuerliche Begebenheit bei Kafka aber nicht den Wendepunkt der Handlung dar. Die Verwandlung Gregor Samsas wird als Ereignis nicht einmal erzählt, sie wird im ersten Satz der Erzählung nur festgestellt: „Als Gregor Samsa eines Morgens aus unruhigen Träumen erwachte, fand er sich in seinem Bett zu einem ungeheuren Ungeziefer verwandelt." (1, 93) Außerdem ist die Begebenheit nicht nur unerhört, sondern fantastisch wie im Märchen, ohne dass es eine Erklärung dafür gibt. Verwandlungen von Menschen in Tiere gibt es im Märchen auch. Während es dort, etwa im *Froschkönig*, zu einer Rückverwandlung des verzauberten Prinzen kommt, wird Gregor Samsa nicht erlöst. Auch die charakterliche Zuordnung von Gut und Böse und das entsprechende Belohnungs- und Strafsystem (‚poetische Gerechtigkeit') bleiben aus. Es ist in der Forschung auf eine inhaltliche Ähnlichkeit der *Verwandlung* mit dem Märchen *Die Schöne und das Biest* (*La belle et la bête*) hingewiesen worden. Auch hier kommt es zu einer Erlösungsmetamorphose, die das moralische Gleichgewicht wieder herstellt: Die Schöne gibt sich, um den Vater zu retten, dem Ungeheuer hin und wird mit der Rückverwandlung desselben in einen Prinzen belohnt. Aufgrund der am Schluss ausbleibenden Erlösung ist Kafkas Text als „Antimärchen" bezeichnet worden (zum Verwandlungsmotiv in verschiedenen Textgattungen siehe Beicken 2001, 74ff., hier 77). Mit einer solchen Zuordnung zur Märchengattung (ohne Happy End) wird zwar das Fantastische begründet, seine metaphorische Funktion innerhalb der ansonsten realistisch erzählten Geschichte jedoch nicht erklärt.

Erzählperspektive

Das Geschehen wird größtenteils aus der Perspektive Gregor Samsas dargestellt. Bis zum Tod der Hauptfigur weiß der Erzähler nicht mehr als sie. Er vermittelt sowohl die Gedanken Gregors als auch die externen Dinge und Ereignisse, sofern sie in dessen Wahrnehmungshorizont liegen. Die Erzählinstanz verschwindet also bis zum Schlussteil hinter der Figurenperspektive. Bereits der erste Satz lässt eine Subjektivierung erkennen, denn es heißt nicht, Gregor Samsa habe sich verwandelt, sondern er habe sich verwandelt gefunden. Die selbstreflexive Formulierung „fand er sich" (1, 93) scheint eher eine Befindlichkeit als eine Tatsache auszudrücken. Allerdings geht die Subjektivierung nicht so weit, offen zu lassen, ob es sich um ein (innerfiktionales) Faktum oder um die Einbildung der Figur handelt, denn es wird zugleich betont, dass die Verwandlung „kein Traum" (1, 93) sei. Gregor sieht seine dünnen Beine hilflos vor den Augen flimmern, als gehörten sie nicht zu ihm: Seine Irritation angesichts der Verwandlung wird erzählt, indem gesagt wird, was Gregor sieht und was er dabei denkt („Was ist mit mir geschehen?" (1, 93)). In Gedankenzitaten werden Reflexionen über sein anstrengendes Berufsleben wiedergegeben (vgl. 1, 94). Ob er die beruflichen Belastungen als Ursache der Verwandlung ansieht oder ob diese Gedanken den Schrecken der Verwandlung verdrängen sollen, bleibt ungewiss, da Gregor sich seinen Zustand zwar nach und nach bewusst macht, nicht aber erklärt. Auch vom personalen Erzähler gibt es keine Aufschlüsse über die neue Situation. In diesem Zusammenhang wird deutlich, warum Kafka sich gegen die Illustration des Ungeziefers gewehrt und es nur allgemein als ‚Insekt' bezeichnet hat, denn die Abbildung eines Käfers hätte der Erzählung ein Wissen eingeschrieben, das die eingeschränkte Erzählperspektive überschreitet und das rätselhafte Geschehen vereindeutigt. Zwar gibt es einige kaum auffällige Perspektivwechsel innerhalb der Erzählung – so wird beispielsweise an einer Stelle der Gedanke und Entschluss der Schwester wiedergegeben, die Möbel mithilfe der Mutter aus dem Zimmer zu schaffen (vgl. 1, 127) –, insgesamt wird der Gesichtskreis Gregors jedoch nicht überschritten, mit einer bedeutenden Ausnahme: Die Hauptfigur stirbt im dritten Teil und mit ihr die von Friedrich Beißner so bezeichnete ‚einsinnige' Erzählperspektive, denn am Schluss wird vom Fortleben der Familie Samsa berichtet. Alt schlägt daher vor, „statt von einem ‚einsinnigen' Prinzip [...] von der filmischen Technik des *camera eye*" zu sprechen, „die es erlaubt, das literarische Wissen durch kaum bemerkbare Perspektivveränderungen zu demonstrieren" (Alt 2005, 332; zur filmischen Sichtweise vgl. Hecker 1998, 37).

Handlung und Struktur der Erzählung

Die Erzählung gliedert sich in drei Kapitel ungefähr gleichen Umfangs, in denen sich das Grundmuster der Erzählung in gesteigerter Weise wiederholt: Gregor Samsa versucht trotz seiner Verwandlung, zu seinem bisherigen Leben zurückzufinden, zumindest aus seiner Isolation auszubrechen, wird aber von der Familie (und dem Prokuristen der Firma) abgewehrt. Im ersten Kapitel versucht er, sein Bett zu verlassen und die Zimmertür zu öffnen. Vom Vater wird er gewaltsam ins Zimmer zurückgetrieben und eingesperrt. Das zweite Kapitel handelt davon, wie die Familie mit der neuen Situation umgeht. Der Vater tritt eine Stelle als Bankdiener an, die Schwester Grete kümmert sich um Gregors Ernährung. Es kommt abermals zur Gewalt gegen ihn: Der Vater bewirft ihn mit Äpfeln und verletzt ihn schwer. Gregor bleibt wieder allein in seinem Zimmer zurück. Auch das dritte Kapitel schildert, wie Gregor (angelockt durch ihr Violinspiel) in Kontakt zu seiner Schwester kommt. Diese entscheidet, dass er beseitigt werden soll, und sperrt ihn erneut in sein Zimmer, wo er stirbt. Das epilogartige Ende deutet die guten Zukunftsaussichten der vom ‚Ungeziefer' erlösten Familie an.

Die Rolle des Sohnes

Die familiäre Situation Kafkas ist wiederholt mit der seines Protagonisten verglichen worden, insbesondere hinsichtlich des problematischen Verhältnisses zum Vater und in Bezug auf seine Verpflichtungen in der Asbestfabrik des Schwagers (vgl. Binder 2004, 78f.), aber auch im Hinblick auf Kafkas Verzweiflung an dem Dilemma, dem Brotberuf des Beamten nachgehen zu müssen, eigentlich aber Schriftsteller sein zu wollen (vgl. Abraham 2008, 426f.). Die *Verwandlung* ist vor diesem Hintergrund also lesbar als literarisches Experiment eines zugleich befreienden und isolierenden Ausbruchs aus den beruflichen und familiären Verpflichtungen (vgl. Fingerhut 1994, 60f.). Gregor nimmt (bis zu seiner Verwandlung) die Position des Ernährers innerhalb der Familie ein, macht also dem Vater die Funktion des Familienoberhaupts streitig. Mit der Verwandlung Gregors geht aber zugleich eine Verwandlung des Vaters einher: Der bankrott wirkende Mann, der ihn „an Abenden der Heimkehr im Schlafrock im Lehnstuhl empfangen hatte", ist zu einem kraftstrotzenden und streng frisierten Uniformierten geworden (1, 134). Ähnliches gilt für die Schwester, die sich zunächst durch häusliche Fürsorglichkeit auszeichnet, nach Gregors Tod jedoch „zu einem schönen und üppigen Mädchen" aufblüht, das den Eltern „wie eine Bestätigung ihrer neuen Träume" erscheint (1, 157f.; vgl. Poppe 2009).

Komik

Die Beschreibung dessen, welche Reaktion die Figuren auf die Verwandlung zeigen, ist in auffälliger Weise durch Komik geprägt: Die Figuren reagieren, abgesehen von Gregor Samsa selbst, mit Schrecken. Der Erzählstil ist jedoch im Gegensatz zur Aufregung auf der Handlungsebene sachlich und sogar zu Untertreibungen neigend. Er entspricht der Perspektive der Hauptfigur, die auf ihre Verwandlung erstaunlich ruhig reagiert. Angesichts der Ungeheuerlichkeit der körperlichen Veränderung ist diese als Gedankenzitat dargestellte Befindlichkeit auf absurde Weise unangemessen. Hauptsächlich aus dieser Unangemessenheit resultiert die Komik. Sie entsteht auch durch Beschreibung der Umständlichkeit und Befremdlichkeit des Tierkörpers. So wird zu Beginn der Erzählung dargestellt, wie Gregor Samsa versucht, sich von der Rücken- in Seitenlage zu bringen:

> Mit welcher Kraft er sich auch auf die rechte Seite warf, immer wieder schaukelte er in die Rückenlage zurück. Er versuchte es wohl hundertmal, schloß die Augen, um die zappelnden Beine nicht sehen zu müssen, und ließ erst ab, als er in der Seite einen noch nie gefühlten, leichten, dumpfen Schmerz zu fühlen begann. (1, 94)

Komisch ist bereits die außergewöhnliche Einfühlung: Aus einer menschlichen Innenperspektive wird die Physis eines käferartigen Insekts geschildert. Dabei sind es die körperlichen Hindernisse, auf denen das Augenmerk liegt. Die Diskrepanz zwischen angestrebtem Ziel und dem Scheitern am steifen Körper wirkt auf lächerliche Weise komisch. Dieser Effekt wird unterstützt durch die Befremdlichkeit der verwandelten Gestalt: Gregor entdeckt eine juckende Stelle mit „kleinen weißen Pünktchen" (1, 94), ein „Piepsen" in der Stimme (1, 96), das er für den „Vorboten einer tüchtigen Verkühlung" hält (1, 97), und stellt fest, dass er den ihm noch unbekannten unteren Teil seines Körpers nicht kontrollieren kann (vgl. 1, 98). Die Vermischung von Verschiedenartigem wirkt auch äußerlich komisch: Ein Riesenkäfer beabsichtigt, mit Tuchwaren zu verreisen und anschließend ins Büro zu gehen. Was aber Kafkas spezifische Komik auszeichnet, ist die absurde Weise, wie Gregor diesem neuartigen Kampf mit seinem Körper begegnet: „‚Ach Gott', dachte er, ‚was für einen anstrengenden Beruf habe ich gewählt! Tag aus, Tag ein auf der Reise […]'" (1, 94), so als handele es sich bei der Verwandlung um eine gewöhnliche Erschöpfung angesichts der beruflichen Strapazen. Eine solche Inkongruenz ist im schopenhauerschen Sinne komisch, weil eine Anschauung, hier die Verwandlung eines Menschen in ein ungeheures Ungeziefer, unter einen inadäquaten Begriff, hier alltägliches Unwohlsein, subsumiert wird. Kafkas Komik erscheint wie eine Inversion Don Quijotes: Während dieser Windmühlen für Riesen hält, macht Gregor Samsa aus dem Ungeheuerlichen eine unbedeutende Unpässlichkeit.

Der unpässliche Körper

An Gregors Reaktionen auf seine Verwandlung ist abzulesen, dass er sie wie eine Mischung aus Unlust und Krankheit einstuft. Er beschreibt seinen Zustand als „hilflos" (1, 93) angesichts der Unbeweglichkeit und als „melancholisch" (1, 93) angesichts des trüben Wetters. Mit Ekel („Kälteschauer" (1, 94)) und Befremden („Pünktchen […], die er nicht zu beurteilen verstand" (1, 94)) nimmt er seine neue Gestalt wahr. Im Vergleich zu dem Schrecken, den sein Anblick bei den anderen Figuren hervorruft, erscheint es auf humoristische Weise untertrieben, wenn Gregor feststellt, er „fühlte sich durchaus nicht besonders frisch und beweglich" (1, 95). Er ist schläfrig und gesteht sich ein, eher arbeitsscheu als krank zu sein (vgl. 1, 96). Seine veränderte Stimme führt er auf den mutmaßlichen Beginn einer Erkältung zurück (vgl. 1, 97). Im Gespräch mit dem Prokuristen durch die geschlossene Zimmertür nennt Gregor sein Befinden ein „leichtes Unwohlsein" und einen „Schwindelanfall", behauptet im selben Atemzug, er sei „schon wieder ganz frisch", spricht sodann aber von „Krankheit" (1, 104). Er kann nicht einschätzen, welcher Art seine Unpässlichkeit ist, und ist begierig zu erfahren, ob die anderen auf seinen Anblick mit Entsetzen oder Gelassenheit reagieren würden. Seine neue Identität hängt also vom Verhalten der anderen ab. Solange die Tür verschlossen ist, übergeht er seine körperliche Verwandlung, als handle es sich nur um eine momentane Schwäche. Erst das Fluchtergreifen des Prokuristen, die ausbleibende Hilfe der Schwester, der Ohnmachtsanfall der Mutter und die Gewaltanwendungen des Vaters zeigen ihm, wie wenig er in seiner neuen Schreckensgestalt wiederzuerkennen und akzeptiert ist. Die detaillierten Beschreibungen des Tierkörpers und die Bestürzung, mit der die anderen Figuren reagieren, bestätigen, dass die Verwandlung weder ein Traum noch der Ausdruck eines bloßen Unwohlseins ist. Metaphorisch ist die Bedeutung der

Verwandlung aber sehr wohl im Bereich einer Unpässlichkeit angesichts der Anforderungen zu suchen, die die Familie und die Firma an Gregor Samsa stellen. Der Körper streikt und schreckt ab. Er ist so monströs, dass er kaum durch die Tür passt, also buchstäblich ‚unpässlich' geworden ist. Allerdings ist dieser Zustand nicht vorübergehend, denn es gibt für den verwandelten Sohn keinen Weg in die Familie zurück; es bleibt ihm nur der Tod – und damit die endgültige und schlechthinnige Indisposition.

4. *In der Strafkolonie*

Textentstehung und Publikation

In der Strafkolonie entsteht im Oktober 1914 innerhalb eines zweiwöchigen Urlaubs. Von August bis Anfang Oktober hat Kafka gut zweihundert Seiten des *Proceß* niedergeschrieben, der dann für die *Strafkolonie* eine Zeit lang liegen bleibt. Die Erzählung ist nach der *Verwandlung* die längste vollendete und zu Lebzeiten publizierte. Kafka ist mit ihr weitgehend zufrieden, das Ende gefällt ihm jedoch nicht. Am 2. Dezember 1914 notiert er im Tagebuch: „Nachmittag bei Werfel mit Max und Pick. ‚In der Strafkolonie' vorgelesen, nicht ganz unzufrieden, bis auf die überdeutlichen unverwischbaren Fehler." (11, 59) Schauplatz und Perspektive verändern sich am Schluss überraschend. Kafka stört anscheinend das Sprunghafte daran, da es die Einheit des Spannungsbogens aufbricht. Er bezeichnet das Finale gegenüber seinem Verleger als „Machwerk"; es sei da „irgendwo ein Wurm, der selbst das Volle der Geschichte hohl macht" (Br, 159). Mehrmals versucht er in den folgenden Jahren erfolglos, den letzten Abschnitt neu zu schreiben. Kafka hat die Absicht, den Text im Kurt Wolff Verlag zusammen mit dem *Urteil* und der *Verwandlung* unter dem Titel *Strafen* zu veröffentlichen. Dieser befürwortet aber weder die gewünschte Sammelpublikation noch eine Einzelpublikation der *Strafkolonie*. Dem Verlag ist das Thema, das die Unmenschlichkeit militärischer Standgerichte beinhaltet, vor dem Hintergrund des Krieges politisch zu heikel. Wolff liest die Geschichte als provokative Verarbeitung zeitgenössischer Tötungsexzesse (vgl. Alt 2005, 476). Zur Erstveröffentlichung kommt es somit erst nach dem Krieg: 1919 erscheint die Erzählung in der bibliophilen Reihe der *Neuen Drugulin-Drucke*. Am 10. November 1916 gibt Kafka im Rahmen einer expressionistischen Vortragsreihe eine Lesung in der Münchner Galerie *Neue Kunst*. Seine Geschichte wird mit Rücksicht auf die Zensurbehörde des Innenministeriums nicht unter dem Titel *In der Strafkolonie* angekündigt, sondern als *Tropische Münchhausiade* bezeichnet (vgl. Honold 2008, 482). Die Reaktionen der Zuhörer und Kritiker sind aufgrund der Folterbeschreibungen größtenteils ablehnend. Mehrere Zuhörerinnen hätten angewidert den Saal verlassen, einige seien sogar in Ohnmacht gefallen. In der *Münchner Zeitung* wird Kafka als „Lüstling des Entsetzens" bezeichnet (vgl. Alt 2005, 477). Kurt Tucholsky feiert die Erzählung in einer Rezension der 1919 erschienenen Druckfassung jedoch als „Meisterleistung" (*Die Weltbühne*, 3. Juni 1920, Nr. 23, 655).

Mögliche Quellen und Anregungen

Der Jurist Robert Heindl reiste zu Beginn des 20. Jahrhunderts zu verschiedenen Strafkolonien und zeichnete die Beobachtungen, die er dort gemacht hatte, in seinem 1912 erschienenen Buch *Meine Reise nach den Strafkolonien* auf. Er schildert darin eine Hinrichtung in der Strafkolonie

Französisch-Guayanas, die Kafka hinsichtlich der Technik und des feierlichen Zeremoniells wahrscheinlich als Modell gedient hat (vgl. Müller-Seidel 1986, 80–87 und Vogl 1990, 173). Ein Vorbild für den reisenden Europäer, der Gefängnisinseln europäischer Kolonien besichtigt, kann auch Norbert Jacques gewesen sein, der aus einer kalten Beobachterperspektive eine Reise deutscher Offiziere in den Pazifik beschreibt. Der Reisebericht ist 1914 unter dem Titel *Südsee* in der *Neuen Rundschau* veröffentlicht worden, die Kafka regelmäßig gelesen hat (vgl. Alt 2005, 487). Außerdem hat Kafkas Strafrechtslehrer Hans Groß 1909 einen Aufsatz verfasst, in dem er die Rechtspraxis in den Kolonien vor dem Hintergrund des europäischen Strafrechts untersucht. Das berühmteste Beispiel einer Deportation auf die Teufelsinsel vor der Küste Französisch-Guayanas war die ‚Dreyfus-Affäre' (vgl. Alt 2005, 483). Der jüdische Offizier Alfred Dreyfus wurde 1895 wegen angeblichen Hochverrats zu lebenslänglicher Verbannung verurteilt. Der Fall hat heftige politische Debatten in Frankreich ausgelöst. Anregungen für die sadistischen Folterbeschreibungen soll Kafka ansonsten aus Octave Mirbeaus pornografischem Roman *Der Garten der Qualen* (*Le jardin des supplices*, 1899) bezogen haben (vgl. Honold 2008, 486; zu Kafkas Quellen siehe auch Wagenbach 1995).

Die Holocaust-These

Es gibt zahlreiche Interpretationen der *Strafkolonie* vor dem Hintergrund der Verbrechen des 20. Jahrhunderts, und zwar nicht nur des Ersten Weltkriegs, zu dessen Beginn die Erzählung 1914 entstand, sondern auch im Hinblick auf den Holocaust, den Kafka, der 1924 starb, nicht miterleben musste und nicht erahnen konnte. Kafka war kein Prophet, er hat in der Erzählung jedoch Strukturen der Macht und Grausamkeit aufgedeckt, die politische Gräueltaten ermöglichen und als solche historische Realität sind. Peter-André Alt zufolge „beschreibt die Erzählung eine technische Organisation des Tötens, die auf die Verbrechen des Nationalsozialismus vorausdeutet" (Alt 2005, 484). Hans Dieter Zimmermann ist der Ansicht, Kafka habe „die doppelte Wurzel der staatlichen Verbrechen unseres Jahrhunderts dargestellt: es sind nicht nur die *Täter*, die zur systematischen Vernichtung schreiten, sondern es sind auch die *Untätigen*, die aus falscher Rücksichtnahme auf sich und andere nichts unternehmen" (Zimmermann 2003, 161). Alexander Honold betont ferner das Maschinenmäßige des folternden Apparates, der das Individuum einverleibe und somit sinnlich vorstellbar mache, „was zu einer Schreckenssignatur des 20. Jahrhunderts und seiner totalitären Formen der technisch-bürokratischen Machtausübung werden sollte" (Honold 2008, 477). Formal mögen sich zwar Entsprechungen zur maschinellen Tötung erkennen lassen, die auch für die Kapitalverbrechen des 20. Jahrhunderts charakteristisch sind. Oliver Jahraus warnt jedoch davor, Kafkas Erzählung direkt auf den Holocaust zu beziehen, da solche Deutungen weder der *Strafkolonie* noch dem Holocaust gerecht würden, zumal es in Kafkas Text nicht darum gehe, „ein ganzes Volk auszurotten" (Jahraus 2006, 323).

Die Schreibmaschinen-These

Im Unterschied zu Lesarten, denen zufolge in Kafkas Prosastück „eine Parabel der Lagerwelt des 20. Jahrhunderts" bzw. „die prophetische Seismographie ihrer Grausamkeit" zu sehen sei, behauptet Karl Heinz Bohrer von Kafkas Text, er sei „keine politische Parabel, sondern eine Metapher über die Tortur ästhetischer Imagination"; die Folter sei als „selbstreferentielle poetische Formel der poetischen Reflexion und als poetische Metapher" zu verstehen (Bohrer 2006, 429). In einem Brief an Milena bezeichnet Kafka im November 1920 das Foltern und Gefoltertwerden als das Einzige, womit er sich beschäftige (vgl. MB, 290). Dies ist in der Forschung häufig auf den Akt des Schreibens selbst bezogen worden (z. B. Mladek 1994, 115). Entsprechend wird die Beschreibung der maschinenschriftlichen Marter in der *Strafkolonie* als Reflexion des eigenen Schreibprozesses gedeutet. „Das ist eine Geschichte, die vom Schreiben handelt", versichert etwa Honold, weist zugleich aber auf die politische Lesart des Textes hin (Honold 2008, 477). Jahraus zufolge ist die Vollstreckungsmaschine eine Schreibmaschine, die absolute Zeichen produziert, welche keiner Deutung mehr bedürfen, da sie unmittelbar in den Körper übergehen, unbezweifelbar sind und „durch den Tod letztgültig bestätigt werden" (Jahraus 2006, 334).

Struktur und Pointe der Erzählung

Ein europäischer Forschungsreisender wird auf einer tropischen Strafinsel Zeuge einer Exekution. Zwei Ordnungen treffen aufeinander und lösen einander ab. Repräsentant der alten Ordnung ist der Offizier, der die Hinrichtungsmaschine bedient und dabei im Geiste des ehemaligen Kommandanten handelt. Er versucht, den Reisenden vom herkömmlichen System zu überzeugen. Dieser erweist sich jedoch als Gegner jener Rechtspraxis, in welcher der Delinquent wegen einer Geringfügigkeit ohne Gerichtsverfahren zu Tode gefoltert wird. Der Offizier, für den das Urteil des Reisenden die letzte Hoffnung ist, das Hinrichtungsverfahren zu retten, versteht dessen Ablehnung gewissermaßen als Todesurteil der alten Ordnung und macht den Reisenden zum Zuschauer seiner Selbstexekution, bei der auch die Maschine destruiert wird. Es könnte so erscheinen, als handelte die Geschichte vom Ende eines inhumanen Rechtssystems, das durch ein gerechteres abgelöst wird. Zwar wird das grausame Gericht, das mit der Hinrichtung identisch ist, abgeschafft. Die Erzählung geht jedoch nicht darin auf, eine Kritik kolonialer militärischer Gewalt zu sein. Es fehlt nämlich eine positive Alternative. Die neue Ordnung tritt nicht in Erscheinung, da vom neuen Kommandanten nur in Abwesenheit und aus dem Munde des Offiziers die Rede ist. Hinzu kommt die Prophezeiung der Rückkehr des früheren Kommandanten am Schluss der Erzählung. Außerdem wird die Idee der Gerechtigkeit, in deren Namen der Reisende die Rechts- bzw. Hinrichtungspraxis verurteilt, zugleich bejaht und verneint: Der Reisende findet es paradoxerweise gerecht, wenn der Offizier sich mit jener Maschine hinrichtet, die für ihn der Inbegriff der Ungerechtigkeit und Grausamkeit ist. Auf der anderen Seite soll der Apparat eine Gerechtigkeit herstellende Maschine sein, zerstört aber mit dem Imperativ „Sei gerecht!" den Offizier und sich selbst. Der Text zeigt also eher den geheimen Zusammenhang zwischen Gerechtigkeit und Gewalt auf, als dass er ein Plädoyer für die Humanisierung bestimmter Rechtssysteme darstellt.

Erzählstil

Was die Erzählung so aufreibend macht, ist nicht nur die dargestellte Gewalt, in der die Forschung Anklänge an sadomasochistische Praktiken gesehen hat, weil der Verurteilte nackt auf ein Bett geschnallt und gefoltert wird (vgl. etwa Jahraus 2006, 339). Auch der Erzählstil, der zugleich eindringlich und abscheulich wirkt, trägt dazu bei. Das Plädoyer des Offiziers für die alte Rechtsordnung nimmt einen großen Raum im Rahmen der Erzählung ein. Dieses ist der technischen Beschreibung des angeblich bewundernswert perfekt konzipierten Folter- und Tötungsapparats gewidmet und wird mit einem Eifer vorgetragen, der die Frage, welche Person mit welchem Recht hingerichtet werden soll, in den Hintergrund treten lässt. Normalerweise funktioniert die Sympathielenkung in der Literatur so, dass die Figuren, deren Geschichte und Perspektive präsentiert wird, anziehend wirken oder sogar zu Identifikationsfiguren werden. Kafka versteht es, dieses Mittel einerseits zugunsten des Offiziers einzusetzen, dessen Rede so ihre suggestive Kraft entfalten kann. Andererseits wird der Sog des Vortrags durch den Standpunkt des Reisenden unterlaufen. Auch durch das übersteigert Pathetische in der Sprache und Gestik des Offiziers wird dessen Position narrativ disqualifiziert. Der Erzählstil ist hier also gleichzeitig suggestiv und aversiv – eine Paradoxie der Form, die das Widersinnige der sich im Zeichen der Gerechtigkeit selbst zerstörenden Gerechtigkeitsmaschinerie verdoppelt.

Erzählperspektive

Die *Strafkolonie* ist vorherrschend aus der Sicht des Reisenden erzählt, der zwar nicht der Erzähler ist, dessen Gedanken aber zuweilen mitgeteilt werden und dessen Wahrnehmungshorizont der Geschehnisse hauptsächlich eingenommen wird. Er fungiert aus diesem Grund einerseits als Identifikationsfigur, zumal er aus Europa kommt und die hiesigen Wertestandards geltend macht. Andererseits ist er extrem reserviert und wirkt wenig mitreißend, während der Offizier in langen Abschnitten direkter Rede seine suggestive Rhetorik entfalten kann. Kafka gibt durch die Erzählperspektive weder eine verlässliche Darstellung noch eine definitive Bewertung der konkurrierenden Positionen vor. Der Erzähler scheint sich stattdessen seiner Vermittlerfunktion zu entziehen. Und an Stellen, die eine Bewertung enthalten, ist oft nicht klar, wessen Perspektive überhaupt eingenommen wird. Zum Beispiel die Bemerkung im Hinblick auf den Hinrichtungsapparat: „Hätte das Rad nicht gekreischt, es wäre herrlich gewesen" (1, 172) kann die Sicht des Offiziers repräsentieren, was im Kontext wahrscheinlich ist, aber auch die des Reisenden. Thomas Weitin stellt in diesem Zusammenhang fest, dass keine der Figuren den Sinn der Erzählung verbürgt, da deren Perspektive im beständigen Wechsel der Positionen Unsicherheit ausstrahle (vgl. Weitin 2007, 257). Wenn infolgedessen unentscheidbar ist, was in der Erzählung der Fall ist (geschweige denn, wie es zu bewerten ist), kann von ‚unzuverlässigem Erzählen' gesprochen werden. Dies potenziert wiederum den oben beschriebenen ambivalenten Erzählstil mit dem Ergebnis einer radikalen Verunsicherung über die Beurteilung des Erzählten.

Das Schwanken der Erzählperspektive, die zwar über weite Strecken der Beobachtung des Reisenden entspricht, zuweilen jedoch auch Gedanken des Offiziers und sogar des Verurteilten wiedergibt, erzeugt eine Desorientierung, wie sie für Träume charakteristisch ist. Auch der befremdliche und überraschende Wendepunkt der Erzählung, der die Zerstörung der Maschine samt Offizier herbeiführt, entspricht eher der sprunghaften Logik von Träumen als den Regeln der Wahrscheinlichkeit. Diese traumähnliche Aufhebung von Unterschieden, die der paradoxe Stil und die unzuverlässige Fokalisierung erzeugen, wird inhaltlich durch die Spiegelung zweier gegensätzlicher und doch analoger Aussagen zum Ausdruck gebracht: Der Offizier nennt die Schuld des Verurteilten „immer zweifellos" (1, 168), während der Reisende feststellt: „Die Ungerechtigkeit des Verfahrens und die Unmenschlichkeit der Exekution war zweifellos." (1, 175) Die Zweifellosigkeiten werden somit trotz der Gegensätzlichkeit der moralischen Inhalte sprachlich identifiziert.

Pathos des Strafvollzugs

Die Gerechtigkeit, die der Offizier für seine Exekutionspraxis in Anspruch nimmt, wird von ihm in religiös überhöhter Weise geschildert. Insgesamt enthält die Erzählung viele Aspekte, die sich christologisch mit der Passionsgeschichte vergleichen lassen, so etwa das Martyrium Jesu (dessen Todeskampf um die sechste Stunde beginnt), der Erlösungsgedanke und der Übergang vom Alten zum Neuen Testament (der sich im Wechsel vom alten zum neuen Kommandanten spiegelt). Der Offizier beschreibt den Strafvollzug wie einen Staatsakt, der zugleich Liturgie ist: Die Vollversammlung der Menschen wird von Fanfaren begleitet, die Maschine glänzt, und alle hören und sehen ihrer durch den Kommandanten höchstpersönlich in Bewegung gesetzten Arbeit andächtig zu. Die Krönung dieser Zeremonie ist die sechste Stunde, die Stunde der Gerechtigkeit: „Wie nahmen wir alle den Ausdruck der Verklärung von dem gemarterten Gesicht, wie hielten wir unsere Wangen in den Schein dieser endlich erreichten und schon vergehenden Gerechtigkeit! Was für Zeiten, mein Kamerad!“ (1, 178) Diese Feierlichkeit wird auch gestisch hervorgehoben, indem der Offizier den fremden Forschungsreisenden verbrüdernd »Kamerad« nennt (so als wäre auch er ein Anhänger des alten Kommandanten), umarmt und rührselig den Kopf auf dessen Schulter legt. Dadurch wird offensichtlich, dass diese barbarische Rechtspraxis sich auf eine Gerechtigkeitsidee gründet, deren Ursprung militärisch und zugleich sakral ist. Die Verehrung des Offiziers für den früheren Kommandanten und dessen Lebenswerk, das sich in der Hinrichtungsmaschine manifestiert, gleicht einem Gotteskult: Er gibt die Aufzeichnungen des Kommandanten, die er in der „Brusttasche“ (1, 166) trägt, nicht aus der Hand, so als wären sie ihm heilig. Später äußert der Offizier das Verlangen, sich selbst unter die Egge zu legen, und schließlich bringt er die Maschine in die richtige Lage, um ihn zu „empfangen“ (1, 190). Sein Gerechtigkeitsbegehren ist also nicht nur religiös verklärt, es ist überdies das Pathos selbst, das ihn animiert. Die Leidenschaft für die Maschine, die Feierlichkeit des beschriebenen Zeremoniells und die Ergriffenheit seiner Rede davon belegen dies.

„Sei gerecht!“

Der Reisende billigt im Namen der Gerechtigkeit die Entscheidung des Offiziers, sich selbst zu richten. Das ist nicht konsequent, da er zuvor den Gebrauch der Maschine ablehnt, für diesen Fall aber befürwortet. Die Gerechtigkeitsauffassung der neuen Ordnung impliziert demnach eine versteckte Gewaltbejahung. Die Hinrichtung des Offiziers ist eine Hinrichtung des Straf- und Scharfrichters in einem. Sie erzeugt somit eine Paradoxie, insofern sie eine Metaebene des Gerichtsverfahrens einführt: Nicht ein Straftäter wird für sein Unrecht gerichtet, sondern das Verfahren des (Hin-)Richtens selbst. „Sei gerecht!“ (1, 188) ist der Imperativ, den der Offizier seiner Verurteilung im Sinne eines verletzten Gebots zugrunde legt. Auf indirekte Veranlassung des Reisenden und im Namen von dessen Gerechtigkeitsvorstellung wird der Offizier gerichtet. Die Maschine ist damit vor die paradoxe Aufgabe gestellt, Gerechtigkeit mit den herkömmlichen ungerechten Mitteln herstellen zu sollen, zu denen insbesondere sie selbst gehört, und muss sich konsequenterweise selbst zerstören. Sie vernichtet mit sich folglich nicht nur das alte Recht, sondern eben auch die Gerechtigkeit, auf deren Geheiß sie zuletzt ihre Dienste tat.

VI. Rezeptionsgeschichte

Auf welche Weise hat Kafkas Werk seinen Weg zum Weltruhm gemacht?

Rezeption zu Lebzeiten

Die Rezeption zu Lebzeiten war uneinheitlich. Von einigen wurde er bejubelt, beispielsweise von Kurt Tucholsky (vgl. Tucholsky 1996, 224), von einigen etwas kritischer beurteilt und von vielen nicht gelesen oder nicht verstanden. Allzu bekannt wurde Kafka durch die Besprechungen seiner Bücher jedenfalls nicht. Das größte öffentliche Lob erhielt er von seinem Freund und Förderer Max Brod. Kafkas Stil wurde mit dem Heinrich von Kleists, Adalbert Stifters und Robert Walsers verglichen. Besonders der Verweis auf Kleist muss ihm gefallen haben, denn er liebte die Erzählung *Michael Kohlhaas* (1810). Nach der Publikation des *Heizer*-Kapitels aus *Der Verschollene* kam ein Vergleich mit Charles Dickens auf, den Kafka selbst später in seinem Tagebuch anstellte: „‚Der Heizer' glatte Dickensnachahmung, noch mehr der geplante Roman." (11, 168f.; Eintrag vom 8. Oktober 1917) Die Öffentlichkeit wurde etwas mehr auf Kafka aufmerksam, nachdem Carl Sternheim 1915 das Preisgeld für den ihm zugesprochenen Fontane-Preis an ihn weitergab. Und Kurt Pinthus, der Herausgeber der berühmten expressionistischen Anthologie *Menschheitsdämmerung* (1919), zählt Kafka im Nachwort zum Almanach *Vom jüngsten Tag* sogar zu den Hauptvertretern der neuen deutschen Prosa. Das ist insofern erstaunlich, als Kafka ja nur wenige seiner Texte publiziert hatte; gemessen daran, dass es die großen Romane und den Großteil der Erzählungen für die Öffentlichkeit noch nicht gab, war die frühe Rezeption also äquivalent. Gemessen an seinem gegenwärtigen Weltruhm war sie freilich gering. Es fällt heute schwer, sich vorzustellen, dass Kafka hungrig nach einer kleinen Zeitungsrezension war, aber er hat sich in der Tat sehr darüber gefreut, gelobt zu werden: „Es kitzelt einen von oben bis unten", schreibt er an Felice in Bezug auf eine erfreuliche Besprechung des *Heizers* in der Berliner *Montags-Zeitung* (FB, 414).

Die frühe Rezeption

Den größten Anteil an der Vorbereitung von Kafkas Weltruhm hatte offenkundig Max Brod, und zwar dadurch, dass er unermüdlich seine Texte herausgab, erklärte und lobte. Aber auch andere Schriftsteller wie Hermann Hesse, Rainer Maria Rilke, Franz Werfel, Bertolt Brecht, Thomas und Klaus Mann sind früh auf Kafka aufmerksam geworden und haben bereits in den zwanziger und dreißiger Jahren zur Kontinuität und zum Zuwachs seiner Rezeption beigetragen. Teilweise wurde er dem Expressionismus zugerechnet. Vorherrschend war jedoch das theologisch geprägte Kafka-Bild Max Brods, demzufolge Kafka zu den „Lehrmeistern des Menschengeschlechtes" gehöre, weil er nicht nur das Versagen, sondern auch eine gnadenvolle Aufhebung in die Transzendenz darstelle (Brod beruft sich dabei auf Äußerungen, die Kafka über das tröstliche Ende des *Schloß*-Romans gemacht haben soll. Vgl. Brod 1966, 331f.). Dazu gesellte sich nach dem Zweiten Weltkrieg eine existenzialistische Interpretationsrichtung, die um Erfahrungen der Absurdität, Angst und Endlichkeit kreiste. Die theologischen und philosophischen Auslegungen stießen jedoch zunehmend auf widerstreitende, ideologiekritische Positionen. In den fünfziger Jahren kam im Gegenzug zu den thematisch orientierten und weitgehend spekulativen Deutungen eine formalanalytisch ausgerichtete Kafka-Forschung auf, die den Stil, die Struktur, Erzählhaltung etc. in den Blick nahm.

Benjamin

Der Philosoph und Literaturkritiker Walter Benjamin veröffentlichte 1934 anlässlich des zehnten Todestages von Kafka einen einflussreichen Essay. Er argumentiert darin gegen theologische Interpretationen der Texte, wie sie in der Nachfolge Max Brods üblich waren (vgl. Benjamin 1977, 425), leistet allerdings mit seiner eigenen Lesart insgeheim ebenso spekulativen Interpretationen Vorschub. Denn er hält Kafkas Erzählungen, besonders die vielsagenden Gebärden der Figuren darin, für unendlich ausdeutbar. (Der „Gestus" ist ein Schlüsselbegriff für Benjamins Kafka-Deutung.) Sogar die „Sinngeschichten", die den Anschein erweckten, als ließen sie sich zu einer flachen Lehre ausfalten, erwiesen sich als unausdeutbare Parabeln, da sie immer eine „wolkige Stelle" enthielten, durch die sie sich einer greifbaren Auslegung entzögen (Benjamin 1977, 420 und 427).

Borges

Der argentinische Schriftsteller Jorge Luis Borges war der erste, der Kafka ins Spanische übersetzte. Seine Übersetzungen erschienen (ohne seinen Namen) bereits 1925. Die *Verwandlung* war die erste. 1938 veröffentlichte er in Buenos Aires den ersten Erzählband Kafkas auf Spanisch und vermittelte Kafka auf diese Weise früh im spanischen Sprachraum. Borges hat sich nicht nur als ausgezeichneter Übersetzer Kafkas erwiesen, er hat auch vielerorts seine Erzählungen interpretiert und bekannt gemacht. Er deutet sie vor dem Hintergrund des Traum- und Alptraumhaften. Auch seine eigenen literarischen Texte (die bekanntesten Erzählbände sind *Ficciones* (1944) und *El Aleph* (1949)) leben vom Traumhaften und lassen Kafka als Vorbild erkennen. Das „Unendliche" und die „Unterordnung" werden ferner als Leitideen der Werke Kafkas benannt. Damit sind die unendlichen Hierarchien und Verschleppungen gemeint sowie die Sehnsucht der Protagonisten, sich in die Gesellschaft einzufügen (vgl. Borges 1995, 132).

Surrealismus

In Frankreich wurde Kafka zunächst von der surrealistischen Ästhetik besetzt, die seine Texte in einem radikal ahistorischen und durch Freud geprägten Sinn als Traumtexte las. Das begann schon mit den Übersetzungen, die das Phantastische und das Unbestimmte besonders herausstellten. Dadurch wurde die frühe, von Brod beeinflusste, metaphysische Rezeption verstärkt. Ähnliches geschah, als Jean-Paul Sartre damit begann, Kafka von Kierkegaard und Heidegger ausgehend existenzialistisch zu lesen. Die Linie zu Kierkegaard ist auch von Brod bereits gezogen worden, dessen Kafka-Biografie 1945 ins Französische übersetzt worden ist.

Camus

Albert Camus fand in Kafkas Werk seine eigene Theorie des Absurden bestätigt. Er publizierte 1943 in der Zeitschrift *L'Arbalète* eine Studie zu Kafka, die im Anhang zu seinem Werk *Der Mythos von Sisyphos* (*Le mythe de Sisyphe*; Übersetzung 1959 bei Rowohlt) unter der Überschrift *Die Hoffnung und das Absurde im Werk von Franz Kafka* auf Deutsch erschienen ist. Darin macht Camus auf den Widerspruch aufmerksam, dass der Held oft bizarre Dinge erlebt und erstaunlich selbstverständlich darauf reagiert. An diesem merkwürdigen Paradox, das ein „Ausbalancieren zwischen Natürlichem und Außergewöhnlichem, […] zwischen Tragik und Alltäglichem, zwischen Absurdität und Logik" sei, erkenne man „die ersten Anzeichen eines absurden Kunstwerks"

(Camus 1959, 103f.). Kafka drückt nach Camus das Tragische und Absurde durch das Gewöhnliche und Logische aus. Dabei werde, wie es für das existenzialistische Denken charakteristisch sei, das Absurde akzeptiert. Camus vergleicht Kafka mit Kierkegaard, bei dem diese Akzeptanz einer Hoffnung einem Sprung in den Glauben gleichkomme.

Adorno

Der Philosoph Theodor W. Adorno reformuliert in seinem Kafka-Essay von 1953 Camus' Einsicht, dass in Kafkas Texten die seltsamsten Dinge mit erstaunlicher Gelassenheit aufgenommen werden, so: „Nicht das Ungeheuerliche schockiert, sondern dessen Selbstverständlichkeit." (Adorno 1976, 307) Damit sind solche Stellen gemeint wie die im *Schloß*, wo der Landvermesser die Gehilfen aus dem Zimmer vertreibt und diese durchs Fenster wieder hineinkommen. Derart absonderliche Vorgänge werden so geschildert, als wären sie üblich. Nach Camus ist der Widerspruch zwischen dem ungewöhnlichen Geschehen und der Selbstverständlichkeit, mit der es ohne einen entsprechenden Erzählerkommentar aufgenommen wird, absurd. Adorno, der sich gegen jedwede existenzialistische Klassifizierung Kafkas verwehrt, nennt solche Stellen Schockmomente und blinde Stellen. Der Leser solle sich nicht mit einer vermeintlich dahinter verborgenen Weltanschauung befassen, sondern das Inkommensurable daran erkennen. Daher seien die undurchsichtigen Details wichtiger als die Ausführungen über das Gesetz, die sich allzu leicht symbolisch missverstehen ließen als Exemplifikation einer bestimmten Philosophie. Kafkas Texte seien überhaupt nicht symbolisch in der Weise, dass die Totalität ihrer Momente bruchlos übergehe in einen Sinn. Sie seien vielmehr (hier folgt Adorno Walter Benjamin) parabolisch zu verstehen: „Es ist eine Parabolik, zu der der Schlüssel entwendet ward." (Adorno 1976, 304) Das ist die besagte Inkommensurabilität: Das buchstäblich Gesagte und die darüber hinausreichende Bedeutung passen nicht zusammen. So verweigern sich die Texte einer Auslegung, obwohl sie sie gleichzeitig geradezu herausfordern: „Jeder Satz spricht: deute mich, und keiner will es dulden." (Adorno 1976, 304) Adorno vertrat außerdem im Anschluss an Klaus Mann die These, dass Kafka in seinen Schriften den Terror und die Machenschaften der Nationalsozialisten prophetisch vorweggenommen habe (vgl. Adorno 1976, 323f.). Viele haben auf die Ähnlichkeit der Gewalt und der totalitären Zustände beispielsweise in der *Strafkolonie*, im *Proceß* und im *Schloß* mit dem Dritten Reich aufmerksam gemacht. Vor Adorno hat dies unter anderen Hannah Arendt in ihrem Kafka-Essay getan (vgl. Arendt 1948, 138).

Prophetie des Dritten Reiches

Jüdische Tradition

Ausgehend von Kafkas Situation, als Prager Jude deutsche Literatur zu schreiben, also gewissermaßen ein Fremder in der eigenen Sprache zu sein, entwickeln Gilles Deleuze und Félix Guattari in *Kafka – Pour une littérature mineure* (1975) das Konzept einer von Kafka selbst so benannten ‚kleinen Literatur': Das ist eine deterritoriale Minoritätenliteratur, die darin besteht, dass sich eine kleine Minderheit einer großen Sprache bedient. Kafkas Sprache wird hier im diskursanalytischen Sinne von Machtausübung bzw. Widerstand gegen die herrschenden Machtverhältnisse interpretiert. In der jüngeren Rezeptionsgeschichte sind immer wieder Bezüge zur jüdischen Tradition – Talmud, Kabbala, Zionismus und Chassidismus – untersucht worden (beispielsweise in dem 1987 von Grözinger, Mosès und Zimmermann herausgegebenen Sammelband *Franz Kafka und das Judentum*). Zu dieser Rezeptionsrichtung hatte Max Brod den Anstoß gegeben, indem er Kafka zu einem zionistischen Heiligen erklärte: „Die Kategorie der Heiligkeit (nicht etwa die der Literatur) ist überhaupt die einzig richtige, unter der Kafkas Leben und Schaffen betrachtet werden kann." (Brod 1966, 50) Auch der mit Walter Benjamin befreundete Kabbalaforscher Gershom Scholem hält Kafkas Schriften für eine säkularisierte Darstellung des „kabbalistischen Weltgefühls" (Scholem 1970, 271). Im Unterschied zu Brods und Scholems Thesen ist der Tenor der neueren Literatur zu Kafka und dem Judentum allerdings eher der, dass es bei Kafka keine Theologie gebe, gleichwohl zahlreiche Themen, Vorstellungen, Bilder und Denkmuster, die der jüdischen Tradition entnommen sind.

Neuere Interpretationsansätze

In der jüngsten Kafka-Forschung rückt der Schreibprozess ins Zentrum der Untersuchungen. Dieser neue Zugang zu Kafkas Texten wird durch die philologische Aufbereitung der Manuskripte (in den Kritischen Ausgaben) ermöglicht und angeregt, da durch sie die Textentstehung im Vollzug des Schreibens und Überschreibens nachvollziehbar gemacht wird. Er folgt aber auch der methodischen Strömung, literarische Texte poetologisch zu lesen, also im Hinblick auf die Selbstreflexion des Schreibens auf das Schreiben. Das heißt, dass beispielsweise der *Proceß* als Schreibprozess, nicht (nur) als Gerichtsprozess, gelesen wird oder die Hinrichtungsmaschine der *Strafkolonie* als Schreibmaschine. Die Unabgeschlossenheit der Texte, die häufig nur als Entwürfe in verschiedenen Variationen vorliegen, lädt ebenfalls dazu ein, das Moment der Produktion hervorzuheben oder das Schreiben gar als Selbstzweck zu interpretieren. Die große Bedeutung des Schreibprozesses für Kafka ist von einigen in den achtziger Jahren schon gesehen worden, so beispielsweise von Malcolm Pasley, der zu den Herausgebern der Kritischen Ausgabe gehört und die Produktionsprozesse Kafkas aus dieser Perspektive gut kennt (vgl. Pasley 1980). Nach Detlef Kremer (*Kafka. Die Erotik des Schreibens*, Erstveröffentlichung 1989) arbeitet Kafka fortwährend daran, sein Leben in Schrift und Literatur zu verwandeln, was zur Folge hat, dass das Medium der Sprache das körperliche Leben verdrängt und sogar die Stelle der Erotik einnimmt. Christian Schärf interpretiert Kafkas Schreiben in seinem Buch *Franz Kafka. Poetischer Text und heilige Schrift* (2000) als „Existenzsyndrom"; Kafka entwickele eine „Metaphorologie des Schreibens", bei der die Metapher ihre Bildfunktion verliere, insofern das Schreiben keine Einholung des Imaginären beinhalte, sondern ein Ort sei, „an dem man mit seinem Elend Umgang pflegt und sein tagtägliches Scheitern erlebt" (Schärf 2000, 45). Oliver Jahraus nennt das ‚Schreiben' gar das neue Paradigma der Kafka-Interpretationspraxis, zu dem besonders Kremer und Schärf beigetragen hätten und das sich auch seine eigene Einführung zu Eigen mache (vgl. Jahraus 2006, 31 ff.). Im neuen von Bettina von Jagow und Oliver Jahraus herausgegebenen Kafka-Handbuch (2008) wird diese Perspektive von vielen Autoren und Autorinnen weiterverfolgt. Sabine Gölz bezieht beispielsweise das in *Gibs auf!* erzählte Geschehen (vor allem den Uhrenvergleich) auf die Schreib- und Rezeptionssituation des Textes; Jahraus versteht diesen Text neben anderen als Gleichnis seiner eigenen Uninterpretierbarkeit; ähnlich deutet Kremer *In der Strafkolonie* und *Vor dem Gesetz*; Bodo Plachta stellt Metaphern für den Schreibvorgang im *Verschollenen* zusammen. Das Schreiben ist auch in Peter-André Alts Kafka-Biografie Dreh- und

Angelpunkt, insofern Kafka seine Existenz mit dem Schreiben gleichgesetzt und Alt zufolge auch häufig im Leben die Literatur nachgeahmt habe:

> Dieses Buch geht von der Annahme aus, daß Kafkas äußeres und inneres Leben zwar punktuell seine Texte inspiriert, umgekehrt aber auch die Literatur die Linien der Biographie festlegt. Kafka hat nicht selten in seinen poetischen Arbeiten Konstellationen der eigenen Vita vorweggenommen; man könnte auch sagen: er hat im Leben die Literatur nachgeahmt. (Alt 2005, 14)

Künstlerische Rezeption

Es gibt neben der publizistischen, philosophischen und wissenschaftlichen Rezeption auch eine breite künstlerische Aufnahme von Kafkas Person und Werk: in der Literatur, in Theater und Film, in der Malerei und im Comic, in Opern und in Pop-Songs. Es ist klar, dass sich viele Künstler in ihrem Schaffen an Kafka orientieren, ohne eine explizite Kafka-Transformation oder -Adaption vorzulegen. Mit einigem Recht lässt sich sagen, dass etwa Elias Canettis Roman *Die Blendung* (1936) oder David Lynchs Film *Lost Highway* (1997) mehr Ähnlichkeit mit Kafkas Stil haben als so manche Verfilmung oder Bühnenfassung. Aber solche Einflüsse lassen sich freilich nicht katalogisieren. Eine Auflistung der Verfilmungen und Theateraufnahmen findet sich indessen auf der folgenden Internet Movie Database-Seite: http://imdb.com/name/nm0434525/ (oder, falls der Pfad nicht mehr gültig ist, kann auf der Startseite von imdb (http://imdb.com) „Franz Kafka" als „writer" gesucht werden).

Literatur

Kafka hat motivisch, stilistisch und atmosphärisch auf unzählig viele Schriftsteller gewirkt; herausragende Beispiele sind etwa Albert Camus (*L'étranger* (1942)), dessen vereinsamter und unverstandener Protagonist Meursault auf seine Hinrichtung wartet, und Samuel Beckett (*En attendant Godot*, 1952), der das an Kafka und Camus erinnernde Moment des Aufschiebens und Wartens in einer absurden Sinn- und Ziellosigkeit in Szene setzt. Einige Autoren haben Erzählungen mit ausdrücklichen Anspielungen auf Kafka geschrieben, so beispielsweise Peter Handke: *Der Prozeß (für Franz K.)* (1967), Philip Roth: *The Breast* (1972), Eckhard Henscheid: *Roßmann, Roßmann … – Drei Kafka-Geschichten* (1982) und Peter Henisch: *Vom Wunsch, Indianer zu werden. Wie Franz Kafka Karl May traf und trotzdem nicht in Amerika landete* (1994).

Theater

In Dramatisierungen und Verfilmungen von Kafkas Werken müssen Entscheidungen im Hinblick auf die Repräsentation des Geschehens getroffen werden, die in den Erzählungen in der Schwebe bleiben. Max Brod, der Anfang der fünfziger Jahre Kafkas *Schloß* für die Bühne bearbeitete, sah einen Vorteil darin, da er die Unklarheiten bei Kafka auf die Unvollendetheit der Romane zurückführte. Wer aber die Vagheit, die Mehrdeutigkeit und Offenheit als bewusstes Stilmittel Kafkas betrachtet, wird diesen Entscheidungszwang eher als Schwierigkeit empfinden, Kafka in der medialen Transformation gerecht zu werden. Auf der Bühne gab es vor allem Fassungen des *Proceß*- und *Schloß*-Romans zu sehen, und zwar sowohl mit überhistorischem Anspruch als auch mit zeitgeschichtlicher Rahmengebung wie im Falle von Peter Weiss, der 1975 den *Proceß* inszenierte. Aber auch *Der Verschollene*, *Die Verwandlung* und viele der kürzeren Erzähltexte, etwa der *Bericht für eine Akademie*, wurden wiederholt auf die Bühne gebracht, in jüngerer Zeit beispielsweise von George Tabori (zuletzt 2001 in Berlin).

Film

Im neuen Kafka-Handbuch (vgl. von Jagow/Jahraus (Hg.) 2008, 228ff.) findet sich eine kurze kommentierte Übersicht einiger Verfilmungen. Dabei wird insbesondere die Medienspezifik von Kafkas Schreiben im Vergleich zur bildlichen Repräsentation herausgestellt. Hier seien nur drei Beispiele für prominente Verfilmungen der Romanfragmente angeführt: Orson Welles' *Proceß*-Verfilmung (*Le Procès*, F/I/D/YU 1962, 118 Min.) ist in Schwarz-Weiß gedreht und versetzt das Geschehen in eine triste Hochhauslandschaft der Nachkriegszeit. Von innen sind die Räume, etwa das Gerichtsgebäude, düster und labyrinthisch. Josef K. wird von Anthony Perkins gespielt, der seit der Rolle des Norman Bates in Hitchcocks *Psycho* (1960) zum Symbol eines verängstigten Psychopathen geworden ist. Welles setzt die Türhüterlegende, die bei Kafka im Kapitel *Im Dom* erzählt wird, bildlich um und an den Anfang des Films, so dass das weitere Geschehen unter jenen vergeblichen Vorzeichen steht. Danièle Huillet und Jean-Marie Straub haben *Der Verschollene* unter dem Titel *Klassenverhältnisse* (F/D 1984, 126 Min.) verfilmt und damit das Augenmerk auf die sozialpolitischen Klassen- und Machtverhältnisse gelenkt. Der Protagonist Karl Roßmann wird mit dem Kapitalismus der amerikanischen Gesellschaft konfrontiert und verfängt sich in den undurchschaubaren hierarchischen Strukturen. Michael Haneke legt in seinem Film *Das Schloß* (D/A 1997, 123 Min.) im Unterschied zu der atmosphärisch effektvollen *Proceß*-Verfilmung von Welles besonderes Gewicht auf die Interaktionen und Dialoge der Figuren, die er sehr textnah umsetzt. Der Film mit dem Titel *Kafka* von Steven Soderbergh (F/USA 1991, 98 Min.) ist keine Literaturverfilmung, sondern ein Gemisch mit Zutaten aus Kafkas Leben (ein Prager Versicherungsangestellter, der Geschichten schreibt), aus seinen literarischen Texten (vor allem das *Schloß*-Motiv) und filmästhetischen Mitteln, die dazu dienen sollen, eine Atmosphäre des Kafkaesken zu erzeugen. Die Handlung des Films ist die, dass Menschen auf mysteriöse Weise verschwinden, ohne dass polizeilich ermittelt wird. Am Ende kommt Kafka dahinter, dass im Schloss grausame Experimente mit den Menschen gemacht werden. In Vorbereitung für 2010 ist der Film *Metamorphosis*, USA, Regie: Limor Diamant (mit dem deutschen Schauspieler Daniel Brühl).

Musik

Musikalische Adaptionen gibt es zu vielen Texten Kafkas, das Spektrum reicht von Opernfassungen der Romane bis hin zu musikalischen Miniaturen einzelner Sätze: Der in Rumänien geborene Komponist György Kurtág beispielsweise wählte aus Kafkas Tagebüchern, Briefen und Nachlassfragmenten vierzig kurze Sätze (z. B. „Es gibt ein Ziel, aber keinen Weg; was wir Weg nennen, ist Zögern.") oder Satzfragmente aus und vertonte sie für Sopran und Violine. Kurtágs *Kafka-Fragmente* sind zwischen 1985 und 1987 entstanden und wurden am 25. April 1987 in Witten uraufgeführt. Die Stücke sind nur wenige Minuten, teilweise auch nur wenige Sekunden lang und sollen vor allem die Stimmungen der Texte ausdrücken. Der deutsche Komponist Aribert Reimann schrieb die Oper *Das Schloss* (nach dem Roman von Kafka und der Dramatisierung von Max Brod), die am 2. September 1992 an der Deutschen Oper Berlin uraufgeführt wurde. Ebenfalls in der Deutschen Oper wurde am 8. Oktober 1966 die *Amerika*-Oper des in Polen geborenen Komponisten Roman Haubenstock-Ramati uraufgeführt. Max

Brods Bühnenbearbeitung des Romans liegt auch hier der Umsetzung zugrunde. Am 11. Juli 2004 wurde die Oper in einer Neufassung im Bielefelder Theater aufgeführt. Auch in der Pop-Musik finden sich Bezüge zu Kafka. Diese sind vielfach ornamental in dem Sinne, dass durch Bandnamen oder Songlines auf Kafka angespielt wird, wie etwa im Falle der schottischen Band *Josef K.*, die das Cover ihres Anthologie-Albums *Entomology* (Domino 2006) mit einem Käfer ausgestattet hat. Eine explizite Kafka-Huldigung, in der viele Bezugnahmen auf sein Leben und Werk enthalten sind – zumeist im Lichte der gängigen Kafka-Klischees des Rätselhaften, Scheiternden und Visionären im Hinblick auf Auschwitz – findet sich in dem Lied *K.* von Heinz Rudolf Kunze (auf dem Album *Das Original.* Sony/BMG 2005). Es handelt sich um ein Sammelsurium von Anspielungen auf Elemente aus Kafkas Erzähltexten, Briefen und Tagebüchern, wie der folgende Ausschnitt zeigt: „Er hat die Schienen schon geahnt/ an deren Ende Auschwitz lag/ er schrieb dem Faust sein Schibboleth/ Franz Kafka/ das Rätsel aus Prag// Seine Bilder sind scharf geschliffne Äxte/ unsre Herzen nur ein zugefrornes Meer/ aus den Rissen seiner Schläge sprudeln Texte/ manche kommen von Der-Teufel-weiß-woher/ er hat das Schloß gefunden/ ein Leben lang umkreist/ fast wär ihm dabei selber noch das Herz vereist/ wer kam schon wie er dem Verhängnis nah/ so verzweifelt wie der Landvermesser K." (zum Thema Kafka und Pop-Musik bzw. populäre Kultur siehe Seiler 2008).

Malerei

1951 ist der Kafka-Zyklus des Malers Willibald Kramm entstanden (siehe den Bildband *Willibald Kramm. Kafka und die 50er Jahre*, hg. von Riccardo Dottori 1991). Hans Georg Gadamer zufolge sind die Bilderfolgen Kramms nicht nur eine Illustration des von Kafka erzählten Geschehens; sie erzählten vielmehr von den Erfahrungen des Lesers, dem eine surrealistische Welt, „die Welt eines gespensterhaft unwirklichen Alltags", entgegenkomme: „Der Künstler hat sein eigenes Recht, wenn er seine Leseerlebnisse in seine malerische Schöpfung umsetzt. Solch eine eigene Schöpfung ist die Blätterfolge Willibald Kramms, in der er als das Thema des Kafkaschen Romans von Anfang bis zum Ende die Dialektik von schuldiger Schuldlosigkeit und aller Sühne durcharbeitet." (Gadamer in: Dottori 1991, 27 und 31) Charakteristisch für die Bilder ist der Kontrast zwischen einem zumeist unschuldig hell gemalten K. und großen dunklen Gestalten mit dunklen Hüten und übermäßig langen Armen, die K. verhaften, bewachen, verhören und hinrichten. In einigen Bildern (beispielsweise Szenen mit Frauen) hat K. allerdings eher das Aussehen jener dunklen Gestalten. Dies ist eine stilgerechte Umkehrung, weil sie Kafkas von Widerrufen geprägtes Erzählen spiegelt. 2009 erscheint in dem Kunstbuchverlag Dumont eine Auswahl von Erzählungen und Tagebuchaufzeichnungen Kafkas mit farbigen Illustrationen von Nikolaus Heidelbach: *Franz Kafka. Gelegenheit zu einer kleinen Verzweiflung.* Michael Maar schreibt in der *Frankfurter Allgemeinen Zeitung* am 12. März 2009:

> Kein anderer Autor könnte Heidelbachs Stärke besser hervorkitzeln: den Blick für das entlegene, im Aufmerksamkeitsschatten verborgene Detail. Kafka ist reich an solchen schrägen, abseitigen Details, um nicht zu sagen, er besteht aus ihnen. Aber selbst Kenner dürften überrascht sein, was der philologische Maler alles ans Licht zieht. Seine Auswahl enthält

> keine berühmten Galerie-Nummern, sondern wenig Bekanntes aus den Tagebüchern, Fragmenten und Erzählungen. (Maar 2009)

In Kafkas Tagebuch findet sich der Eintrag: „Tanzt ihr Schweine weiter; was habe ich damit zu tun?" und Heidelbach malt dazu ein vor dem Rücken eines Schläfers tanzendes Schweinepaar (Heidelbach 2009, 115).

Comic

Der amerikanische Underground-Comic-Zeichner Robert Crumb hat 1993 zusammen mit David Zane Mairowitz den Sach-Comic *Kafka for Beginners* (in der deutschen Übersetzung: *Kafka – kurz und knapp*, 1995) publiziert. Es handelt sich dabei um eine Einführung in Kafkas Leben und Werk, die mit teils karikaturistischen und teils krassen Zeichnungen erzählt wird. Beispielsweise die Selbstexekution des in die Hinrichtungsmaschine eingeklemmten Offiziers in der *Strafkolonie* wird mit voller Brutalität visualisiert. Dabei sind die Zeichnungen nicht illustrierendes Beiwerk, sondern die wesentliche narrative Quelle, während die gedruckten Informationen wie begleitende Kommentare wirken. Der amerikanische Grafiker und Comic-Zeichner Peter Kuper hat 1995 neun Erzählungen von Kafka als Comic umgesetzt: *Give it up! and other short stories by Franz Kafka*. Die deutsche Übersetzung erschien 1997 unter dem Titel *Gibs auf! und andere Erzählungen*. Die Illustrationen sind in expressionistischem Schwarz-Weiß gehalten und setzen Kafkas Texte in ausdrucksstarken, nahezu plakativen Linien um, die an Holzschnitte erinnern. Im Internet ist ein Filmtrailer mit Auszügen aus dem 2003 erschienenen Comic *The Metamorphosis, and adaptation of Franz Kafka's short story* zu sehen: http://www.randomhouse. com/crown/metamorphosis/.

Zeittafel

1883	3. Juli: Franz Kafkas Geburtstag in Prag (Eltern: Hermann Kafka und Julie Kafka, geb. Löwy)
1889–1901	Besuch der Volksschule und des Altstädter Deutschen Gymnasiums
1901–1906	Studium an der Deutschen Universität in Prag: zunächst einige Wochen Chemie, Germanistik und Kunstgeschichte, dann Jura
1902	Erste Begegnung mit Max Brod
1904	Entstehung von *Beschreibung eines Kampfes*
1906	Promotion zum Doktor der Rechte; Praktikum am Landgericht Prag (bis September 1907)
1907–1908	Anstellung bei der Prager Versicherungsgesellschaft *Assicurazioni Generali*
1907	Entstehung von *Hochzeitsvorbereitungen auf dem Lande*
1908	Erste Veröffentlichung: Acht Prosastücke aus dem späteren Band *Betrachtung* in der Zeitschrift *Hyperion* Eintritt in die *Arbeiter-Unfall-Versicherungs-Anstalt*
1911	Entstehung von *Der Verschollene*
1912	Veröffentlichung von *Betrachtung* im Rowohlt Verlag Erste Begegnung mit Felice Bauer und Beginn des Briefwechsels Entstehung von *Das Urteil* und *Die Verwandlung* Erste öffentliche Lesung von *Das Urteil* in Prag
1913	Erster Besuch bei Felice Bauer in Berlin Veröffentlichung von *Der Heizer* in der Buchreihe *Der Jüngste Tag* und von *Das Urteil* in dem von Max Brod herausgegebenen Jahrbuch *Arkadia*
1914	Erste Verlobung mit Felice Bauer; nach einem Monat Aussprache im *Askanischen Hof* in Berlin und Entlobung Entstehung von *Der Proceß* und *In der Strafkolonie*
1915	Wiedersehen mit Felice Bauer Veröffentlichung von *Die Verwandlung* in der Zeitschrift *Die weißen Blätter*
1916	Veröffentlichung von *Das Urteil* in der Buchreihe *Der Jüngste Tag* Lesung von *In der Strafkolonie* in München Entstehung einiger Erzählungen des Bandes *Ein Landarzt* (z. B. *Auf der Galerie* und *Eine kaiserliche Botschaft*)
1917	Zweite Verlobung mit Felice Bauer in Prag; nach einem halben Jahr endgültige Entlobung Blutsturz und Diagnose der Lungentuberkulose
1919	Begegnung und Verlobung mit Julie Wohryzek; nach einem Jahr Entlobung

	Veröffentlichung von *In der Strafkolonie* im Kurt Wolff Verlag
	Entstehung von *Brief an den Vater*
1920	Veröffentlichung des Bandes *Ein Landarzt* im Kurt Wolff Verlag
	Kuraufenthalt in Meran
	Beginn des Briefwechsels und Begegnung mit Milena Jesenská
1921	Dauerhafte Beurlaubung vom Dienst
1922	Entstehung von *Das Schloß*
1923	Letztes Wiedersehen mit Milena Jesenská
	Begegnung mit Dora Diamant und Umzug zu ihr nach Berlin
1924	Rückkehr nach Prag
	Entstehung von *Josefine, die Sängerin oder Das Volk der Mäuse*
	Diagnose einer Kehlkopftuberkulose
	Sanatoriumsaufenthalt in Kierling bei Klosterneuburg
	3. Juni: Tod (in Gegenwart von Robert Klopstock und Dora Diamant)
	Beerdigung in Prag
	Veröffentlichung des Bandes *Ein Hungerkünstler*

Kommentierte Bibliografie

Siglen

BA = Brod, Max (1976): Nachwort zu Franz Kafka. Amerika. Frankfurt a. M.

BP = Brod, Max (1976): Nachwort zu Franz Kafka. Der Prozeß. Frankfurt a. M.

Br = Brod, Max u. Franz Kafka (1983): Briefe 1902–1924. Frankfurt a. M.

Br II = Kafka, Franz (2005): Briefe 1914–1917. Hg. v. Hans-Gerd Koch. Frankfurt a. M.

Br III = Brod, Max u. Franz Kafka (1989): Eine Freundschaft. Briefwechsel. Hg. v. Malcolm Pasley. Frankfurt a. M.

BS = Brod, Max (1976): Nachwort zu Franz Kafka. Das Schloss. Frankfurt a. M.

FB = Kafka, Franz (2003): Briefe an Felice und andere Korrespondenzen aus der Verlobungszeit. Hg. v. Erich Heller u. Jürgen Born. 10. Aufl. Frankfurt a. M.

KKAS* = Kafka, Franz (2002): Das Schloß. Apparatband. Hg. v. Malcolm Pasley. Frankfurt a. M. (Franz Kafka: Schriften, Tagebücher. Kritische Ausgabe).

MB = Kafka, Franz (1999): Briefe an Milena. Hg. v. Jürgen Born u. Michael Müller. 11. Aufl. Frankfurt a. M.

Werkausgaben

Zitiert wird nach der zwölfbändigen Ausgabe von Hans-Gerd Koch [an den Originalhandschriften orientierte kritische Ausgabe von Kafkas Handschriften]:

Bd. 1: Kafka, Franz (2002): Ein Landarzt und andere Drucke zu Lebzeiten. 4. Aufl. Hg. v. Hans-Gerd Koch. Frankfurt a. M.

Bd. 2: Kafka, Franz (2001): Der Verschollene. 7. Aufl. Hg. v. Hans-Gerd Koch. Frankfurt a. M.

Bd. 3: Kafka, Franz (2000): Der Proceß. 8. Aufl. Hg. v. Hans-Gerd Koch. Frankfurt a. M.

Bd. 4: Kafka, Franz (2001): Das Schloß. 8. Aufl. Hg. v. Hans-Gerd Koch. Frankfurt a. M.

Bd. 5: Kafka, Franz (2002): Beschreibung eines Kampfes und andere Schriften aus dem Nachlaß. 3. Aufl. Hg. v. Hans-Gerd Koch. Frankfurt a. M.

Bd. 6: Kafka, Franz (1994): Beim Bau der chinesischen Mauer. Hg. v. Hans-Gerd Koch. Frankfurt a. M.

Bd. 7: Kafka, Franz (2004): Zur Frage der Gesetze und andere Schriften aus dem Nachlaß. 2. Aufl. Hg. v. Hans-Gerd Koch. Frankfurt a. M.

Bd. 8: Kafka, Franz (2002): Das Ehepaar und andere Schriften aus dem Nachlaß. 2. Aufl. Hg. v. Hans-Gerd Koch. Frankfurt a. M.

Bd. 9: Kafka, Franz (2003): Tagebücher. Band 1: 1909–1912. 4. Aufl. Hg. v. Hans-Gerd Koch. Frankfurt a. M.

Bd. 10: Kafka, Franz (2005): Tagebücher. Band 2: 1912–1914. 5. Aufl. Hg. v. Hans-Gerd Koch. Frankfurt a. M.

Bd. 11: Kafka, Franz (2004): Tagebücher. Band 3: 1914–1923. 4. Aufl. Hg. v. Hans-Gerd Koch. Frankfurt a. M.

Bd. 12: Kafka, Franz (1994): Reisetagebücher. Hg. v. Hans-Gerd Koch. Frankfurt a. M.

Brod, Max u. Franz Kafka (1983): Briefe 1902–1924. Frankfurt a. M.

Kafka, Franz (1926): Das Schloss. München.

Kafka, Franz (1999): Briefe an Milena. 11. Aufl. Hg. v. Jürgen Born u. Michael Müller. Frankfurt a. M.

Kafka, Franz (2002): Das Schloß. Apparatband. Hg. v. Malcolm Pasley. Frankfurt a. M. (Franz Kafka: Schriften, Tagebücher. Kritische Ausgabe).

Kafka, Franz (2003): Briefe an Felice und andere Korrespondenzen aus der Verlobungszeit. 10. Aufl. Hg. v. Erich Heller u. Jürgen Born. Frankfurt a. M.

Kafka, Franz (2009): Gelegenheit zu einer kleinen Verzweiflung. Ausgewählt u. illustriert v. Nikolaus Heidelbach. Köln.

Forschungsliteratur

Biografien

Alt, Peter-André (2005): Franz Kafka. Der ewige Sohn. Eine Biographie. München [Ausführliche Biografie mit Textanalysen].

Anz, Thomas (1989): Franz Kafka. München [Einführung in Kafkas Leben und Schreiben].

Arens, Detlev (2001): Franz Kafka. München [Kurz gefasste, illustrierte Einführung in Kafkas Leben und Schreiben].

Brod, Max (1962): Franz Kafka. Eine Biographie [1937]. 2. Aufl. New York [Erste und lange Zeit maßgebliche Kafka-Biografie].

Brod, Max (1966): Über Franz Kafka. Frankfurt a. M.

[Sammlung dreier Schriften Brods zu Kafka: *Franz Kafka. Eine Biographie, Franz Kafkas Glauben und Lehre, Verzweiflung und Erlösung im Werk Franz Kafkas*].
Dietz, Ludwig (1990): Franz Kafka. 2., erw. Aufl. Stuttgart [Einführung in Kafkas Leben mit Rezeptions- und Forschungsgeschichte und Auflistung relevanter Sekundärliteratur].
Hermes, Roger, Waltraud John u. Hans-Gerd Koch (1999): Franz Kafka. Eine Chronik. Berlin [Chronik zu Kafkas Leben und Werk unter Einbeziehung der Literatur seiner Zeit].
Kilchner, Andreas B. (2008): Franz Kafka. Leben – Werk – Wirkung. Frankfurt a. M. [Übersichtliche illustrierte Einführung in Kafkas Leben, Werk und Wirkung].
Koch, Hans-Gerd (2005): „Als Kafka mir entgegenkam ...". Erinnerungen an Franz Kafka. Berlin [Illustrierte Sammlung kurzer Texte über Kafka von seinen Freunden, Verwandten und Bekannten].
Murray, Nicholas (2007): Kafka und die Frauen. Biographie. Übers. v. Angelika Beck. Düsseldorf [Erörterung von Kafkas Beziehungen zu Felice Bauer, Milena Jesenská und Dora Diamant].
Stach, Reiner (2002): Kafka. Die Jahre der Entscheidungen. Frankfurt a. M. [Ausführliche Biografie der Jahre 1910 bis 1915].
Stach, Reiner (2008): Kafka. Die Jahre der Erkenntnis. Frankfurt a. M. [Ausführliche Biografie von 1916 bis zu Kafkas Tod 1924].
Wagenbach, Klaus (2002): Franz Kafka. 36. Aufl. Reinbek bei Hamburg [Kurzer illustrierter Überblick von Kafkas Leben und Werk].
Wagenbach, Klaus (1964): Franz Kafka in Selbstzeugnissen und Bilddokumenten. Reinbek bei Hamburg.

Briefe und Tagebücher

Binder, Hartmut (1976): Kafka in neuer Sicht. Mimik, Gestik und Personengefüge als Darstellungsformen des Autobiographischen. Stuttgart [Erörterung des Erkenntniswertes von Kafkas Briefen und Tagebüchern für die gesamte Kafka-Forschung].
Canetti, Elias (1969): Der andere Prozeß. Kafkas Briefe an Felice. München [Deutung des Romanfragments *Der Proceß* vor dem Hintergrund von Kafkas Beziehung zu Felice].
Koelb, Clayton (2008): Kafka als Tagebuchschreiber. In: Kafka-Handbuch. Leben – Werk – Wirkung. Hg. v. Bettina von Jagow u. Oliver Jahraus. Göttingen, S. 97–108.
Markewitz, Sandra (2006): Das Schweigen. Tautologizität in Kafkas Tagebüchern. München [Untersucht das Schweigen und die Tautologizität in Kafkas Tagebüchern vor dem Hintergrund von Ludwig Wittgensteins Philosophie].
Pfeiffer, Joachim (2000): Ausweitung der Kampfzone. Kafkas Brief an den Vater. In: Der Deutschunterricht. Beiträge zu seiner Praxis und wissenschaftlichen Grundlegung 52:5, S. 36–47 [Illustrierter Aufsatz zu den Entstehungsbedingungen der Briefe, der sprachlichen Gestaltung und dem Vater-Sohn-Konflikt].
Pfeiffer, Joachim (1998): Franz Kafka. Die Verwandlung/Brief an den Vater. München [Interpretation des Ungeziefermotivs in der Erzählung *Die Verwandlung* unter Bezugnahme auf Kafkas Brief an seinen Vater].
Schärf, Christian (2008): Kafka als Briefeschreiber: Briefe an Felice und Briefe an Milena. In: Kafka-Handbuch. Leben – Werk – Wirkung. Hg. v. Bettina von Jagow u. Oliver Jahraus. Göttingen, S. 72–84.

Zu den einzelnen Werken

I. *Der Verschollene/Amerika*

Albrecht, Nicola (2007): Verschollen im Meer der Medien: Kafkas Romanfragment „Amerika". Zur Rekonstruktion und Deutung eines Medienkomplexes. Heidelberg [Darstellung der wichtigsten Adaptionen von Kafkas *Amerika* in verschiedenen Medien].
Biendarra, Anke S. (2006): „Man photographiert Dinge, um sie aus dem Sinn zu verscheuchen". Zu den Motiven der Photographie und des verstellten Blicks in Kafkas Romanfragment *Der Verschollene*. In: Orbis Litterarum. International Review of Literary Studies 61:1, S. 16–41.
Brod, Max (1976): Nachwort zu Franz Kafka. Amerika. Frankfurt a. M.
Duttlinger, Carolin (2006): Visions of the New World. Photography in Kafka's *Der Verschollene*. In: German Life and Letters 59:3, S. 423–445.
Harman, Mark (2008): Kafka Imagining America. A Preface. In: New England Review. Middlebury Series 29:1, S. 10–22.
Hermsdorf, Klaus (2005): Die Überwindung der Wirklichkeit durch Überwindung der Fotografie. Fotografische Vorlagen in Franz Kafkas Roman *Der Verschollene*. In: Die Vielfalt in Kafkas Leben und Werk. Hg. v. Wendelin Schmidt-Dengler u. Norbert Winkler. Furth, S. 36–49.
Hiebel, Hans H. (1999): Franz Kafka. Form und Bedeutung. Würzburg [Formanalysen und Interpretationen zu *Vor dem Gesetz, Das Urteil, Bericht für eine Akademie, Ein Landarzt, Der Bau, Der Steu-*

ermann, Prometheus, Der Verschollene, Der Proceß sowie zu ausgewählten Aphorismen].

Kremer, Detlef (2006): Verschollen. Gegenwärtig. Franz Kafkas Roman *Der Verschollene*. In: Text und Kritik. Sonderband zu Franz Kafka. 2., überarb. Aufl. Hg. v. Heinz-Ludwig Arnold. München, S. 238–253.

Menninghaus, Winfried (2006): *Der Verschollene* oder die Trajektorie männlicher Unschuld im Felde ‚widerlicher' weiblicher Praktiken. In: Franz Kafka. Neue Wege der Forschung. Hg. v. Claudia Liebrand. Darmstadt, S. 209–221.

Metz, Joseph (2004): Zion in the West: Cultural Zionism, Diasporic Doubles, and the ‚Direction' of Jewish Literary Identity in Kafka's *Der Verschollene*. In: Deutsche Vierteljahrsschrift für Literaturwissenschaft und Geistesgeschichte 78:4, S. 646–671.

Müller, Klaus-Detlef (2007): Franz Kafka. Romane. Berlin [Interpretation und Darstellung der Entstehungs- und Editionsgeschichte von Kafkas Romanen].

Pasley, Malcolm (2000): Der Schreibakt und das Geschriebene. Zur Frage der Entstehung von Kafkas Roman *Der Verschollene*. In: Franz Kafka. Themen und Probleme. Hg. v. Claude David. Göttingen, S. 9–25.

Plachta, Bodo (2003): *Der Verschollene*. In: Interpretationen. Franz Kafka. Romane und Erzählungen. Hg. v. Michael Müller. Stuttgart, S. 75–97 [Aufsatz zur Entstehungsgeschichte des Romans *Der Verschollene* und zu Kafkas Schreibprozess].

Poulain, Elfie (2003): Kafka – Einbahnstraße zur Hölle. Oder die unmögliche Selbstrechtfertigung des Daseins. Stuttgart u. a. [Monografie zum Identitätsverlust im Roman *Der Verschollene* und zur Schuldproblematik in *Der Proceß*].

Schillemeit, Jost (2004): Das unterbrochene Schreiben. Zur Entstehung von Kafkas Roman *Der Verschollene*. In: Kafka-Studien. Hg. v. Jost Schillemeit. Göttingen, S. 211–224.

Wolfradt, Jörg (1996): Der Roman bin ich. Schreiben und Schrift in Kafkas *Der Verschollene*. Würzburg [Analyse der selbstreferenziellen Strukturen und Motive in Kafkas Roman].

II. *Der Proceß*

Beicken, Peter (1999): Franz Kafka, Der Process: Interpretation. 2., überarb. Aufl. München [Monografie über Kafkas *Proceß* mit Unterrichtshilfe für Lehrer].

Brod, Max (1976): Nachwort zu Franz Kafka. Der Prozeß. Frankfurt a. M.

Corngold, Stanley (2002): Medial Allusions at the Outset of *Der Proceß*; Or, res in media. In: A Companion to the Works of Franz Kafka. Hg. v. James Rolleston. Rochester, S. 149–170.

Elm, Theo (1979): Der Prozeß. In: Kafka-Handbuch. Bd. 2. Hg. v. Hartmut Binder. Stuttgart, S. 420–441.

Eschweiler, Christian (1998): Kafkas unerkannte Botschaft. Der richtige „Process". Bonn.

Gottwald, Herwig (1990): Wirklichkeit bei Kafka. Methodenkritische Untersuchungen zu ihrer Gestaltung, Funktion und Deutung anhand der Romane *Der Prozeß* und *Das Schloß*. Stuttgart.

Gräff, Thomas (2004): Lektürehilfen Franz Kafka, *Der Proceß*. 11. Aufl. Stuttgart u. a. [Einführung in die thematischen Aspekte des Romans, die biografischen Bezüge, die Erzähltechnik, die Verbindung zur Moderne und die Rezeption; mit einem Exkurs zur Möglichkeit einer psychoanalytischen Deutung von Kafkas Werk].

Jeziorkowski, Klaus (1994): Zu Franz Kafkas Roman *Der Proceß*. In: Text und Kritik. Sonderband zu Franz Kafka. Hg. v. Heinz-Ludwig Arnold. München, S. 200–217.

Mergenthaler, Volker (2001): Lektürebild und Bildlektüre. Visuelle (Bild-)Wahrnehmung, ihre Vermessung und Inszenierung in Kafkas „Process". In: Behext von Bildern? Ursachen, Funktionen und Perspektiven der textuellen Faszination durch Bilder. Hg. v. Heinz J. Drügh u. Maria Moog-Grünewald. Heidelberg, S. 141–157 [Illustrierter Aufsatz zur Wahrnehmung von Bildern in Kafkas Roman *Der Proceß*].

Müller, Klaus-Detlef (2007): Franz Kafka. Romane. Berlin [Auseinandersetzung mit der Entstehungs- und Editionsgeschichte von Kafkas Romanen sowie mit dem Wahrheitsbegriff in ihnen].

Müller, Michael (1996): Franz Kafka. *Der Proceß*. Stuttgart.

Neumann, Gerhard (1997): ‚Blinde Parabel' oder Bildungsroman? Zur Struktur von Franz Kafkas *Proceß*-Fragment. In: Jahrbuch der deutschen Schillergesellschaft 41, S. 399–427.

Pasley, Malcolm (1990): Franz Kafka. *Der Proceß*. Die Handschrift redet. Marbach a. N. [Illustrierte Monografie zur Entstehung und Veröffentlichung von Kafkas Roman sowie dem biografischen Hintergrund].

Robertson, Ritchie (2003): *Der Proceß*. In: Interpretationen. Franz Kafka. Romane und Erzählungen. Hg. v. Michael Müller. Stuttgart, S. 98–145 [Aufsatz zur religiösen Deutbarkeit des Romans *Der Proceß*].

Rolleston, James (Hg., 2006): A Companion to the Works of Franz Kafka. New York [Aufsatzsammlung mit relevanten Beiträgen zur Kafka-Forschung].

Sokel, Walter H. (1985): Kafkas *Der Prozeß*. Ironie,

Deutungszwang, Scham und Spiel. In: „Was bleibt von Franz Kafka?". Positionsbestimmung. Kafka-Symposium, Wien 1983. Hg. v. Wendelin Schmidt-Dengler. Wien, S. 43–62.

Zimmermann, Hans Dieter (Hg., 1995): Grundlagen und Gedanken zum Verständnis erzählender Literatur. Franz Kafka: *Der Proceß*. Frankfurt a. M. [Interpretationshilfe insbesondere für Schüler und Lehrer].

Zimmermann, Hans Dieter (Hg., 1992): Nach erneuter Lektüre. Franz Kafkas *Der Proceß*. Würzburg [Aufsatzsammlung mit unterschiedlichen Interpretationsansätzen von Kafkas *Der Proceß*].

III. *Die Verwandlung*

Abraham, Ulf (2008): Franz Kafka. *Die Verwandlung*. In: Kafka-Handbuch. Leben – Werk – Wirkung. Hg. v. Bettina von Jagow u. Oliver Jahraus. Göttingen, S. 421–437 [Aufsatz, der fünf Deutungsmöglichkeiten von Kafkas *Verwandlung* anbietet: eine biografische, psychoanalytische, ökonomische, ethische und interaktionspsychologische Deutung].

Angus, Douglas (1954): Kafkas *Metamorphosis* and *The Beauty and the Beast* Tale. In: Journal of English and Germanic Philology 53, S. 69–71.

Beicken, Peter U. (2001): Erläuterungen und Dokumente zu Franz Kafka. Die Verwandlung. Stuttgart.

Beißner, Friedrich (1983): Der Erzähler Franz Kafka und andere Vorträge. Frankfurt a. M.

Binder, Hartmut (2004): Kafkas *Verwandlung*. Entstehung, Deutung, Wirkung. Frankfurt a. M. [Ausführliche Darlegung der Entstehungsgeschichte von Kafkas Erzählung].

Doppler, Alfred (1975): Entfremdung und Familienstruktur. Franz Kafkas Erzählungen *Das Urteil* und *Die Verwandlung*. In: Wirklichkeit im Spiegel der Sprache. Aufsätze zur Literatur des 20. Jahrhunderts in Österreich. Hg. v. Alfred Doppler. Wien, S. 79–99.

Edel, Edmund (1958): Franz Kafka. Die Verwandlung. Eine Auslegung. In: Wirkendes Wort 8, S. 217–226.

Emrich, Wilhelm (1964): Franz Kafka. 3. durchg. Aufl. Frankfurt a. M. u. a.

Eschweiler, Christian (1991): Kafkas Erzählungen und ihr verborgener Hintergrund. Bonn u. Berlin.

Fingerhut, Karlheinz (1994): Die *Verwandlung*. In: Interpretationen. Franz Kafka. Romane und Erzählungen. Hg. v. Michael Müller. Stuttgart, S. 42–74.

Henel, Ingeborg C. (1984): Die Grenzen der Deutbarkeit von Kafkas Werken: Die Verwandlung. In: Journal of English and Germanic Philology 83, S. 67–85.

Kobligk, Helmut (1982): ‚... ohne dass er etwas Böses getan hätte ...': Zum Verständnis der Schuld in Kafkas Erzählungen *Die Verwandlung* und *Das Urteil*. In: Wirkendes Wort 6, S. 391–405.

Krischel, Volker (2005): Erläuterungen zu Franz Kafka. Die Verwandlung. Hollfeld [Interpretationshilfe mit Informationen zu Kafkas Leben, Werk und dem Entstehungshintergrund der Erzählung *Die Verwandlung* sowie einer knappen Analyse der Erzählstruktur].

Matz, Wolfgang (2006): Der Schlaf der Vernunft gebiert Ungeheuer. Motive zu einer Lektüre von Kafkas *Verwandlung*. In: Text und Kritik. Sonderband zu Franz Kafka. 2. überarb. Aufl. Hg. v. Heinz Ludwig Arnold. München, S. 73–86.

Michel, Gabriele (1991): *Die Verwandlung* von Franz Kafka – psychopathologisch gelesen. Aspekte eines schizophren-psychotischen Zusammenbruchs. In: Jahrbuch für internationale Germanistik 23: 1, S. 69–92.

Müller, Michael (1996): Interpretation. Franz Kafka: Die Verwandlung. In: Interpretationen. Erzählungen des 20. Jahrhunderts. Stuttgart, S. 139–159 [Beitrag zur Bedeutung des Verwandlungs-Motivs und der Familiensituation in der Erzählung].

Nabokov, Vladimir (1982): Kafkas Erzählung *Die Verwandlung*. In: Neue Rundschau 93: 1, S. 11–39.

Öhlschläger, Claudia (2001): Protokoll einer Passion. Familiale Gewalt und die tödliche Utopie ihrer Überschreitung. Zu Franz Kafkas *Die Verwandlung*. In: Jahrbuch für internationale Germanistik 33: 2, S. 165–185.

Pfeiffer, Joachim (1998): Franz Kafka. Die Verwandlung/Brief an den Vater. München.

Politzer, Heinz (1962): Franz Kafka, der Künstler. Frankfurt a. M.

Poppe, Sandra (2009): *Die Verwandlung*. In: Kafka-Handbuch: Leben – Werk – Wirkung. Hg. v. Bernd Auerochs u. Manfred Engel, Stuttgart (noch nicht erschienen).

Reuß, Roland (2003): Zur kritischen Edition von *Die Verwandlung*. In: Franz Kafka: Oxforder Quartheft 17 – Die Verwandlung. Hg. v. Roland Reuß u. Peter Staengle. Frankfurt a. M. u. Basel, S. 3–8.

Sokel, Walter H. (1985): From Marx to Myth: The Structure and Function of Self-Alienation in Kafka's „Metamorphosis". In: Kafka-Studien. Hg. v. Barbara Elling. New York u. a., S. 153–167.

Sokel, Walter H. (1973): Kafkas *Verwandlung*. Auflehnung und Bestrafung. In: Franz Kafka. Hg. v. Heinz Politzer. Darmstadt, S. 267–285.

Spilka, Mark (1959): Kafka's Sources for The Meta-

morphosis. In: Comparative Literature 11, S. 289–307.
Walser, Martin (1981): Selbstbewußtsein und Ironie. Frankfurter Vorlesungen. Frankfurt a. M.

IV. *In der Strafkolonie*

Albert, Claudia u. Andreas Disselnkötter (2002): „Inmitten der Strafkolonie steht keine Schreibmaschine". Eine Re-Lektüre von Kafkas Erzählung. In: Internationales Archiv für Sozialgeschichte der deutschen Literatur 27:2, S. 168–184.
Bohrer, Karl Heinz (2006): Literatur und Wirklichkeit. Die Flucht der Kunstwissenschaft vor der Kunst. In: Merkur 60:685, S. 425–435.
Hecker, Axel (1998): An den Rändern des Lesbaren. Dekonstruktive Lektüren zu Franz Kafka. *Die Verwandlung, In der Strafkolonie* und *Das Urteil*. Wien [Dekonstruktivistische Analyse der Erzählungen auf Basis ihrer Gewaltdarstellung].
Honold, Alexander (2008): *In der Strafkolonie*. In: Kafka-Handbuch. Leben – Werk – Wirkung. Hg. v. Bettina v. Jagow u. Oliver Jahraus. Göttingen, S. 477–503.
Mladek, Klaus (1994): „Ein eigentümlicher Apparat". Zu Kafkas *In der Strafkolonie*. In: Text und Kritik. Sonderband zu Franz Kafka. Hg. v. Heinz-Ludwig Arnold. München, S. 115–142.
Müller, Beate (2000): Die Grausame Schrift. Zur Ästhetik der Zensur in Kafkas *Strafkolonie*. In: Neophilologus 84:1, S. 107–125.
Müller-Seidel, Walter (1986): Die Deportation des Menschen. Kafkas Erzählung *In der Strafkolonie* im europäischen Kontext. Stuttgart [Liefert umfangreiches Material über historische Strafkolonien und Forschungsreisende zu Beginn des 20. Jahrhunderts].
Ryan, Michael P. (2002): The Aggregate Character in Kafka's *In der Strafkolonie*. In: Symposium. A Quarterly Journal in Modern Literatures 55:4, S. 213–227 [Beitrag zur Bedeutung von Karma und Wiedergeburt in der Erzählung].
Sternstein, Malynne (2001): Laughter, Gesture, and Flesh. Kafka's *In the Penal Colony*. In: Modernism/Modernity 8:2, S. 315–323 [Aufsatz über das Komische in der Erzählung *In der Strafkolonie* und deren Bezug zum jüdischen Theater].
Wagenbach, Klaus (1995): In der Strafkolonie. Eine Geschichte aus dem Jahre 1914. Berlin [Liefert wie Müller-Seidel umfangreiches Material über historische Strafkolonien und Forschungsreisende zu Beginn des 20. Jahrhunderts].
Weitin, Thomas (2007): Revolution und Routine. Die Verfahrensdarstellung in Kafkas *Strafkolonie*. In: Kafkas Institutionen. Hg. v. Arne Höcker u. Oliver Simons. Bielefeld, S. 255–267.
Zimmermann, Hans Dieter (2003): *In der Strafkolonie*. In: Interpretationen. Franz Kafka. Romane und Erzählungen. Hg. v. Michael Müller. Stuttgart, S. 158–172.

Sonstige Forschungsliteratur

Adorno, Theodor W. (1972): Aufzeichnungen zu Kafka. In: Versuch das *Endspiel* zu verstehen. Aufsätze zur Literatur des 20. Jahrhunderts I. Frankfurt a. M.
Aichmayr, Michael u. Friedrich Buchmayr (Hg., 1997): Im Labyrinth. Texte zu Kafka. Stuttgart [Aufsatzsammlung mit Werkanalysen unter Einbezug der Kommunikationstheorie, Filmsemiotik und der literaturwissenschaftlichen Komparatistik].
Alt, Peter-André (2002): Der Schlaf der Vernunft. Literatur und Traum in der Kulturgeschichte der Neuzeit. München.
Alt, Peter-André (1985): Doppelte Schrift, Unterbrechung und Grenze. Franz Kafkas Poetik des Unsagbaren im Kontext der Sprachskepsis um 1900. In: Jahrbuch der deutschen Schillergesellschaft 29, S. 455–490.
Alt, Peter-André (2009): Kafka und der Film. Über kinematographisches Erzählen. Stuttgart [Studie über Kafkas an den Techniken des Films geschulte Darstellungsverfahren].
Arendt, Hannah (1948): Franz Kafka. In: Sechs Essays. Heidelberg, S. 128–149.
Arnold, Heinz-Ludwig (Hg., 2006): Text und Kritik. Sonderband zu Franz Kafka. 2., gründlich überarb. u. erw. Aufl. München [Erweiterte Aufsatzsammlung der Textausgabe von 1994].
Beißner, Friedrich (1952): Der Erzähler Franz Kafka. Ein Vortrag. Stuttgart.
Beißner, Friedrich (1963): Der Schacht von Babel. Aus Kafkas Tagebüchern. Ein Vortrag. Stuttgart.
Benjamin, Walter (1977): Franz Kafka. Zur zehnten Wiederkehr seines Todestages. In: Gesammelte Schriften. Bd. 2, 1. Hg. v. Rolf Tiedemann u. Hermann Schweppenhäuser. Frankfurt a. M., S. 409–438.
Bergson, Henri (1900): Le rire. Essai sur la signification du comique. Paris [Klassiker der Komiktheorie].
Binder, Hartmut (1993): *Vor dem Gesetz*. Einführung in Kafkas Welt. Stuttgart u. a.
Binder, Hartmut (Hg., 1979): Kafka-Handbuch. Bd. 1 u. 2. Stuttgart [Band 1 des Handbuchs informiert über die Zeit, in der Kafka lebte, die Geschichte Prags und Kafkas Leben. Band 2 untersucht Kafkas Werk von den Entstehungsprozessen

über Erzählverfahren, Themen und Motive bis zu seiner Wirkung].

Binder, Hartmut (1976): Kafka-Kommentar zu den Romanen, Rezensionen, Aphorismen und zum Brief an den Vater. München [Informationen zur Entstehung von Kafkas Werken, zu Interpretationsmöglichkeiten und biografischen Bezügen].

Binder, Hartmut (1975): Kafka-Kommentar zu sämtlichen Erzählungen. München [Erörterung des Einflusses von Kafkas Lebensverhältnissen auf sein Werk].

Bogdal, Klaus-Michael (Hg., 2005): Neue Literaturtheorien in der Praxis. Textanalysen von Kafkas *Vor dem Gesetz*. 2. Aufl. Göttingen [Analyse von Kafkas Parabel *Vor dem Gesetz* unter Anwendung verschiedener theoretischer Ansätze von der historischen Diskursanalyse bis zum Dekonstruktivismus].

Bogdal, Klaus-Michael (1993): ‚Das Urteil kommt nicht mit einemmal'. Symptomale Lektüre und historische Diskursanalyse von Kafkas *Vor dem Gesetz*. In: Neue Literaturtheorien in der Praxis. Textanalysen von Kafkas *Vor dem Gesetz*. Hg. v. Klaus-Michael Bogdal. Opladen, S. 43–63.

Borges, Jorge Luis (1995): Persönliche Bibliothek. Übers. v. Gisbert Haefs. Frankfurt a. M.

Brod, Max (1926): Nachwort. In: Das Schloss. München, S. 492–504.

Brod, Max (1983): Franz Kafka. Briefe 1902–1924. Frankfurt a. M.

Camus, Albert (1959): Der Mythos von Sisyphos. Ein Versuch über das Absurde. Reinbek bei Hamburg.

Canetti, Elias (1983): Das Gewissen der Worte. Essays. Sonderausg., unveränd. Nachdr. d. 2. Aufl. München u. a.

Caputo-Mayr, Maria-Luise u. Julius Michael Herz (Hg., 2000): Franz Kafka. Internationale Bibliographie der Primär- und Sekundärliteratur. Bd. 2: Kommentierte Bibliographie der Sekundärliteratur 1955–1997. 2., erw. u. überarb. Aufl. München [Ausführliche Bibliografie der Primär- und Forschungsliteratur].

Corngold, Stanley (2002): Kafka's Later Stories and Aphorisms. In: The Cambridge Companion to Kafka. Hg. v. Julian Preece. Cambridge, S. 95–110.

David, Claude (Hg., 1980): Franz Kafka. Themen und Probleme. Göttingen [Produktionsästhetisch, poetologisch und intertextuell ausgerichtete Aufsatzsammlung].

Deleuze, Gilles u. Félix Guattari (1975): Kafka. Pour une littérature mineure. Paris (dt. Ausgabe: Deleuze, Gilles u. Félix Guattari (1976): Kafka. Für eine kleine Literatur. Frankfurt a. M.).

Derrida, Jacques (2006): Préjugés. Vor dem Gesetz. In: Franz Kafka. Neue Wege der Forschung. Hg. v. Claudia Liebrand. Darmstadt, S. 46–61 [Dekonstruktivistische Lektüre von Kafkas *Vor dem Gesetz*].

Dottori, Riccardo (Hg., 1991): Willibald Kramm. Kafka und die 50er Jahre, Milano.

Ehrich-Haefeli, Verena (2002): Zum Paradox bei Kafka: Zur psychohistorischen Genese einer individuellen Sprach- und Denkform. In: Das Paradox. Eine Herausforderung des abendländischen Denkens. Hg. v. Roland Hagenbüchle u. Paul Geyer. Würzburg, S. 511–529.

Emrich, Wilhelm (1958): Franz Kafka. Bonn [Gesamtdarstellung von Kafkas Werk].

Engel, Manfred u. Dieter Lamping (Hg., 2006): Franz Kafka und die Weltliteratur. Göttingen.

Engel, Manfred (1999): Literarische Träume und traumhaftes Schreiben bei Franz Kafka. Ein Beitrag zur Oneiropoetik der Moderne. In: Träumungen. Traumerzählungen in Film und Literatur. Hg. v. Manfred Dieterle. St. Augustin, S. 233–262 [Aufsatz zur Aufzeichnung von Träumen und zum Traumcharakter von Kafkas Schreiben].

Freud, Sigmund (1977): Über Träume und Traumdeutung. 9. Aufl. Frankfurt a. M.

Genette, Gérard (1998): Die Erzählung, München.

Gilman, Sander (2008): Kafka und Krankheit. In: Kafka-Handbuch. Leben – Werk – Wirkung. Hg. v. Bettina von Jagow u. Oliver Jahraus. Göttingen, S. 114–120.

Gölz, Sabine I. (2008): Kafka und die Parabel / das Parabolische: Gibs auf!, Von den Gleichnissen und Der Jäger Gracchus. In: Kafka-Handbuch. Leben – Werk – Wirkung. Hg. v. Bettina von Jagow u. Oliver Jahraus. Göttingen, S. 239–249.

Grant, Michael u. John Hazel (1980): Lexikon der antiken Mythen und Gestalten. München.

Gray, Richard T. u. a. (Hg., 2005): A Franz Kafka Encyclopedia. Westport [Sammlung von 800 Einträgen zu Kafkas Werken, Figuren, Themen, seiner Familie, seinen Freunden und seinem geschichtlichen Kontext unter Einbezug von bisher unveröffentlichten Manuskripten und Notizen].

Grözinger, Karl Erich, Stéphane Mosès u. Hans Dieter Zimmermann (Hg., 1987): Franz Kafka und das Judentum. Frankfurt a. M.

Hamacher, Werner (1998): Entferntes Verstehen. Studien zur Philosophie und Literatur von Kant bis Celan, Frankfurt a. M.

Handke, Peter (1983): Phantasien der Wiederholung. Frankfurt a. M.

Hermann, Iris (2006): Schmerzarten. Prolegomena einer Ästhetik des Schmerzes in Literatur, Musik und Psychoanalyse. Heidelberg.

Hiebel, Hans H. (1999): Franz Kafka. Form und Bedeutung. Würzburg [Formanalysen und Interpretationen zu *Vor dem Gesetz, Das Urteil, Bericht für eine Akademie, Ein Landarzt, Der Bau, Der Steuermann, Prometheus, Der Verschollene, Der Proceß* sowie zu ausgewählten Aphorismen].

Höfle, Peter (1998): Von der Unfähigkeit, historisch zu werden. Die Form der Erzählung und Kafkas Erzählform. München [Monografie zu Kafkas narrativem Verfahren].

Höcker, Arne u. Oliver Simons (Hg., 2007): Kafkas Institutionen. Bielefeld.

Jagow, Bettina von u. Oliver Jahraus (Hg., 2008): Kafka-Handbuch. Leben, Werk, Wirkung. Göttingen [Grundlegender Überblick über Kafkas Leben, Werk, Deutung und Wirkung auf der Basis der aktuellen Forschungslage].

Jahraus, Oliver (2008): Kafka und die Literaturtheorie. In: Kafka-Handbuch. Leben – Werk – Wirkung. Hg. v. Bettina von Jagow u. Oliver Jahraus. Göttingen, S. 304–316.

Jahraus, Oliver (2006): Kafka. Leben, Schreiben, Machtapparate. Stuttgart.

Jahraus, Oliver u. Stefan Neuhaus (Hg., 2002): Kafkas *Urteil* und die Literaturtheorie. Zehn Modellanalysen. Stuttgart [Sammelband mit Interpretationen aus dem systematischen Blickwinkel der Hermeneutik, des Strukturalismus, der Rezeptionsästhetik, der Sozialgeschichte der Literatur, der Psychoanalyse, der Genderstudien, der Diskursanalyse, der Systemtheorie, der Intertextualität und der Dekonstruktion].

Kaul, Susanne (2008): Kafkas unzuverlässige Komik. In: Kafka. Schriftenreihe der DKG. Bd. 2. Hg. v. Nadine A. Chmura. Bonn, S. 83–92.

Kierkegaard, Søren (1979): Entweder/Oder, Teil 1, Bd. 1. In: Gesammelte Werke. Hg. u. übers. v. Emanuel Hirsch u. a. Gütersloh.

Kim, Huyn-Kang (2004): Ästhetik der Paradoxie. Kafka im Kontext der Philosophie der Moderne. Würzburg [Philosophische Auseinandersetzung mit der Darstellbarkeit von Paradoxien].

Klein, Christian (2008): Kafkas Biographie und Biographien Kafkas. In: Kafka-Handbuch. Leben – Werk – Wirkung. Hg. v. Bettina von Jagow u. Oliver Jahraus. Göttingen, S. 17–36.

Kraft, Werner (1968): Franz Kafka. Durchdringung und Geheimnis. Frankfurt a. M.

Kraus, Wolfgang u. Norbert Winkler (Hg., 1995): Das Schuldproblem bei Franz Kafka. Kafka-Symposium 1993, Klosterneuburg. Wien u. a. [Aufsatzsammlung zur Schuldproblematik in Kafkas Romanen, Erzählungen, Tagebüchern und Briefen].

Kremer, Detlev (1998): Die Erotik des Schreibens. Schreiben als Lebensentzug. Berlin.

Liebrand, Claudia (Hg., 2006): Franz Kafka. Neue Wege der Forschung. Darmstadt [Sammlung der bedeutendsten Forschungsbeiträge der letzten Jahrzehnte u. a. von Theodor W. Adorno, Jacques Derrida, Hans-Thies Lehmann und Winfried Menninghaus].

Liebrand, Claudia u. Franziska Schößler (Hg., 2004): Textverkehr. Franz Kafka und die Tradition. Würzburg.

Maar, Michael (2009): Der Gehülfe. Nikolaus Heidelbachs Kafka. In: FAZ, 12. März 2009.

Matt, Peter von (2006): Eine Nacht verändert die Weltliteratur. In: Franz Kafka. Neue Wege der Forschung. Hg. v. Claudia Liebrand. Darmstadt, S. 102–115.

Meurer, Reinhard (1999): Franz Kafka. Erzählungen. Interpretationen. 3., überarb. u. korr. Aufl. München [Interpretation von Kafkas Erzählungen *Das Urteil, Die Verwandlung, Ein Traum, Die Brücke, Der Kübelreiter, Eine kaiserliche Botschaft, Auf der Galerie* und *Heimkehr*].

Müller, Michael (2008): Kafka und sein Vater. *Der Brief an den Vater.* In: Kafka-Handbuch. Leben – Werk – Wirkung. Hg. v. Bettina von Jagow u. Oliver Jahraus. Göttingen, S. 37–44.

Müller, Michael (Hg., 2003): Franz Kafka. Romane und Erzählungen. Stuttgart.

Müller, Michael (Hg., 1994): Franz Kafka, Romane und Erzählungen, Stuttgart.

Nagel, Bert (1983): Kafka und die Weltliteratur. Zusammenhänge und Wechselwirkungen. München [Darstellung des Einflusses bedeutender Schriftsteller und Philosophen auf Kafkas Werk].

Neumann, Gerhard (2002): „Wie eine regelrechte Geburt mit Schmutz und Schleim bedeckt". Die Vorstellung von der Entbindung des Textes aus dem Körper in Kafkas Poetologie. In: Kunst – Zeugung – Geburt. Theorien und Metaphern ästhetischer Produktion in der Neuzeit. Hg. v. Christian Begemann u. David E. Wellbery. Freiburg i. Br., S. 293–324.

Nünning, Ansgar (1998): *Unreliable Narration* zur Einführung. Grundzüge einer kognitiv-narratologischen Theorie und Analyse unglaubwürdigen Erzählens. In: Unreliable Narration. Studien zur Theorie und Praxis unglaubwürdigen Erzählens in der englischsprachigen Erzählliteratur. Hg. v. Ansgar Nünning unter Mitwirkung von Carola Surkamp u. Bruno Zerweck. Trier, S. 3–39.

Pasley, Malcolm (1980): Der Schreibakt und das Geschriebene. Zur Frage der Entstehung von Kafkas Texten. In: Franz Kafka. Themen und Probleme. Hg. v. Claude David. Göttingen, S. 9–25.

Politzer, Heinz (Hg., 1973): Franz Kafka. Darmstadt [Aufsatzsammlung mit Texten von bedeutenden

Autoren wie Walter Benjamin, Klaus Mann und Albert Camus].
Politzer, Heinz (1965): Franz Kafka, der Künstler. Frankfurt a. M.
Poppe, Sandra (2008): Visualität lesen. Neue Lektürenzugänge zu Kafkas Werken. In: Kafka. Schriftenreihe der DKG. Bd. 2. Hg. v. Nadine A. Chmura. Bonn, S. 163–178.
Preece, Julian (Hg., 2002): The Cambridge Companion to Kafka. Cambridge [Grundlegende Aufsatzsammlung zu Kafkas Leben und Werk unter Rückbezug auf feministische, dekonstruktive, psychoanalytische, marxistische Theorien und das Judentum].
Ramm, Klaus (1971): Reduktion als Erzählprinzip bei Kafka. Frankfurt a. M. [Darstellung von Kafkas Erzählverfahren].
Reimer, Doris (2008): Kafka – komisch? Ein Versuch, Kafkas Process gegen den Strich zu lesen. In: Literaturblatt Baden-Württemberg 4, S. 8–9.
Reiss, Hans Siegbert (1952): Franz Kafka. Eine Betrachtung seines Werkes. Heidelberg.
Rolleston, James (Hg., 2002): A Companion to the Works of Franz Kafka. Rochester.
Schärf, Christian (2000): Franz Kafka. Poetischer Text und heilige Schrift. Göttingen.
Scherpe, Klaus R. u. Elisabeth Wagner (Hg., 2006): Kontinent Kafka. Mosse-Lectures an der Humboldt-Universität zu Berlin. Berlin [Aufsatzsammlung mit Illustrationen des türkischen Künstlers Ergin Inan].
Scholem, Gershom (1970): Zehn unhistorische Sätze über Kabbala. In: Judaica 3. Hg. v. Gershom Scholem. Frankfurt a. M., S. 264–271.
Seiler, Sascha (2008): Kafka und die populäre Kultur. In: Kafka. Schriftenreihe der DKG. Bd. 2. Hg. v. Nadine A. Chmura. Bonn, S. 203–214.
Sokel, Walter H. (1980): Zur Sprachauffassung und Poetik Franz Kafkas. In: Franz Kafka. Themen und Probleme. Hg. v. Claude David. Göttingen, S. 26–47.
Sokel, Walter H. (1964): Franz Kafka. Tragik und Ironie: Zur Struktur seiner Kunst. München.
Steinich, Annette (2005): Kafka-Editionen. In: Editionen zu deutschsprachigen Autoren als Spiegel der Editionsgeschichte. Hg. v. Rüdiger Nutt-Kofoth u. Bodo Plachta. Tübingen, S. 247–262.
Strelka, Joseph P. (2001): Der Paraboliker Franz Kafka. Tübingen [Auseinandersetzung mit Kafkas Parabelkunst, den biografischen Bezügen in den Erzählungen und dem Kafkaesken bei Kafka und anderen Autoren].
Tucholsky, Kurt (1996): In der Strafkolonie [Die Weltbühne, 3. Juni 1920]. In: Texte 1920. Hg. v. Antje Bonitz u. a. Reinbek bei Hamburg, S. 223–226.
Unseld, Joachim (2008): Kafkas Publikationen zu Lebzeiten. In: Kafka-Handbuch. Leben – Werk – Wirkung. Hg. v. Bettina von Jagow u. Oliver Jahraus. Göttingen, S. 123–136.
Vogl, Joseph (2006): Kafkas Komik. In: Kontinent Kafka. Mosse-Lectures an der Humboldt-Universität zu Berlin. Hg. v. Klaus R. Scherpe u. a. Berlin, S. 72–87.
Vogl, Joseph (1990): Ort der Gewalt. Kafkas literarische Ethik. München.
Wagenbach, Klaus (1993): Kafkas Prag. Ein Reiselesebuch. Berlin.
Zimmermann, Hans Dieter (2008): Kafkas Prag und die Kleinen Literaturen. In: Kafka-Handbuch. Leben – Werk – Wirkung. Hg. v. Bettina von Jagow u. Oliver Jahraus. Göttingen, S. 165–180.
Zischler, Hanns (1996): Kafka geht ins Kino. Reinbek bei Hamburg [Illustrierte Monografie über den Kinogänger Kafka].

CD-Roms

Hermsdorf, Klaus u. Benno Wagner (Hg., 2004): Amtliche Schriften. Kritische Ausgabe: inklusive CD-Rom und Lesebändchen von Franz Kafka. Frankfurt a. M. [Kafkas sämtliche amtliche Schriften von 1908 bis 1922 mit Erläuterungen und einem Essay von Klaus Hermsdorf über Kafkas beruflichen Werdegang].
Kafka, Franz (1999): Kafkas Werke. Kritische Kafka-Ausgabe des S. Fischer Verlags. Cambridge [Textbestand der Kritischen Kafka-Ausgabe in digitaler Form].
Kafka, Franz (1996): Franz Kafka. Windows-Version. München [Kafkas Romane und Erzählungen in ungekürzter Fassung mit integrierter Textverarbeitung, Einführungen zu den Werken, bibliografischen Angaben, Illustrationen und Tonbeispielen].
Kuhn, Heribert (Hg., 1998): Stehender Sturmlauf. Kafka in Prag. München [Präsentation des damaligen Prags in Bildern und Wiedergabe einiger Textpassagen aus Kafkas Werk].
Reuß, Ronald u. Peter Staengle (Hg., 2006): Oxforder Oktavhefte 3/4. Kafka-Heft 6 und CD-Rom.
Reuß, Ronald u. Peter Staengle (Hg., 2006): Historisch-Kritische Ausgabe sämtlicher Handschriften, Drucke und Typoskripte: Oxforder Oktavhefte 1/2. Kafka-Heft 4: Ein Landarzt und CD-Rom. Bd. 6. Basel u. Frankfurt a. M.
Reuß, Ronald (Hg., 1999): Beschreibung eines Kampfes. Franz Kafka-Ausgabe. Basel u. Frankfurt a. M. [2 Bände und ein Ergänzungsband mit CD-Rom].
Reuß, Ronald (Hg., 1995): Der Process. Franz Kafka. 12 Hefte mit CD-Rom. Basel u. Frankfurt a. M.

[Faksimileausgabe des Romans *Der Proceß* und Transkription des Faksimile in Buch- und digitaler Form].

Schallenberger, Stefan (Hg., 2002): LiteraMedia: Die Verwandlung: Unterrichtsvorschläge und Kopiervorlagen. Berlin [Buch, Audio Book und CD-Rom. Das Buch enthält den Originaltext mit Wort- und Sacherläuterungen sowie Informationen zu Stoff, Entstehungs- und Wirkungsgeschichte sowie Interpretation. Die Audio Books umfassen ein Feature zu Leben und Gesamtwerk und eine Hörversion des Werkes. Die CD-Rom enthält den Text- und Kommentarteil des Buches, eine Lesung von Teilen des Werks, eine audiovisuelle ‚Guided Tour' durch Leben und Werk, einen ausführlichen, mit dem Text vernetzten Kommentar sowie Interpretationshilfen].

Webseiten

www.faz.net/s/Rub1DA1FB848C1E44858CB87A0FE6AD1B68/Doc~E698D4B48515647DEAB748186611F6ADA~ATpl~Ecommon~Sspezial.html [Webseite der *Frankfurter Allgemeinen Zeitung* mit Präsentationen und Kommentaren zu einer Auswahl von Sätzen aus Kafkas Werk].

www.franzkafka.de [Webseite vom Fischer-Verlag informiert über Kafkas Leben und Werk].

www.kades.de [Biografische Angaben, Präsentation einiger Texte aus Kafkas Gesamtwerk, Inhaltsangaben zu seinen Texten und Interpretationen].

www.kafkaesk.de [Übersichtliche Informationen zu Prag und zu Kafkas Umfeld mit einem integrierten Kafka-Forum].

www.kafka.org [Englischsprachige Webseite mit wissenschaftlichen Beiträgen, Übersetzungen einiger Erzählungen Kafkas in verschiedene Sprachen und Einsicht in Originalhandschriften].

www.kafka-research.ox.ac.uk [Informiert über Veranstaltungen und Projekte zu Kafka].

www.kafka.uni-bonn.de [Informationen zu Kafkas Leben und Werk mit Interpretationen zu einigen seiner Texte].

www.kafka-zeitschrift.de [Online-Zeitschrift der Deutschen Kafka-Gesellschaft e. V., in der wissenschaftliche Beiträge zur Kafka-Forschung publiziert und in einem Forum diskutiert werden].

members.aon.at/rieck [Kafkas Biografie, Auflistung der Primär- und Sekundärliteratur sowie Informationen zur Auseinandersetzung der Literaturwissenschaft mit Kafkas Werk].

suche.sueddeutsche.de/query/kafka [Webseite der *Süddeutschen Zeitung* mit Artikeln rund um Kafka und sein Werk].

de.wikipedia.org/wiki/Franz_Kafka [Umfangreicher Einblick in Kafkas Leben und Werk mit einer Auflistung der bedeutenden Forschungsliteratur, der Verfilmungen und Web-Links].

www.xlibris.de/Autoren/Kafka [Ausführliche Biografie, Kommentare und Inhaltsangaben zu den wichtigsten Werken sowie Zitate von und über Kafka].

Verzeichnis der erwähnten Kafka-Texte

Personenregister

Wenn in derselben Holding Tretminen und Beinprothesen hergestellt werden, das ist Kapitalismus. H.G. Butzko